王圣诵 ◎著

中国乡村

ZHONGGUO XIANGCUN
ZIZHI WENTI YANJIU

自治问题研究

人民出版社

目　　录

第二编 身份制自治

绪　　论

第一节　基本概念

一、农村、乡村、乡土、农民、村民

农村、乡村、农民、村民等概念是研究中国农村、农民和农业问题的学者必须廓清的基本概念。笔者认同当今学者已经形成的对上述概念的有关解释:农村、乡村、农民都是 20 世纪现代化进程中发明的若干概念,带有现代化的胎记。我国的"村"区别于以户籍管理为主要内容的"乡"、"里"概念,始见于三国时期,"聚落"称之为"村",村落居民简称为"村民"。① 本人尊重专事三农研究的学者们对农村、乡村、农民、村民等概念作历史学和社会学意义上的考证,但笔者更注意在政治和法律的含义上对农村、乡村、农民、村民等概念作出解释。在一个统一的国家里,或者农村附属城市,或者城市附属农村,经济、政治、精神文化关系均如此,马克思对此早有论述。长期以来,我国学界和政界有相当一部分人过分强调了我国自古以来的城乡差别,他们忽视

---

① 侯旭东:《北朝村民的生活世界——朝廷、州县与村里》,商务印书馆 2005 年版,第 23、27 页。

了或根本就不知道"城乡差别"和"城乡依附"的本质区别。他们盲目地按照"无须有"的所谓"城市与乡村二元政治结构理论"的"路径选择"讨论自治现象①,是不会得出正确结论的。

本书所讨论的"乡村"是处于"现代的历史是乡村城市化,而不像在古代那样,是城市乡村化"②的过程中的,在生产、生活和文化方面是"熟人社会"的聚居的永久性居民点。过分强调"农村",偏重于共同地域、共同经济、共同的生产方式,偏重于农村和城市的表面区别,就容易忽视近代"乡村"在"熟人社会"和古代"乡村在经济上统治城市"③、"在城市的各种关系上模仿着乡村的组织"④的本质性区别。过分强调"乡土",偏重于聚居性的生产、生活和文化方面共同性的"熟人社会",容易忽视国家权力对"永久性居民点"的治理方式。

本书所使用的"乡村"是指清末民国适用《乡村自治法》的农村地区和适用《中华人民共和国村民委员会组织法》(以下简称《村委会组织法》)的农村地区,从这一意义上说,本书的"乡村"是一个表示地域的法律概念。

本书讨论的村民,是指有村籍关系(村落居民或村庄成员)⑤的公民。本书有时以"村民—公民"表示。

依照 1998 年《村委会组织法》第十二条规定,是指以行政村管辖范围内的年满十八周岁的有选举权和被选举权的公民。

实际上,村民的含义远非《村委会组织法》规定的符合条件的选民

---

① 参见杜润生:《中国农村制度变迁》,四川人民出版社 2004 年版,第 311 页;于建嵘:《岳村政治——转型期中国乡村政治结构的变迁》,商务印书馆 2001 年版,第 24 页。

② 《马克思恩格斯全集》,第 46 卷上,人民出版社 1979 年版,第 480 页。

③ 《马克思恩格斯全集》,第 21 卷,人民出版社 1965 年版,第 189 页。

④ 《马克思恩格斯全集》,第 46 卷上,人民出版社 1979 年版,第 45 页。

⑤ 张静:《基层政权——乡村制度诸问题》(增订本),上海人民出版社 2006 年版,第 86—92 页。

那样简单。第一,村民是公民之一种,是居住在村庄的公民,具有与公民一样的宪法规定的公民权利与义务,选举权与被选举权是公民权之一;第二,该公民具有与村籍有关的社会关系和法律关系。首先,该公民或出生(户籍)、或居住、或工作、或被法律认可(例如收养)、或有村民名义的公民。其次,该公民拥有该村庄领域内的经济、政治、文化、传统的特征、权利和义务。

二、乡镇政权、乡(镇)政府与村民自治关系

依照我国 1982 年现行《宪法》第九十五条第一款规定,乡镇政权是指在乡、民族乡、镇设立乡镇人民代表大会和乡镇人民政府。依《宪法》第一百零五条规定,乡镇人民代表大会是乡镇国家权力机关,乡镇人民政府是乡镇国家权力机关的执行机关,乡镇实行乡长镇长负责制。

我国乡(镇)政权不是依据《村委会组织法》,由村民行使自治权利产生的,而是依据宪法,在人民代表大会制度的政体框架内选举产生的。[①]

依照我国宪法序言和共产党党章,中国共产党是执政党,党的乡镇基层组织领导国家乡镇政权工作。

乡(镇)政府与村民自治关系具有宪法政治的本质,是近代民主政治的产物。

乡(镇)政府与村民自治的关系概括地说,是国家政权权力与村民自治权利的关系。所谓国家政权权力具体为中国共产党的执政权力与乡(镇)政府的管理权力;所谓村民的自治权包括政治权利、经济权

---

① 有的学者把乡(镇)政府和村民自治组织统称为乡村"基层政权",其理论依据和事实依据都是错误的。这些学者中影响最大的是政治社会学学派代表人张静先生。见张静:《基层政权——乡村制度诸问题》(增订本),上海人民出版社 2006 年版。

利、社会发展与保障及其民事权利。

乡（镇）政权权力与村民自治权利虽同处于我国人民民主政治制度中，但性质不同，来源亦不同。在我国基层民主制度中，乡（镇）政权权力与村民自治权利两者矛盾统一，或者是当前法律指导下的行政管理体制，村民自治和行政权力"此消彼长"；或者领导并参与村民自治并提供公共产品服务，村民自治和行政权力"和谐共处"。

在我国历史上存在、学者们探讨和现实中发展的乡（镇）政府与村民自治权利的关系有五种模式：一是"家国同构"，国家权力至上，村民自治附属于国家统治；二是"王权止于县政"，村民自治长久、纯粹、广泛与国家权力并存；三是有一种介于乡镇国家权力和村民自治之间的"公共领域"；四是当今实行的以直接选举为特征的，乡镇国家权力为指导的民主制度；五是以间接选举为特征的，乡镇政权参与其中的政治协商民主制度。

三、自治、治理

"治理"一词，古来有之，"治国安邦"，"编户齐民"，与"统治"、"管理"都差不多。

有的学者著文专述"治理"。从词意上来说，治理（Governance）具有控制、指导和操纵等含义。作为政治学概念，治理则主要指"统治者或管理者通过公共权力的配置和运作，管理公共事务，以支配、影响和调控社会"，是公共权力对基层社会公共事务的管理。进而把治理分为控制型治理和自治型治理。①

徐勇教授概括说，控制型治理，是一种自上而下的单向度的政治统治方式。就其权力关系而言，是一种科层体制。依据韦伯的理论，

---

① 参见徐勇：《GOVERNANCE：治理的阐释》，《政治学研究》1997 年第 1 期。

"科层制"最本质的意义在于"命令—服从"互动关系的确立。自治型治理,是以一定社区或群体为对象而相对独立地组织起来的公共权力管理方式。这种自治是在特定的政治框架下形成并限制着个人可利用的机会,在这个框架范围内,个人应该享有平等的权利,因而承担同等的义务。换句话说,只要他们不用这种框架来否定别人的权利,那么,他们在决定自己生活条件时就应该是自由和平等的。按照这种"自治"来分析转型期中国乡村社会的政治结构,就是当今若干学者主张的所谓"乡村自治"或"村民自治"的"自治"模式。

按照以上的附属"治理"理论来诠释"自治"含义,在任何社会阶段都是适用的。

虽然"自治"一词的起源久远、使用宽泛,但是,独立使用并诠释"自治"概念,却是在近代历史以后,只有在人权、宪政的法律意义下才能得以科学的阐述。

自治,中国史书最早出自《三国志·魏志·毛玠传》:"太祖叹曰:用人如此,使天下人自治,吾复何为哉。"自治,顾名思义,"自己治理自己"。"自治系指地方上的公共事务,由人民自行处理,或由人民选出之官员代为处理"。有的学者根据中国实际认为,自治就是民治。①

西方国家自治不是这样解释的。自治,古语"Autonomy",意为自治权、自主。进入近代社会以后,对自治的解释有两种:一是英美法系国家,他们认为,自治权是人权的一部分,是与生俱有的天赋人权,自治相对于国家权力而言,国家权力是后来的、派生的;二是成文法大陆法系国家,他们认为,自治权是国家与法律赋予的,自治与官治一起,共同组成了国家的管理制度。

---

① 高应笃先生在台湾中华书局 1982 年出版的《地方自治学》中,引用孙中山先生的话:"权在于官,不在于民,则为官治,权在于民,不在于官,则为民治",其中自治即"民治"。

从中国与西方国家对自治一词的语义分析比较而言,西方国家有关自治的含义较为深刻、全面。自治是"自己为自己做主";是"自我";是"自治权、自治权利"的实现。在英美国家,自治的含义甚至还包括了对司法权的自治。只有有了自治的主体,才有了自治的行为,这样的自治含义解释才有其积极意义。而且,自治绝非只有"自己治理自己"的消极意义。

自治可以从精神层次予以概括和定义,自治是一种高尚的修身养性的戒律、纪律和境界,与自制、自律同义。当然,自治的最终解释是哲学解释,是人类及其人类社会的自我实现。有人也从政治学、社会学及其他学科作出解释。

本书主要从国家政治和法律层次认识自治的意义,对自治作如下概括:自治的本质含义是自治主体在公共和社会事务中有关自治权的设置与行使。

本书从"自治"的概念出发,清理清末民国乡村自治的历史事实,一层层剥去清末民国自治的各种表象,暴露它"综合性治理"的本质,确立它在我国乡村自治过程中的地位,以较大篇幅分析中华人民共和国成立以来乡村自治法制和实践,并进而指出我国乡村"自治"的发展前景。

四、户、户政

我国古代乡村的基本单位不是村民、不是农民、不是家族、不是家庭,而是"户"。"户"是以亲属关系为纽带的聚居性的国家规定或认可的乡村最基本的单位。"户"的这种定义在当今中国也有其法律规定。

依照我国1958年《户口登记条例》、1998年《村委会组织法》及2002年《农村土地承包法》规定,"户"是国家规定或认可的以亲属关系为纽带的聚居性的乡镇人口统计单位和最基本的生产、生活和乡村政治活动单位。

"户"的内外有三种结构。第一,是以"户主"或"主管人"为主的"户内成员"结构,包括户员与户主的血缘关系;第二,是以家户赖以存在的,户与户各有特征的户经济、户文化传统和家户制度;第三,国家政权权力与村民公民之间的共同体,学者对这一共同体的性质有各种不同的理解。

"户"是本书研究乡镇政府与村民自治关系的基础性概念,也是国内外任何人在研究乡镇政府与村民自治关系没有使用过的创新概念。

在我国,无论是现实中的乡镇村民自治立法、乡镇村民自治实践,还是学界的乡镇村民自治学术研究,自治主体是"户"? 是"村民"? 还是"公民"? 一律混为一谈。乡镇自治的主体概念不明确,这样有关乡镇政府与村民自治关系的研究当然不会有科学基础。

"户政",俗称"户口管理",在古代,除户口管理之外,更有其他含义,可用"编户齐民"概括。"编户齐民"体现了国家一元化管理的户政管理体系,"户口—户部—户律"体现了国家权力在乡村得以实现、统治秩序得以维持、行政管理政令得以统一的一元化体系。在这里,一元化的国家权力、一元化的法律制度、一元化的文化形态等等都可以得到解释,所有的"二元社会"、"公共领域"、"经纪人学说"等都不可能在"户"满中国的中华帝国里落脚和得到合理的解释。

"户"与"户政"两个概念的引用,户政法文化的诠释,使本书得以揭露清末民国的以"自治"为名行"治理"之实的矛盾性,揭示了中国乡村自治发展道路的特殊性,并从宪法政治的意义上描述了我国乡村自治的主体、内容和民主政治形式的形成、特点和发展过程。

五、直接民主、间接民主、协商政治

(一)直接民主和间接民主

农村的民主制度是落实乡(镇)政府与村民自治关系的基本制度,

是村民自治政治生态自然长成的制度架构。民主在程序上有直接民主和间接民主两种形式。这两种民主形式究竟哪种形式在现阶段村民自治中优先适用是本书主要理论论证之一。

直接民主是指人们亲自参与并决定所管理的事务的方式、方法。一般说来,实现直接民主形式必须具备以下条件:第一,小国寡民;第二,交通发达;第三,事务简单;第四,公民知识程度较高。直接民主中最主要的事项是公民议决立法、选举事项。如果公民的知识程度低、市场经济和民主建设初步时期,体现直接民主的公民大会无法胜任,用脚投票屡见不鲜。

众所周知,当今乡镇的经济、政治、社会的主体是"户"和村民——公民,现在所实行直接选举和民主管理,在血缘家族、宗教团体、各类企业等影响下,村民自治的法律实践没有取得预期效果。

从法理上讲,直接民主极其容易造成大多数人对少数人的专政。麦迪逊在《联邦党人文集》中讲过,直接民主使得人民政治体制含有自我毁灭的种子。

间接民主是指人们通过代表参与、决定和管理国家重大事务的方式、方法。在后来的民主历史发展过程中,无论是资本主义社会还是社会主义社会,间接民主形式均居于主导地位。

有人说,直接民主掌握了理想层面忽视了实际层面,间接民主掌握了实际层面忽视了理想层面[1];又有人认为,二者的有机结合恰恰能够扬长避短。因此不可能扩大了直接民主,就消弭了间接民主,而只会在侧重点上,随着政治、经济、文化条件的不同而有所变换。[2] 在我国农村现代化转型时期,在农村传统的"户"的不断消亡和村民政治

----

[1] 参见顾不先:《民权主义民主政治论》,台湾三民书局1988年印行,第393—396页。

[2] 参见周叶中:《代议制度比较研究》,武汉大学出版社2005年版,第6页。

自觉公民意识不断提高的特殊条件下，农村自治实行间接民主形式应是最为妥当的。

（二）协商政治

间接民主的主要方式是代议制和政治协商。我国的政治协商制度由来已久，可为当前我国农村的政治生态提供良善的制度借鉴。在我国的国家政治生活中，中国共产党和各民主党派、各人民团体以及各界代表就国家的大政方针与群众生活的重大问题进行政治协商和民主监督的制度，是社会主义民主的一种重要形式。我国的政治协商可为当前我国农村的基层民主政治生态提供良善的制度借鉴。

在我国乡村，借鉴政治协商这种社会主义民主的重要形式，实行间接民主，我们称之为"协商政治"，有的学者明确为"协商民主"①。具体说来，就是通过村民大会直接选举的、代表各自权力与实力的政党、团体、企业和独立候选人，在村民代表会议上共商村民自治事务的民主制度。在我国乡镇目前的政治生态下，有执政党地位的共产党基层组织、共青团组织、妇联、集体企业、民营企业、各种专业协会和民间团体，它们依法表达、推选候选人、选举自治组织、行使自治权，就村庄、社区的的大政方针与群众生活的重大问题进行政治协商和民主监督，这样一种制度，应是适合我国国情、社情、民情的社会主义民主的一种重要形式。

第二节　乡村自治问题研究状况和评价

一、1949 年之前的研究状况

20 世纪以来的中国乡村自治理论探索始自中国民族资产阶级登

---

① 　陈家刚编译：《协商民主》，上海三联书店 2004 年版。

上历史舞台,洋务派、资产阶级维新派和资产阶级革命派相继提出了若干学说和思想。清末改革和辛亥革命推动了乡村自治的丰富实践,各种乡村自治试验,乃至在全国的实施,促进了中国传统社会的大变化。

对这些自治理论的研究和自治个案研究最初多出自于一些社会学家,尤其是人类学家之手。1925 年,上海沪江大学教授 D. H. 库尔普出版了以广东潮州凤凰村调查为基础的《华南乡村生活》;1929 年,李景汉出版了以京郊挂甲屯等四村 160 户家庭调查为基础的《北平郊外之乡村家庭》;1935 年,林耀华出版了以福州义序调查为基础的《义序的宗族研究》,1948 年,他又出版了以福建玉田县黄村调查为基础的《金翼》;1939 年费孝通出版了以江苏吴江县开弦弓村调查为基础的《江村经济——中国农民的生活》。这些著作,因作者所特有的社会学与人类学的学科背景,多以研究村庄社会的经济、社会和文化状况为主,以他们所特有的思维方式对乡村政治、村庄社会的权威与秩序、中国农民的消费、生产、分配和交易体系等给予实证的回答。

在 20 世纪上半叶关于中国农村的实证研究中,我们不能回避日本"南满洲铁道株式会社"所做的"中国农村惯行调查"。尽管这一调查的根本目的是为日本的殖民地统治服务,但是,它所积累的丰富的田野资料,却为日后日本和美国学者对中国村庄的研究奠定了基础。其中,仁井田陞、内田智雄、平野义太郎、福武直、中生胜美、佐佐木卫、石田浩以及马若孟、黄宗智和杜赞奇等人都利用这批资料作出了引人注目的研究成果。

其他有影响的理论研究成果还有:高由的《中国地方自治的由来》(《史潮》1931 年第 1 期),闻钧天的专著《中国保甲制度》(商务印书馆 1935 年版),黄强编写的《中国保甲实验新编》(正中书局印行 1935年版),李珩的《中国农村政治结构的研究》(《中国农村》1935 年第 1卷第 1 期),千家驹、李紫翔的《中国乡村建设批判》(新知书店 1935 年版)，千家驹的《中国农村的出路在哪里》(《中国农村》1935 年第 2 卷第 1 期)，吴景超的《第四种国家的出路》(商务印书馆 1937 年版)，江问渔、梁漱溟主编的《乡村建设实验》第 3 集(中华书局 1938 年版)，葛寒峰《中国的保甲制度研究》(《农学月刊》1940 年第六期)，江土杰的《里甲制度考略》(重庆商务 1944 年版)，汇集了吴晗和费孝通等人理论研究成果的《皇权与绅权》(上海观察社 1948 年版)。这些理论成果，对认识和理解中国传统社会的乡村政治提供了较为系统的观点和资料。

与那些学院式研究的旨趣不同，中国共产党人在大规模地开展农民运动的同时，更关注乡村社会的现状和乡村阶级关系的变化，并写出了大量的社会调查报告。其中，以毛泽东的《中国农民中各阶级分析及其对于土地革命的态度》、《湖南农民运动考察报告》和彭湃的《海丰农民运动报告》最为著名。这些调查报告得出的革命结论，最终被历史实践证明是正确的。正是这些革命的理论，实现了农村包围城市，最后夺取城市，大规模的政治组织和文化发动领导农民自主自觉地走向了新民主主义的道路。当今研究乡村自治的学者不能忽视了这一公民社会形成的中国特色。

在这一时期出现了很多具有很高学术水平的涉及国民党政权体制的论著。代表作有：陈之迈的《中国政府》(商务印书馆 1946 年版，共 3 册)，钱端升等合著的《民国政制史》(商务印书馆 1939 年版，上、下册，1945 年、1946 年再版)，王世杰、钱端升合著的《比较宪法》(商务印书馆 1936 年版)等。这些研究成果较系统地反映了国民党政权体制的沿革、组织机构、职权划分等情况，如《民国政制史》对"中央与地方并重，举凡民国二十五年来中央与地方各种制度，无论合法非法，俱当有所述及"[1]；这些研究资料翔实可靠，以当时大量的政府法规、

---

[1]　钱端升等：《民国政制史》之"序言"，商务印书馆 1939 年版。

文告等为依据,有较强的可信性,如《民国政制史》的资料以"官书公报为主,旁及报章杂志"①。而且比较注重对实际情形的描绘,"除法令分析外,尤着意于法令实施的状况及结果,以见各级政治组织的真相"②,这是较为可贵的。以上著作的有些作者在国民党政府中任职,对国民党的政权体制有真切的把握。如《中国政府》一书作者陈之迈曾供职于国民政府,"时常与各级主管人员接触,尤其是对于中央及地方行政部分,比较明了事实的经过及真相,获得许多观念及见解"③。

专门论述国民党地方政制的有施养成的《中国省行政制度》(商务印书馆 1947 年版),该书叙述了国民党政权的省行政制度及其沿革,征引、使用的资料非常丰富。程方的《中国县政概论》(商务印书馆 1939 年版),除对国民党政权的县制作了翔实记述外,对县政的内容、运行、问题、解决办法等也进行了具体剖析,此书的不足是对县政的记述多是就事论事,对县政与国民党统治的关系、与农村社会变迁的关系等问题缺乏论述。1935 年政治通讯月刊社编排的论文集《县政问题》,对于我们了解国民党统治时期县政的具体情况和问题具有重要的参考价值。该书对当时国民党政权县政中的一些重要问题如县自治、县财政、县政改革等进行了深入考察,指出了其成败利弊,并提出了改进办法。

与国民党政权体制有关的论著还有贾逸君的《中华民国政治史》(文化学社,上、下卷,1932 年版),杨幼炯的《近代中国立法史》(商务印书馆 1936 年版),吴经熊、黄公觉合著的《中国制宪史》(商务印书馆 1936 年版),谢振民的《中华民国立法史》(正中书局 1937 年版),平心的《中国民主宪政运动史》(进化书局 1946 年版)。特别是《中国

---

① 钱端升等:《民国政制史》之"序言",商务印书馆 1939 年版。
② 陈之迈:《中国政府》之"序言",商务印书馆 1946 年版。
③ 同上。

民主宪政运动史》记述了自太平天国至抗战期间中国社会围绕民主与宪政问题所进行的斗争与活动,对南京国民政府时期与政制相关的一些重要法规如《训政时期约法》、《五五宪章》的制定过程和内容进行了翔实的记述和深入的分析。从观点上看,此书站在革命民主的立场上,对国民党的政治制度作了尖锐、深刻的批评。

二、1949 年至 1978 年之间的研究状况

新中国成立以后,学术界关于近代以来的中国乡村社会鲜有关注。"文化大革命"时期,有关乡村社会政治结构的研究成为了学术禁区。

在国外,对中国乡村社会的人类学考察有弗里德曼 1957 年出版的《东南中国的宗族组织》和 1966 年出版的《中国的宗族和社会》。从 20 世纪 60 年代开始,中国乡村社会研究逐步深入,严谨的学风逐渐发展起来,也取得了一些成果,较为典型的有麻国庆的《家与中国社会结构》(文物出版社 1999 年版)。他深化了宗族组织的结构认识,探究了传统社会的构成法则,对宗族内部的权力分配、政治权力和经济控制的关系等作了深入的分析。只是这些理论成果,并未在中国大陆理论界产生影响。

三、1978 年至今的研究状况

(一)国际学者的主要研究状况

这一阶段,外国学者和国际合作学者挖掘新的史料,以新的实证资料和研究方法提出了若干理论模式。

20 世纪 80 年代,马德森等人在香港通过对广东陈村 26 位移民的多次访谈而写成的《陈村:毛泽东时代一个农村社区的现代史》和《一个中国村庄的道德与权力》等著作,侧重探讨了社会变革与中国传统权力结构的关联性,以及"道德"和"威严"等传统权力结构与全国性

政治权力模型的联系。

在考察国家与地方(社会)的基本关系时,哈贝马斯提出"公共领域"(public sphere)说。哈贝马斯认为,公共领域是在西欧社会中伴随着市场经济、资产阶级的产生而产生的,是指资产阶级的公共领域,是与资产阶级的私人领域与国家的公共权力相区别的。哈贝马斯提出的资产阶级公共领域可以被看做是"私人身份的人们作为公众聚集一起的领域,他们很快要求拥有自上管辖的公域,用它来反对公共权力自身"。① 哈贝马斯提出的公共领域强调了国家与社会的二元对立。关于公共领域的研究者很多,例如威廉(William T. R)主张公共领域自成一体,是独立于国家与社会而单独存在的。

黄宗智根据哈贝马斯的理论内核,结合自己关于长江三角洲调查与中国司法制度的研究提出了"第三领域"的概念。② 这个第三领域处于国家与地方之间,并且国家与地方都参与到第三领域中来。黄宗智认为第三领域的存在推动了中国的社会整合与近代国家政权的建设。他提出由于中国社会及政权的近代化并没有产生像西欧社会那样的民主进程,所以由国家和社会共同参与的第三领域显得格外重要。他所提出的第三领域与哈贝马斯的"公共领域"最大的不同在于更强调国家与社会的合作。

在对国家与社会关系结构的研究中,杜赞奇(Praseniit Duara)、萧凤霞(Helen Siu)的研究有着较大的影响。特别是杜赞奇在对近代华北农村的研究中提出的"权力的文化网络"理论模式在学界流传很广。杜赞奇在《文化、权力与国家——1900—1942 年的华北农村》一书中认为,"文化网络"指不断相互交错影响作用的等级组织和非等级组

---

① 哈贝马斯著,童世骏译:《公域的结构性变化》,转引自邓正来、J. C. 亚历山大编:《国家与市民社会》,中央编译出版社 2002 年版,第 121—172 页。

② 参见黄宗智:《长江三角洲小农家庭与乡村发展》,中华书局 1992 年版;《华北的小农经济与社会变迁》,中华书局 2000 年版。

织。杜赞奇所定义的"文化网络"包括了几乎中国乡村中所有的组织及其相互关系,也就是说包括了所有的资源。那么无论是国家政权还是地方社会想要在公共目标上或在个别利益上取得合法性的权威,就都必须通过文化网络来实现。这就为研究中国国家与地方包括民众在内的相互关系提供了一个研究平台。杜赞奇探讨了国家政权建设背景下的"国家政权内卷化"和国家与村庄连接机制的变异问题,杜赞奇称这种变异为"保护型经纪"向"营利型经纪"的变化;杜赞奇探讨了村落中的政治权力与文化网络的脱节过程,分析了 20 世纪上半叶国家在基层乡村丧失合法性的原因。萧凤霞在《华南的代理人和受害者》一书中通过对华南乡村社区与国家关系的变化过程的考察后提出,20 世纪初以来,国家的行政权力不断地向下延伸,社区的权力体系已完成了从相对独立向行政"细胞化"的社会控制单位的转变。

在国外社会学研究中,马克斯·韦伯享有较高的地位。在《中国的宗教,宗教与世界》中,韦伯关于中国有其独到的见解。韦伯认为中国没有形成像欧洲那样独立的市民社会,而过分依赖于祖籍渊源以及亲属关系。他提出儒教承担了调节与平衡国家和地方社会关系的大部分职能,从而维持了社会运作的正常秩序。著名学者费正清在其主编的《中国:传统与变迁》、《剑桥中国晚清史》、《剑桥中华民国史》等名著中也表达了相同观点。

(二)中国学者的主要研究状况

从 20 世纪 80 年代初起,国内学术界关于乡村自治问题的研究不断升温,21 世纪以来更是一片繁荣景象。代表性的论著如下。

研究地方自治思想的专论有:贺跃夫的《论清末地方自治思潮》(《孙中山研究论丛》第 10—11 辑,1994 年),郑永福的《1905 年以前中国的地方自治思潮》(《史学月刊》1983 年第 2 期),刘小林、梁景和的《论清末地方自治思潮》(《学术论坛》1998 年第 2 期),郑永福、吕美颐的《地方自治——孙中山关于中国政治近代化的一个重要设计》

（《史学月刊》1997 年第 4 期），陆文培的《试析青年毛泽东关于湖南自治的主张》（《中共党史研究》1993 年第 6 期）等。

研究清末民国的自治制度的有：林绪武的《清末民初地方自治述议》（《辛亥革命研究动态》1996 年第 1 期），陆建洪的《清末地方自治剖析》（《探索与争鸣》1991 年第 6 期）、《袁世凯地方自治剖析》（《史学月刊》1991 年第 4 期），郑永福的《评清末筹备立宪中的地方自治》（《中州学刊》1984 年第 3 期），马小泉的《清末筹备立宪时期地方自治探略》（《华中师范大学学报》1991 年增刊）、《清末地方自治运动论纲》（《史学月刊》1993 年第 5 期）和《地方自治：晚清新式绅商的公民意识与政治参与》（《天津社会科学》1997 年第 4 期），汪朝光的《"联省自治"性质论》（《南京大学学报》1991 年第 3 期），熊杏林的《湖南自治运动评述》（《近代史研究》1990 年第 3 期），林颂华的《五四时期江西自治运动初探》（《江西师大学报》1990 年第 1 期），熊宗仁的《联省自治中的贵州》（《贵州社会科学》1987 年第 10 期），王日根的《明清基层社会管理组织系统论纲》（《清史研究》1997 年第 2 期），王先明的《晚清保甲制的历史演变与乡村权力结构——国家与社会在乡村社会控制中的关系变化》（《史学月刊》2000 年第 5 期），张研的《试论清代的社区》（《清史研究》1997 年第 2 期），郑振满的《明后期福建地方行政的演变——兼论明中叶的财政改革》（《中国史研究》1998 年第 1 期），刘志伟的《在国家与社会之间——明清广东里甲赋役制度研究》（中山大学出版社 1997 年版），梁治平的《清代习惯法：社会与国家》（中国政法大学出版社 1996 年版），高旺的《清末地方自治运动及其对近代中国政治发展的影响》（《天津社会科学》2001 年第 3 期），梁景和的《清廷督导下的地方自治运动》（《江苏社会科学》2001 年第 1 期），余子明的《清末地方自治与城市近代化》（《人文杂志》1998 年第 3 期），谢俊美的《捐纳制度与晚清吏治的腐败》（《探索与争鸣》2000 年第 4 期）等。

关于南京国民党政府地方自治问题的研究成果主要有：赵小平的《试论国民党地方自治的起因、性质和成效》(《四川大学研究生论文选刊》第 5 辑)，《试论国民党地方自治失败的原因》(《贵州社会科学》1992 年第 12 期)，忻平的《论新县制》(《抗日战争研究》1991 年第 2 期)，王世勇的《抗战时期国统区筹办"地方自治"剖析》(《史学月刊》1995 年第 4 期)，丁旭光的专著(实为论文集)《近代中国地方自治研究》(广州出版社 1993 年版)，王奇生的《党政关系：国民党党治在地方层级的运作(1927—1937)》(《中国社会科学》2001 年第 3 期)，郑大华的《民国乡村建设运动》(社会科学文献出版社 2000 年版)，王永祥的《中国现代宪政运动史》(人民出版社 1996 年版)，王兆刚的《国民党训政体制研究》(中国社会科学出版社 2004 年版)，李德芳的《民国乡村自治问题研究》(人民出版社 2001 年版)，朱汉国主编的《中国社会通史》(民国卷)(山西教育出版社 1997 年版)和《梁漱溟乡村建设研究》(山西教育出版社 1996 年版)，胡宗泽的《华北地方权力的变迁：1937—1948 年十里店资料的再分析》(载王铭铭、王斯福编《乡土社会的秩序、公正与权威》，中国政法大学出版社 1997 年版)。

台湾地区及海外学者的代表作有：李达嘉的《民国初年的联省自治运动》(台湾弘文馆出版社 1987 年版)，张俊显的《新县制之研究》(正中书局 1987 年版)，沈松桥的《从自治到保甲：近代河南地方基层政治的演变(1908—1935)》(台湾《"中央研究院"近代史研究所集刊》1989 年 6 月第 18 期)，楠濑正明的《清末的地方自治论》(日本《地域文化研究》1986 年 2 月第 11 期)，孔斐力(Kuhn，Philip)的《民国时期的地方自治政府：关于控制、自治、动员问题》(魏菲德和格兰特编《中华帝国晚期的冲突与控制》，伯克力，加州)。

除了上述有关乡村自治的专论之外，有些著作从不同的角度作出了出色的研究。

在乡村自治的历史事实方面，陈淑铢(台湾国史馆协修)在《米迪

17

刚与河北省定县翟城村治》(《大陆杂志》,第86卷第2、3、4期,1993年)一文中,对米迪刚的村治思想、翟城村治的组创、发展及其社会影响进行了系统整理。李茂盛在《阎锡山全传》(当代中国出版社1997年版),对阎锡山推行的山西村制作了比较系统的论述,认为山西"村本政治"的施行基本上是阎锡山行政管理思想的实践;王宇雄、张益民在《阎锡山早期编村制度评析》(《晋阳学刊》1999年第6期)一文中,则进一步指出了1917—1927年编村制度对规范山西基层政权的设置、促进山西乡村社会的安定,以及在一定程度上赋予人民选举权等方面的作用;赵秀玲《中国乡里制度》(社会科学文献出版社1998年版)一书中系统考察了自古代至民国的乡里制度,提出了许多有见地的观点;该作者在《村民自治通论》(中国社会科学出版社2004年版)一书中对中国近几年来乡村自治研究学界状况和研究成果的水平作了较为客观的评价。

在乡村自治的研究理念和方法论方面,下面的几个研究成果有很高的学术和实用价值。俞可平的《中国农村民间组织与治理的变迁》(载《中国公民社会的兴起与治理的变迁》,社会科学文献出版社2002年版);唐力行主编的《国家、地方、民众的互动与社会变迁》(商务印书馆2004年版);夏勇的《中国民权哲学》(生活·读书·新知三联书店2004年版);郑杭生的《当代中国农村社会转型的实证研究》(中国人民大学出版社1996年版);于建嵘的《岳村政治——转型期中国乡村政治结构的变迁》(商务印书馆2001年版);吴毅的《村治变迁中的权威与秩序》(中国社会科学出版社2002年版)。

关于乡村自治的发展方向及其价值判断,如下的研究成果从不同的角度为我们提供了思路。王沪宁主持的《当代中国村落家族文化》;王铭铭和王斯福主编的《乡土社会的秩序、公正与权威》;徐勇的《非均衡的中国政治:城市与乡村比较》和《中国农村村民自治》;中国社会科学院农村发展研究所主持编写的《当代中国的村庄经济与村落文化丛书》;胡必亮的《中国村落的制度变迁与权力分配》;白钢主编的《中国政治制度通史》;张厚义的《转型社会的中国农村变迁》;张雨林的《村庄的转型与现代化》;任军的《中国乡村政治制度的变迁及其对社会变革的影响》;王铭铭的《村落视野中的文化和权力》;王旭的《乡村中国的基层民主:国家与社会的权力互强》;吴毅的《人民公社时期农村政治稳定形态及其效应》等。

研究乡村自治离不开实地调查和比较的实证研究,这方面我国有优秀的历史传统,无论是内地学者还是国际合作学者都有成果问世。这些研究成果在为我们提供清末民国乡村自治的史料的同时,也为我国乡村自治提供了发展方向和价值判断标准。近期的实地调查和比较的实证研究有徐秀丽主编的《中国农村治理的历史与现状:以定县、邹平和江宁为例》(社会科学文献出版社 2004 年版)。

早在 1966 年,威廉·韩丁出版了他以 20 世纪 40 年代中国革命根据地的调查为基础的《翻身:一个中国村庄的革命纪实》。20 世纪 50—70 年代,柯鲁克夫妇出版了关于太行山区十里店的三部著作,即《十里店:中国一个村庄的革命》(1959),讲述了十里店从 1937 年至 1947 年所经历的土地改革过程;《十里店:中国一个村庄的群众运动》,以日记体的方式记录了柯鲁克夫妇于 1948 年 2 月到 5 月在十里店目睹的土地改革复查、整党和民主选举过程;《阳邑公社的头几年》,讲述了 1958—1960 年在十里店地区所展开的公社化运动。1959 年,杨庆堃出版了以广州鹭江村调查为基础的《共产主义过渡初期的一个中国农村》。1956 年,W.R.葛迪斯来到费孝通所描写过的江村,并撰写了《共产党领导下的中国农民生活》,对革命前后开弦弓村的社会变化进行了描述、比较与分析。20 世纪 80 年代初,威廉·韩丁又根据他对人民公社时陕西长弓村的再次调查,出版了《深翻:一个中国农村的继续革命》。而在 1970 年,马若孟则出版了以"满铁"、"惯行调查"中的 4 个村的资料为基础的《中国农民经济》,研究了近代中国的村庄和农户的组织、职能及其变迁问题。

20世纪80年代以后,随着中国的改革开放,学者们重新进入村庄从事田野工作成为可能。在此前后,以村庄的叙事作为文本表达方式的研究逐渐多了起来,并且产生了一批具有较大影响的研究著述。1984年,陈佩华(Anita Chan)、马德森(Richard Madsen,又名赵文词)、安戈(Jonathan Unger)出版了他们在1975—1978年间通过对移居香港的广东陈村村民的数百次访谈而写成的《陈村:毛泽东时代一个中国农村社区的近代历史》,深入考察了人民公社时期陈村的政治与经济状况;1992年,他们在进一步考察了陈村在邓小平时代的生活变化之后,出版了《当代中国农村历沧桑:毛邓体制下的陈村》。而1984年马德森利用同一批调查材料出版的《一个中国村庄的道德与权力》一书,在学术界产生了较大影响。

进入20世纪90年代以后,一批由本土学者所撰写的村庄研究的个案性著作相继问世。1997年4月,王铭铭出版了他根据自己对福建安溪县美法村的调查而撰写的《社区的历程——溪村汉人家族的个案研究》一书,该书以"国家与社会"理论作为研究框架,以福建溪村陈氏家族社区自明初迄今600多年的经济、文化、社会演变史作为叙述架构,力图在一个家族社区变迁的历史中展现大社会变迁的场景,细致地描摹出了国家同村落之间在时间维度中的互动过程。同年10月折晓叶出版的《村庄的再造——一个"超级村庄"的社会变迁》,则以广东珠江三角洲地区的万丰村为个案,"将乡镇企业的兴起和农民外出流动这两大热点主题置于对一个农村社区的观察和研究之中,描述了在中国农村的非农化过程中,由外来力量和村庄内在的经济社会结构的相互作用所推进的乡村变迁",而万丰村这一"超级村庄"的社区结构和村政运作,也为人们认识非农化过程中的村治变迁提供了一个新的面相。张乐天于1998年出版的《告别理想——人民公社制度研究》,以浙北联民村为研究对象,全景式地描述了这个村庄自1949年以后,尤其是在人民公社时期的政治、经济、社会和文化生活,并且从"外部冲击——村落传统互动模式"入手,分析了人民公社制度的嵌入对浙北农村发展的不利影响以及它对传统村落文化瓦解的双重作用,从而在中国现代化的时空坐标中对人民公社制度作出了历史的定位。李书磊1999年出版的《村落中的"国家"——文化变迁中的乡村学校》,也是一部具有独特价值的田野研究作品,李书磊将村校作为村庄社会中的国家楔入性因素,在特定的村落场景中讨论了国家与社会的交切和互渗,从而使其在当今方兴未艾的"第三部门研究"中占据着自己特有的位置。庄孔韶于2000年出版的《银翅:中国的地方社会与文化变迁》更是一部引人注目的著作,作者通过对林耀华的金翼黄村的再调查,展现了黄村数十年来的沧桑变化、人事更替和文化传承。此外,由中国社会科学院农村发展研究所主持编写的《当代中国的村庄经济与村落文化丛书》(1996),王铭铭、王斯福主编的《乡土社会的秩序、公正与权威》(1997),王铭铭的《村落视野中的文化与权力:闽台三村五论》(1997),毛丹的《一个村落共同体的变迁——关于尖山下村的单位化的观察与阐释》(2000),张厚安、徐勇、项继权等多人合作撰写的《中国农村村级治理——22个村的调查与比较》等书,也都以不同的村庄为文本,对乡村自治的各种力量结构做了多视角的描述。

值得注意的是,在对当今的乡村自治持肯定态度,并热情欢呼新时代到来的主流派声音中,一些学者也提出了反对的观点,以党国印、沈延生等人为代表。其代表论文有:党国印的《村民自治是民主政治的起点吗》(《战略与管理》1999年第1期),《中国乡村民主政治能走多远》(《中国国情国力》1999年第3期),沈延生的《村政的兴衰与重建》(《战略与管理》1998年第6期)。这些学者的观点对本书的写作有很大的启发,主要表现在以下三点:第一,中国乡村自治是中国乡村民主政治范畴下的基本概念;第二,对中国乡村自治过程的认识和规律的探寻必须符合中国国情;第三,讨论中国乡村自治不能套用西方国家市民社会理论模式。

四、关于乡村自治的研究成果的评价

以上研究成果对本书的研究提供了很好的平台,这些论文和专著的史料价值与方法论都对本书的研究有极大的铺垫和启发。

对以上研究成果的负面评价,本书主要关注两位学者的结论。一位是国家级优秀博士论文获得者于建嵘在《岳村政治——转型期中国乡村政治结构的变迁》中的结论意见。他说:毫无疑问,这些理论成果,对我们认识中国乡村社会政治关系与权力结构提供了许多相关性结论和方法论启示。但是,这些从不同的理论视野及不同的理性关怀所得出的研究成果,或是纯理论的推论而缺乏实证考察,或者是在进行其他问题的实证研究中简单地论及过乡村政治问题,而没有将乡村政治与法律问题作为一个专门的领域来进行全面而系统的实证研究,缺乏在制度、观念层次上进行深入、精致、系统的分析,尤其是对整体社会变迁过程中乡村社会政治结构的连续转换过程缺乏细致的研究。随着对历史与现实中的农民问题的经验性积累以及不同视野的学术观察,呼唤着新的理论概括和更高层次的综合。因为,没有这种综合,我们在解释中国乡村社会的政治发展时仍然感到了许多困惑。可以说,正是这种理论的不足,才是目前学术界对村民自治完全不同的价值判断之最为深刻的根源。

另一位是中国社会科学院"基层民主政治建设研究"课题组成员赵秀玲在《村民自治通论》的结论。她说:如今村民自治研究也有"山穷水尽"之嫌,虽然研究者仍在继续探讨研究,但其观念、方法普遍显得陈旧,空话、套话连篇,特别是急功近利的"急就章"充满着村民自治研究领域。一种为研究而研究的风气正在形成。另外,实证研究是必要的,但不能忽略理论创新和提升,更不应把中国村民自治理想化,否则,村民自治研究就会陷入经院化的歧途,而失去其实践意义。

重视村民自治研究,尤其需要更新村民自治研究的理论与方法,建构起符合中国农村村民自治实际的理论体系。从整个村民自治活动开展的过程看,理论研究始终落后于社会实践,虽然这一状况到后来有所改变,但二者的距离仍然很大,而且其研究方法仍有不少值得商榷之处。也就是说,早期的村民自治在学者的视野中处于"缺席"状态,当他们认识到村民自治的价值意义后,又一直跟在实践后面紧跑,研究中套用和生吞活剥的现象尤其突出。直到如今,村民自治研究对村民自治实践也难以起到更好的指导作用。理论必须能够指导实践,否则它就失去了理论的价值意义。因此,今后必须进一步加强村民自治研究,尤其要重视从理论上解决村民自治的难点和疑点问题,这样,村民自治就可以少走弯路。

今后,村民自治研究有必要被纳入国家重大课题的研究框架中,令其成为学术之重镇并加以重视。从学者角度说,他们也有必要确立研究的责任心和自觉性,为村民自治的进一步发展探索一条有效的途径。从某种意义上说,将来的村民自治能否有更大的突破,主要因素之一是取决于对学术研究的重视程度。

不过,重视是一个方面,还有一个方面不可忽略,那就是学术研究的立足点和理论方法。就目前国内外村民自治的理论研究而言,大致可分为两种:一是中国传统的历史研究方法,即以村民自治文献资料为依据得出自己的结论;二是西方式的理论阐释,即主要站在西方民主自治的立场,以其各种理论的概念和术语来审视、比附中国的村民自治。这两种方式各有特点,取得的成就也是有目共睹的,不过它们的局限性也非常明显。就前者而言,研究者更多地根据他人的成果进行分析,然后得出自己的结论,其可靠性受到限制,也影响了其理论性和指导价值。就后者而言,尽管对中国的村民自治研究多有启示,但由于忽略了中西文化历史和语境的差异,尤其没有将中西村民自治的不同区别开来,这就造成简单搬用西方自治理论来解释中国村民自治时的尴尬和滑稽。如有人用西方的新制度主义方法、委托代理理论、公民社会理论、组合主义（法团主义）、公共选择理论等来研究中国的村民自治，这些方法最大的问题是难以解释中国村民自治的独特性和丰富性。

赵秀玲认为，中国的村民自治研究必须立足于中国的本土经验，即以中国的历史、文化与现实为基础，然后在吸取中西理论优长的基础上，建构适合中国村民自治实际的理论与方法。这里，"中国"与"西方"并非简单地相加，而是要在双向交流对话中进行融会贯通，这就需要既掌握双方的理论方法，同时又有一个理论体系作为支撑。这个理论体系既不是站在中国也不是站在西方，而应该站在人类健全发展的角度来思考问题。这是因为西方的民主自治虽然有我们不及的地方，但它是生长在西方大地上的，用来解决中国的问题未必适当，有时可能事与愿违！

于建嵘和赵秀玲都是中国乡村自治的不遗余力的支持者，其研究成果正在指导着当代乡村自治实践。两人对当前的自治理论研究评价尚且如此，可见有关清末民国自治的专题研究是何等的重要。本书对清末民国乡村自治问题的研究方法和基本观点是学界对自治与自治法研究的继续和深入，有些观点和方法则对该领域具有填补空白的学术意义。

我国学者对历史上存在和现实中发展的乡（镇）政府与村民自治权利的关系深入研究，提出和论证了四种模式。

一是老一辈革命家、政治家和学者一贯坚持的"家国同构"学说，认为国家权力至上，村民自治附属于国家统治，自治与控制属于治理与管理范畴，是国家基层行政管理或治理的组成部分。毛泽东、范文澜、郭沫若、梁漱溟等从不同角度说明了农民生活是国家政治生活的一部分。而蒋介石领导国民党执政的保甲制是专制国家制度下的村民自治的极端形式。王沪宁主持的《当代中国村落家族文化》和吴毅的《人民公社时期农村政治稳定形态及其效应》等都有类似的观点。

二是认为中国古往今来都是"王权止于县政",村民自治与国家权力并存;村民自治由来已久,甚至可追溯到秦代以来的乡里、保甲、乡约等组织形式,乡村以自治为主。这是现代社会学、政治学、历史学、法学学者所广泛坚持的观点。夏勇的《中国民权哲学》,俞可平的《中国农村民间组织与治理的变迁》,唐力行主编的《国家、地方、民众的互动与社会变迁》,郑杭生的《当代中国农村社会转型的实证研究》,于建嵘的《岳村政治——转型期中国乡村政治结构的变迁》,魏光奇的《官治与自治》,张静的《基层政权——乡村制度诸问题》等论著,无一不从我国近代以来不同时期的国家层面和民间层面的不同程度两元结构出发,讨论国家基层政权权力与村民自治的关系。

三是对当今实行的以直接选举为特征的,乡镇国家权力为指导的民主制度的论证与评价。这里又分为两类:一是赞成者,以华中师范大学和中国社会科学院政治学所为主阵地,代表作有徐勇的《中国农村村民自治》和《非均衡的中国政治:城市与乡村比较》,赵秀玲的《村民自治通论》,张厚安、徐勇、项继权等撰写的《中国农村村级治理——22个村的调查与比较》。二是持一定保留意见的,代表作有党国英的《村民自治是民主政治的起点吗》,沈延生的《村政的兴衰与重建》。曾是积极推动村民自治的贺雪峰最近在《中国之重》一书中撰文也认为,在农村扩大直接选举不是好办法。

而国际学界和华裔学者讨论中国基层国家政权权力与村民自治权利的关系时,实证调查和理论思辨色彩浓厚,主要有"国家与市民社会两元模式"和"公共领域"或"第三部门"模式论。国际学界和华裔学者比照西方国家现代化转型时期的中央政府与市民社会对抗状态的所谓"国家—市民社会两元制"模式,认为中国同样存在国家政权权力与民间社会的关系问题,哈贝马斯等学者持该观点。杜奇赞教授关于我国农村有"保护性经纪人"的观点也是这一学说的变种。主张公共权力与公民权利共同参与的"公共领域"或"第三领域"模式论以黄宗智教授为代表人物。

作为西方国家政治理论借鉴,亨廷顿的现代化转型时期的民主制度建设与公民参与关系理论、罗伯特·达尔的"多头政体"理论、詹姆斯·布坎南的"公共选择"理论以及近期兴起的"政治协商"理论等,都是我们讨论我国乡镇政权权力与村民自治关系时需认真对待的观点和方法。

四是本人借鉴清末民国以来的中国乡村自治的经验和教训,走具有中国特色的村民自治道路。

第一步,打破户政,建立村民—公民社会,建立良善的村民自治的政治环境和法律环境;第二步,改变当今的直接民主形式的村民自治,建立以协商民主为主要内容的村民自治;第三步,乡(镇)政府以间接民主形式参与村民自治,并提供优质公共产品服务。

第三节　研究条件、方法、思路和基本观点

一、研究条件

本书的一部分是笔者的 2005 年博士学位论文:《近代乡村自治研究——户政法文化诠释》。《近代乡村自治研究——户政法文化诠释》奠定了笔者写作《中国乡村自治研究》"破除迷信"的基础。中国人民大学博士生导师马小红教授评价:作者认为中国古代乡村的基本国家单位不是家族,不是家庭,不是农民,而是"户";认为中国古代民间契约是国家法调整的社会关系;认为"户"参与乡村自治误入歧途;认为只有通过破产、革命、战争才能破除"户"的束缚,实现自治主体平等,等等。多视角地阐述,客观、立体地再现了近代乡村自治的整体面貌,为观点的创新奠定了基础。中国政法大学博士生导师高浣月教授

评价:户,是中国社会的传统细胞,作者以户为研究的视角,说明中国乡村自治受中国传统的影响,受封建政治体制的制约,自治的本质是国家权力对农村的综合治理,与西方的乡村自治和城市自治有所不同。而这些东西依然影响着现代社会。作者的研究思路和给予大量材料分析之后得出的结论,应该说是值得肯定的。

早在 2003 年,笔者出版了专著《中国自治法研究》(中国法制出版社),就中国自治法律制度现状作了全面叙述,包括民族区域自治、特别行政区自治、农村村民自治、城镇居民自治、一般地方自治到社团自治等。在该书中集自治制度、自治思想、自治学术讨论之大成,兼有现实叙述、历史回顾、中外对比和前景瞻望。

《中国自治法研究》为本书写作提供了许多观点与方法。例如,自治法律渊源与体系问题、民族区域自治本质问题、特别行政区自治性质问题、基层社会民主自治的本质及形式问题、村委会组织法与居委会组织法修改问题、单一制政体下有无自治权问题、司法权不能地方化问题、乡镇自治问题、政治组织自治与政治关系问题、社团分类问题等。

笔者独立研究并完成的国家哲学社会科学一般项目《县级政府管理创新研究》,2006 年由人民出版社出版,并于同年获得山东省社会科学专著三等奖。2004—2007 年又主持研究了国家哲学社会科学一般项目——“乡镇政府与村民自治关系研究”,这一课题研究的主要成果构成本书的基本框架和基本内容。

二、研究方法

1. 历史的方法

本书从我国清末民初至今,在一百多年的宏大画卷上追溯乡镇政府与村民自治关系的历史过程。力求以事实说话,努力展现客观实际。

追溯一个历史过程,忌散忌浅。本书力图以马克思主义政治经济学、法学、社会学、管理学的理论为指导,在清末民初阶段、"人民公社"阶段、《村委会组织法》阶段和未来阶段四个时期,揭示乡镇政府与村民自治关系的基本性质、主要矛盾,在史实考辨、制度挖掘上狠下工夫,找出乡镇政府与村民自治关系演变的本质和规律,总结乡镇政府与村民自治关系演变的基本特点,拿出一套符合我国情、与我国基层民主建设发展阶段相适应的乡镇政府与村民自治关系构成的可行模式。

2. 比较的方法

本书始终贯彻了比较的研究方法,如对清末民初、"人民公社"、《村委会组织法》和未来四个阶段的比较;我国与西方国家地方自治制度的比较;直接民主与间接民主的比较;以不同学科的立场和观点,研究乡镇政府与村民自治关系所得出的不同结论的比较。

通过比较,修正研究方法和方向,使中国农民从政治觉悟、经济自立到政治协商的发展过程得到历史逻辑上的验证。

3. 实证与价值分析的方法

没有调查研究就没有发言权,关于乡镇政府与村民自治关系研究尤其如此。本书的第一编、第二编和第三编都需要实证分析,这里的实证包括证明材料、证明对象和证明方法,笔者组织了 2005 年级的本科生和研究生对山东省和青岛市的乡村作了广泛调查。

笔者对自己调查的材料和间接使用的调查数据和事例,尽力做到科学甄别和分类,并注明出处,一是要符合学术规范,二是为了使自己得出的结论有说服力。

笔者借鉴学界各位前辈和同仁的学术成果很多,在此,谨表示衷心感谢。其观点和资料的引用,在注释标注了一部分,在参考文献目录中列举了一部分。笔者在观点评述时武断,或引用资料有错误,敬请谅解。

除了调查、统计资料的实证研究之外,作者使用的实证分析方法更重要的是解剖社会细胞"户"。有些作者使用这样的方法取得了学术成绩,例如,哈贝马斯、杜奇赞、黄宗智等知名教授解剖了人类社会的一个层面或一个阶层,张静教授解剖的是一个权力集团——基层政权。笔者解剖的是一个社会、一个国家的构成细胞、一个分子或一个原子——户。这个中国特有的"户"的性质和作为;"户"的过去、现在和将来;"户"与国家的关系、与村民的关系、与村民自治的关系,等等。

本书第三编的主要成就是有价值分析的内容,笔者利用自己的法理和立法学的业务专长,力图完成其设计的间接政治的村民自治法律架构,力图使我国的农村村民自治法修改案有坚实的法理和立法学依据。

三、研究思路

本书对清末民国乡村自治问题的研究思路是把大题小作。清末民国跨越几个时期,其乡村自治内容很多,别人也已研究过的,本书没有重复走别人走过的路。其他学者是站在国家的高度俯瞰,分析的是国家权力之下的郡县、乡里、保甲、家族和士绅;本书却抓住了"户"这个基本细胞,沿着"户政"的线索左右上下展开,思路豁然开朗而另辟蹊径。

本书从三条线索和三个角度进行观察和分析。从"家国同构"的角度:家长—家族长—皇帝一条线;从"编户齐民"的角度:户—保甲—乡里—郡县—户部—皇帝一条线;从法律体系的角度:家法族规—乡规—户部则例—户律一条线,"礼"则贯穿其中。

在封建国家走向灭亡的条件下,从"家户"所面对的所有政治法律关系、经济赋税关系、思想文化关系、社会关系等所有线索来看,恰似一部"金字塔形的抽榨机",家户破产、农村破产、社会动乱,农民在革命和战争中挣脱"户"的束缚,义无反顾地投入新社会的建设。这里既没有国家和社会的"二元结构",也没有与国家民间互相联系的"公共领域",更不存在农村的村民"经纪人"。

清末民国乡村自治虽然是"新瓶装旧酒",但是,以乡村自治为内容的农村社会转型不可逆转的推进,以政治动员、文化重构、法制建设、市场培育为特征的公民社会发展过程开始了。

本书对当今的乡村自治研究的研究思路是把小题大作,从科学界定概念出发,讨论现行乡村自治组织法中值得商榷之处,从而试图构建我国未来乡村自治立法框架。

乡(镇)政府权力的内涵与外延;村民权利的内涵与外延;村民、公民和农村承包户的内涵与外延;当今乡村自治实行"直接民主"还是"间接民主",什么是"直接民主"或"间接民主"? 政治协商或协商民主的内涵与外延。当我们把这些概念界定清楚了,再分析现行乡村自治法律法规的立法缺陷,分析现行乡村自治国家政策执行绩效,比较各地乡村自治实践模式的经验教训,未来乡村自治立法的概念、原则和具体条款呼之欲出,立法基本框架形成。

四、基本观点

(一)一元社会

研究"乡村自治"这种社会现象,绝对不能就事论事,不能脱离对社会的整体把握去孤立地研究所谓"乡村自治"。目前学界的研究成果和方法也说明,由于研究者对中国清末民国的社会的整体把握和认识的不同,得出的有关乡村自治的性质、过程、历史影响的结论也不同。

我国目前关于国家和社会关系的理论有三种:一元论,两元论,公共领域或"第三领域"说。有人还赞成中国城乡的"二元论"。笔者坚持的观点是"一元论"。

（二）家户单位

研究"农村自治"这种社会现象，绝对不能囿于"共同体"、"社团"、国家和自治共同体之间"代理人"的概念中"食洋不化"；不能在所谓"制度"建设中超脱不了，或在国家与社会、与自治共同体的"互动"、"关系"中拔不出来；不能脱离社会的基本"原子"，不能漠视究竟"谁"在所谓"自治"？谁是自治的"主体"？不能脱离这个基本问题去空泛地研究所谓"农村自治"。

目前学界的研究成果和方法也说明，由于研究农村自治的学者们脱离了中国清末民国的社会实际，不能把握"家、户"是所谓农村自治的"原子"，因此，他们费尽千辛万苦得出的有关农村自治的性质、过程、历史影响的结论也不尽科学。笔者把"户"作为分析清末民国乡村自治的基础单位和出发点。

（三）从专制到村民间接民主

研究"农村自治"这种社会现象，不能排斥西方国家先进的宪法政治民主理论，同时要在中华民族国家独立和民主政治的发展规律中把握农村自治的主体、内容和发展前景。笔者坚持，直接民主政治形式不太适宜，故设计了一种较为复杂的间接民主政治的自治制度。

总结上述三点，笔者认为，在古代中国和国民党专制统治时期，以"家户"为单位的所谓"自治"，不可能具有近代民主政治性质，依然是封建"国本"和"家本"政治，不是"民权"社会。在世界民族国家独立和民主政治建设的伟大潮流中，清末民国的各种自治的方案和实践的落空是必然的，因为农村的"家户"不可能是自治民主政治的生长细胞。

于是，近来法学界有些学者便在中国的宪法政治建设的路径上勾画了两种理论，如今已经占据统治地位。一是"法律建构说"，试图以移植西方国家的法律制度或自行立法，自上而下强行构建农村村民的权利；二是"市场经济发展说"，市场经济发展决定市民社会形成，市场经济为重构市民与国家、市民与市民之间的权利与义务关系提供了必要和可能。学者夏勇总结道，"法律和市场就是公法权利生长的体制性要素"。[1]

笔者认为，农村自治的民主生长点须从农民自身和农民的"熟人社会"中找。第一，村民，作为农村社区的公民，积极参与公共事务，从政治发动到政治自觉，是实现农村自治的基本条件。第二，法制建设在积极参与公共事务的村民不断成熟的基本现实中"循序渐进"，政策、习惯与法律的生成，必须符合中国国情，从苏力先生的"送法下乡"到已成气候的"法律移植"，都还是一种外部"灌输"模式。第三，在村民自治的制度建设中，要设计一种"间接民主"制度，兼顾农村政治组织、生产组织、社团组织、地缘单位、家族势力等各个方面的利益表达。在稳定的社会秩序中，启发并组织农民的政治参与，放手让农民在法制建设中认识"公民权利"，利用"国家权力"，让农民在发展市场经济中认识规则，实现实体公正和程序公正，把利益的实现在自治机制中统一起来。

第四节　乡村自治问题研究的学术争鸣

一、自治的概念

本书在绪论第一节中就"自治"概念对华中师范大学的徐勇教授的观点进行了商榷，即中国的自治是民主政治性质的自治还是任何社会都可能存在的自治型的治理。笔者坚持，讨论自治必须坚持自治是民主政治性质的自治的价值判断，同时要求把自治作为一个发展过

---

[1] 夏勇:《中国乡民公法权利的生成过程》，收于《中国民权哲学》，三联书店 2004 年版，第 270 页。

程,讨论其不同阶段的不同内容和不同特点。

二、我国乡村自治的起点

本书与中国社会科学院的于建嵘、赵秀玲两位学者讨论了清末民国的乡村自治的性质,是中国自治起点还是中国式自治的历史资料? 笔者认为,清末民国的自治是名为自治实为治理,但依然是我国乡村自治过程的第一步,这是具有中国特色的基层民主政治的自治过程的性质决定的。

三、乡村自治的主体

本书与所有研究中国乡村的国内专家教授讨论了中国乡村自治的主体。笔者认为,在中国古代、近代乡村社会的主体是"户",在民主政治社会,乡村自治的主体是农民。然而,绝大部分国内学者都把乡村保甲组织看成是自治组织,美国学者杜赞奇教授甚至把乡村自治和市民自治混为一谈。本书还就徐勇教授提出的家户的发展过程提出了不同意见。

四、我国国家与村民关系理论

本书与杜赞奇教授讨论了我国农村村民与国家之间的关系。笔者不同意所谓"经纪人阶层"的观点,在我国自古至今没有对村民的"保护性经纪人",官僚和官僚帮办的层层寻租是中国特色,杜赞奇论证"权力文化网络论"时所使用的证据不足甚至有误。笔者质疑张静教授关于乡村村民委员会具有乡村基层政权性质并与村民发生利益冲突的结论。

五、我国国家与社会关系理论

本书就国家和社会关系问题与黄宗智教授讨论了"第三领域"或

"公共领域"之所以不存在的理由。对我国法律史、民法、宪法行政法学界有些学者,以民法部门独立、民间法与国家法并行的肆意割裂国家和社会的一体化联系的观点提出了不同的看法。

六、国家、社会、法制一元化理论

本书坚持了关于中国国家、社会、法(礼)制一体化的观点;从历史事实和理论两个方面阐明了立场,对以公权私权、国家法民间法、权利本位义务本位诸范畴的对立为由,或以我国古代的民法独特表达基础而形成的中国法制二元化的观点作出了回应。

七、中国传统社会转型的标准和途径

本书就中国传统社会转型的标准和途径提出了独立观点。笔者与传统制度学派的观点不同,以乡村为例,中国传统社会转型的标准有二:一是农民从"家户"中解放出来,形成合格的乡村自治主体并组织起"公民社会",其公民资格的进化发育程度也有其衡量标准;二是公民的政治参与与政治制度建设协调。公民社会的形成固然有"送法下乡"的法律架构,但是政治动员与文化组织、市场经济培育更是重要的转型途径。笔者不赞成中国传统社会转型一味依靠法律移植或立法、精英推进的观点。

八、当代乡村自治组织法研究

1. 清末民初开村民自治先河;村民自治权利服从于国家权力,自治制度是专制制度的一部分。

2. "人民公社"时期的村民自治实质是人民民主专政,具有政治身份的绝大多数农民组织起来,管理公共事务。在"文化大革命"中,基层国家权力受挫,农民直接行使权利造成极大的政治混乱。这一时期的充分的社会发动和人身解放,为农村公民社会的建立奠定了一定的政治基础。

3. 村委会组织法实施以来,农民依法自治,直接行使法定的自治权利。社会主义市场经济发展,培育、激发了公民权利。与此同时,国家权力与乡镇权力之间,国家权力与村民自治权利之间出现了一系列冲突。中国共产党根据实际,以政策不断调整村民自治的发展方向和过程。村委会组织法的直接民主形式亟须修改。

4. 在乡镇政府是现行国家行政机关的宪政体制下,乡镇政府通过政治协商制度,实现对村民自治的政治领导和行政指导;乡镇政府通过村民自治的法人治理,实现协议约定的对村民自治的服务关系。

5. 进行村民自治法立法。村民以"村民—公民"身份参与自治;村民、各种功能团体和各类企业推选候选人;村民大会直接选举、组成村民代表大会;村民代表大会选举村民委员会,实行政治协商;村民委员会法人治理,对外承担法律责任。村民和各种村民自治团体依照自治章程活动。

本书在最后一章集中论证了当代乡村自治组织法。笔者认为,参与性、协商性的间接民主或"代议制"是当代乡村民主建设较好的设计,要开展对党组织、群众组织、经济实体和民间社团的利益表达和实现的价值判断与实证研究。

第五节 主要内容

本书分三编对中国农村自治问题进行探讨。

第一编对专制统治下的自治进行了阐述。

这一部分首先叙述了清末民初农村自治的学界不同观点,有自治说,官治民治综合说。笔者坚持认为,清末民初农村自治是为专制统治服务的农户自治。这种自治是进入中国现代化时期的专制制度的社会基础。其次阐述了清末民初农村自治的性质,这里既要讲清楚自治是宪法政治的产物,又要讲清楚,在中国积贫积弱、内忧外患、封建专制的条件下,清末民初农村自治是为专制统治服务的国家制度的一部分。最后以历史事实叙述清末民初农村自治的过程和各种实验模式。

第二编主要研究了身份制自治。

"人民公社"时期,农民打破"户"的藩篱束缚,他们在历次政治运动中,被充分地发动起来,这种政治动员奠定了乡镇村民自治的政治基础。这是肯定的。这时的农民自治是马克思经典作家定义的绝多数人压迫极少数人的人民民主专政。国内外学者对这一阶段的农民自治持否定态度,笔者在这一部分从"人民公社"组成的原始文本出发,讨论"人民公社"时期村民自治的"空想社会主义"的性质、特点和意义。

由于户籍管理和农业税收负担,使人民公社时期的村民具有强烈的身份特征,其政治特权和经济上的孤立、贫穷对自治具有致命的影响。

第三编研究了中国农村自治由法律指导型向协商政治型自治转变。

在法律架构现代化和依法治国的方略的指导思想指导下,我国在人民公社制度结束后实施《村委会组织法》,村委会选举和农村事务均依法办事。这一时期,农村自治只能依法硬性操作。一方面,国家权力和共产党执政权之间,以及这些权力与村民直接行使自治权利之间都有了一定程度的冲突。法律使农户和农民不分;村委会选举的"贿选"、"黑选"和"用脚投票"案例频现。中国共产党根据实际,以"一号文件"和具体政策及时调整村民自治的发展方向和过程。

法律指导型的自治有很强的实践意义:农民意识到自己的权利。包产到户和农民进城,使公民权利有了经济基础,公民权利可以换算成本,本书以此视角解释"贿选"。市场经济的发展启发了和培育了公民权利,本文以此解释"户口买卖"的现象。

以间接政治的原理,设计乡镇政府与村民自治的关系。乡镇政府改革面临三大难题。第一,自身职能、体制和办事规制的改革;第二,在我国宪法的框架内,理顺乡镇政府与村民自治的关系;第三,提供乡村自治公共服务的财政窘境。在乡镇政府是现行国家行政机关的体制下,乡镇政府通过协商政治的制度实现对村民自治的政治领导和行政指导。村民自治通过法人治理,与乡镇政府实现协议约定的服务关系。

村民不以农户的身份参与自治活动。村民和功能团体推选的候选人和独立候选人通过村民大会直接选举,以一定比例组成村民代表大会,村民代表推选村民委员会。分析考量乡镇村民自治的政治生态,分析共产党基层的组织的领导作用,分析共青团、妇联、民兵连等社团的重要作用,分析民间组织和民营企业参与农村政治和建设的理论和实践,制定间接民主政治形式的村民自治制度。

村民自治实行协商政治;法定代表人主导,功能团体在章程规定的范围内活动。重新诠释中国的古代农村的乡约的历史遗产和管理传统,以此原理设计修改中华人民共和国村民自治法。

第一编
专制统治下的自治

第 一 章
清末民初乡村自治理论与实践

第一节　晚清时期

一、太平天国乡里制度

清代地方组织，前期仿照明朝旧法制，建立里社制，中后期推行保甲制。无论里社还是保甲，这些机构组织和中国封建国家在乡村设置的基层组织一样，承担国家的征收赋税、摊派徭役、防范人民反抗活动的基本职能。州、县官因迁调频繁，力所不逮，对于民间疾苦漠不关心，有关地方兴革事宜，只是委诸少数士绅或乡里望族代为操办，结果掩饰欺瞒、空言搪塞，甚至借机敲诈勒索，鱼肉乡民，地方"百事废而不举"，地方公益活动无人过问，乡民被肆意盘剥，农村走向破产，社会面临巨变，封建国家乡里制度亦面临质变。

对于乡村治理，太平天国创新了一套制度，颇有新意，实行乡官"乡里公举"。有学者指出其特点："乡官之选举法，虽非如今代投票普选之纯全民主制度，然确有多少民主作风与自治作用，比之当代满清治下乡土民事操纵于绅士耆老之手者尚胜一筹。（此指其非民众中选出而言)其制度略近于现代各省乡村间之自治职员,如区长、乡长、村长等,盖各乡官究以民意民望为依归,而凡被选出者乃正式受任治事也。"①

二、康有为的思想

鸦片战争后,由于社会政治经济发生巨大变化,封建政治机构包括基层乡里制度越来越不适应世界和中国发展的需要,如何改革旧的国家政治体制,建立新的政治制度,成为当时中国面临的亟待解决的问题,康有为等维新思想家拿出了自己的方案。

康有为给光绪皇帝上了六书之后,又上了一道奏折,建议地方每一个县设民政局,专事地方自治事务。在乡镇以下,康有为遍查中国古代乡里制度,"旧瓶装新酒"托古改制,主张仿照汉代的办法,公举三老,担任乡官,会同地方士绅,公议新政。② 康有为改革措施遇到守旧派的顽强抵抗后,建议光绪帝在用人上"但主增新,不主裁旧",仿照宋朝的"官差并行"之法,"选通才以任新政,存冗官以容旧人"。③《宪政编查馆奏核议城镇乡地方自治章程并另拟选举章程摺》中也有这样的记载:"臣等查地方自治之名,虽近沿于泰西,而其实则早已根于中古,周礼比闾、族党、州乡之制,即名为有地治者,实为地方自治之权舆。"④

① 简又文:《太平天国典制通考》上册,香港简氏猛进书屋1958年版,第323页。

② 参见《中国近代史资料丛刊》,《戊戌变法》(二),上海人民出版社1957年版,第197—204页。

③ 《中国近代史资料丛刊》,《戊戌变法》(四),上海人民出版社1957年版,第158页。

④ 故宫博物院明清档案部编:《清末筹备立宪档案史料》下册,中华书局1971年版,第724—725页。

梁启超提出"秉西法,重乡权"和建立"地方自治政体"的主张。①

康有为托古改制,梁启超援西改革,都是中国曲折的进入近代历史的思想反映,康梁两人关于乡村自治的思想是启发我国乡村自治历史过程开始的思想前驱。

三、清末改制

清政府1908年8月24日(光绪三十四年七月二十八日)制定和颁布了府州县以下的城镇市乡自治章程,共九章一百一十二条。清末参照欧美、日本等国的地方自治制度,颁布法律,在乡村实行自治,着手筹办地方自治。这是所谓政府推进、制度改造、精英担纲、送法下乡的典型案例。由统治者提出乡镇自治在中国历史上还是首次,第一次由统治阶级提出了"自治"概念。

根据规定,地方自治"专办地方公益之事,辅佐官治为主",由地方公选所谓的"合格绅民",担任自治团体负责人,在地方官监督下办理地方事宜。

章程规定:凡府(厅)、州、县城厢地方为城,其余市、镇、村、庄、屯、集等各地方,人口满5万以上者为镇,人口不满5万者为乡。

所有城镇设城镇议事会、董事会,乡设乡议事会、乡董。城镇乡议事会设正、副议长各一名,乡镇董事会各设总董一名,董事一至三名,名誉董事若干名。各乡设乡董一名、乡佐一名。所有城镇乡正、副议长、总董、董事、乡董均由所在城镇乡绅民选举产生,最后呈报该管辖地方官核准任用。

选民有一定的资格限制,规定有下列之一者不得为选民:"一、品行悖谬,营私武断,确有实据者;二、曾处监禁以上之刑者;三、营业不

---

① 参见梁启超:《饮冰室合集》第6册,中华书局1989年版,第130—133页。

正者,其范围以规约定之;四、失财产上之信用,被人控实尚未清结者;五、吸食鸦片者;六、有心疾者;七、不识文字者。"①此外,议员亦有亲属回避等限制:父子兄弟不得同时任为议员,若同时当选,当以子避父、弟避兄;若父子兄弟为城镇董事会总董或乡董、乡佐,则不得同时任为议事会议员;乡董、乡佐不得同时兼任该乡议事议员,父子兄弟不得同时为乡董、乡佐。

城镇乡须择定本地公产房屋或寺庙为自治公所,作为议事会、董事会和乡董的日常办公机构。

城镇乡自治公所直接受该管辖地方官监督,地方官有权请求督抚解散城镇乡议事会、董事会及撤销和罢免各级自治团体与职员。

自治章程中列举了城镇乡自治事宜事项:"一、本城镇乡之学务:中小学堂、蒙养院、教育会、劝学所、宣讲所、图书馆、阅报社,其他关于本城镇乡学务之事;二、本城镇乡之卫生:清洁道路、蠲除污秽、施敬药局、医院医学堂、公园、戒烟会,其他关于本城镇乡卫生之事;三、本城镇乡之道路工程:改正道路、修缮道路、建筑桥梁、疏通沟渠、建筑公用房屋、路灯,其他关于本城镇乡道路工程之事;四、本城镇乡之工商务:改良种植牧畜及渔业、工艺厂、工业学堂、劝工厂、改良工艺、整理商业、开设市场、防护青苗、筹办水利、整理田地,其他关于本城镇乡农工商务之事;五、本城镇乡之善举:救贫事业、恤嫠、保节、育婴、施衣、放粥、义仓积谷、贫民工艺、救生会、救火会、救荒、义棺义冢、保存古迹、其他关于本城镇乡善举之事;六、本城镇乡之公共营业:电车、电灯、自来水、其他关于本城镇乡公共营业之事;七、因办理本条各款所列事项;八、其他因本地方习惯,向归绅董办理,索无弊端之各事。"②

---

① 故宫博物院明清档案部编:《清末筹备立宪档案史料》下册,中华书局1971年版,第730页。

② 同上书,第728—729页。

为了使地方自治不流于形式,清政府先在风气开化较早、文化程度较高的直隶天津和江苏江宁两地先行试点。

根据天津、江宁两地筹备地方自治的经验,各省遵谕于1909年在省城及各府(厅)、州、县一律开办自治研究机构,作为当地筹备自治的指导机关。到1910年12月底,全国共设各级自治筹备会81个,自治研究所128个,其中开办最好的是四川,其次是江西、湖北、陕西等省。这些省份的不少府(厅)州县还开办了自治培训班,对地方绅员进行培训,聘请和选派通晓西方国家政治、法律、制度的留学生和学堂毕业生讲授《钦定宪法大纲》、《城镇市乡自治章程》、地方自治筹备办法。不少省份在筹备地方自治期间,还创办白话官报、白话告示、自治浅说,用通俗流畅的白话文体宣传宪政、法制、地方自治推行的办法、好处。

各省为成立城镇市乡参事会、董事会,选举议员、董事,对各地的人口(包括男女性别、籍贯、职业、财产、文化程度)进行了调查,这是我国有史以来第一次大规模的人口普查。

从地方自治章程办法和自治的内容看,筹办地方自治无疑是利国益民之举,对改变农村愚昧落后状况、开发民智、促进文明开化具有积极意义。

各省筹办地方自治虽有不少成绩可言,但存在问题也很多。诸多省份筹办地方自治"率多未善……'有名无实'","督抚委其责于州县,州县复委其责于乡绅,劣监刁生运动投票,得为职员及议员董事者转居多数"。"平日不讲自治章程,不识自治原理,一旦逞其鱼肉乡民之故伎,以之办自治,或急于进行而失之操切,或拘于表面而失之铺张,或假借公威为欺辱私人之计,或巧立名目为侵蚀肥己之谋,或者勾通衙役胥差,结交地方官,借端谋利,朋比为奸。其开销经费,一分区之内(指城内分区)在局坐食者多至一二十人,一年度之间由局支出耗至两三千元,以一城数区合计之,每年经费不下万金。而地方公益,则不日无款兴办,即日无暇顾及,似此办理地方自治,其人既多败类,其费又多虚糜,苛取民财,无裨民事,怨声载道,流弊无穷"。① 由于各地办理不善,以致本属利国益民之事反成了害国病民之举,引起人民的普遍不满。清政府也承认:各地在筹办地方自治过程中,经办人员"擅自征收公捐,攘据公款,占僧尼庙宇、夺孤寡田产,乡民俯受鱼肉,鱼肉至不可忍,则起而为乱,纷扰如此,何从得地方自治"。② 清末社会矛盾激化及民变之多与此不无关系。

第二节　民国时期

一、孙中山思想

孙中山是中国近代地方自治的思想先驱和设计者。早在 1897 年8 月,他就提出:"人民自治是政治的极则"。③ 他又在致香港总督书中首次使用"自治政府"一词,指出:"于都内立一中央政府,以总其成;于各省立一自治政府,以资分理"④。1902 年孙中山初步提出了革命程序论,将地方自治列为其中的一项重要内容。⑤

按照孙中山的地方自治构想,地方自治应以县为单位,以实行民权、民生两主义为目的。他说:"无分县自治,则人民无所凭借,所谓全民政治,必无由实现,无全民政治,则虽有五权分立、国民大会,亦终未由举主权在民之实也。以是之故,吾夙定革命方略,以为建设之事,当始于一县,县与县联,以成一国,如此,则建设之基础,在于人民,非官

---

① 故宫博物院明清档案部编:《清末筹备立宪档案史料》下册,中华书局1971 年版,第 757、355 页。

② 同上书,第 823 页。

③ 陈锡祺主编:《孙中山年谱长编》上册,中华书局 1991 年版,第 147 页。

④ 《孙中山全集》第 1 卷,中华书局 1981 年版,第 193 页。

⑤ 参见陈锡祺主编:《孙中山年谱长编》上册,中华书局 1991 年版,第 278 页。

僚所得而窃,非军阀所得而夺"。① 他强调,实行以县为单位的自治,须以民权主义与民生主义为目的。他说:"地方自治不止为一政治组织,亦并为一经济组织"。实际上,在他看来,民权主义和民生主义既是实行地方自治的目的,也是实现地方自治的基本手段。

孙中山将地方自治区分为两种相互联系的形态,认为实行地方自治,应采取渐进方式。即当军政时期结束,训政时期开始后,地方自治以清户口、立机关、定地价、修道路、垦荒地、设学校为要务。在这些基本建设完成以后,进一步将自治业务扩展为建立农业、工业、商业、金融、保险等方面的合作社。在实行民权方面,主要是施行选举权,由人民选举职员,以组织立法、执行机关。这种民权尚不完全。当进入宪政时期,地方自治实行直接民权,即一县之内,公民有选举及罢免县级官吏之权,有创制及复决法律之权。

有学者指出:"孙逸仙显然早在 1912 年就信奉地方自治的思想。他认为,地方自治是一个强盛、统一的国家的当然的基础。"②还有研究者认为:"孙中山的'地方自治'思想虽然与完整意义上的'乡村自治'不同,但其思想对'乡村自治'有着一定的影响。"③

二、袁世凯及北洋政府实践

清朝帝制推翻后,袁世凯为了巩固自己的统治地位,并没有停止地方自治的事务,于 1914 年 12 月颁布了《自治条例》。

1915 年 8 月,北洋政府公布了《户口编查规则》,规定县下编制

---

① 陈旭麓等主编:《中华民国建设之基础》,载《孙中山集外集》,上海人民出版社 1990 年版,第 35—36 页。

② 费正清、费惟恺主编:《剑桥中华民国史》(下),刘敬坤等译,中国社会科学出版社 1994 年版,第 392 页。

③ 缚伯言、汤乐毅、陈小青:《中国村官》,南方日报出版社 2001 年版,第 5 页。

区,区内住户编牌保。

随着各地筹办地方自治活动的开展,北洋政府于 1919 年 9 月颁布《地方自治条例》,1921 年 7 月,又再一次公布《乡自治制》等规则,将县以下组织一律变为市、乡,并规定,市乡均为具有法人性质的自治团体,且按西方近代政治制度模式设计了由选举产生的议决机关、执行机关和监督机关,其自治权主要为办理本地方的教育、卫生、交通、水利、农业、商务、慈善等事务。

三、乡村自治早期试验

河北省定县翟城村是民国时期的"自治模范村",因而翟城村的村自治在民国时期具有很重要的地位,"谈乡村自治者,必自翟城村始"。①

翟城村村自治有如下特点:第一,地方政府在村自治中扮演着重要角色。村自治是由当地乡绅米鉴三、米迪刚父子具体兴办的,但却离不开官方的倡议和推动。其中,当时河北定县知事孙发绪所起的作用最大。当时他依据袁世凯办理京兆"自治模范区"的命令精神,仿照日本自治模式,在 1915 年 10 月,促成了翟城村自治公所的建立。第二,村自治职员由村民选举产生,即由村民议举村长佐、区长等自治职。第三,重视村民参与。除村自治公所外,还设有村民议决机构——村会,凡村重要事项及村民的一切建议,必须由村会议决,交村自治公所执行。实行议行合一制。此外,村内各种专门性的自治"会"也很健全,如乐贤会、教育会、防除害虫会、勤俭储蓄会、揖睦会、爱国会、德业实践会等,这些自治性组织,有效地扩大了村民的参与机会。实行自治后,以各种名义参加村务的人员涉及全村 10 个姓氏,共 40 余人,其中有资格参加村会进而影响村务决策的达 10 余人。第四,重

---

① 杨天竞:《茹春浦先生序》,载《乡村自治》,曼陀罗馆 1931 年版。

视村民特别是村自治职员自治素质的提高。为了办好村自治,翟城村设男女学校,普及平民教育,该村三十岁上下村民,甚少有不识字者。尤其重视对村自治职员的培训,翟城村成立村自治讲习所,向他们讲解自治知识特别是日本的自治经验。讲习所先后举办过两届,共培养自治骨干50余人。这些自治骨干在翟城村村自治中发挥了重要作用。从某种意义上说,翟城村自治职员培训与当代村委会干部培训制度不能说毫无关系。①

翟城村虽有自治模范之誉,却仿办者寥寥。最初,"除邢台实在仿办,天津欲行而未果,及某县赞成以外,余则多数以为不然"。② 这其中一个重要原因,是翟城村自治有着特殊的人文背景,在自治经费、自治人才等方面,其他村都无法与之相比。五四以后,随着民主思潮的激荡,只设村会而无村民会议,具有"绅治"遗风的翟城村自治,开始显得保守、旧式,其乡村自治开路先锋的作用已经完结。

20世纪30年代中期,在全国农村破产、崩溃声中,翟城村自治也走入死胡同。其德业实践会、改良风俗会、揖睦会等在经过风霜雨打之后,逐渐流于形式,社会风俗趋于恶化。"七七"事变前夕,该村80%的农户都参加了道教会门迷信组织,另外还有土匪6人,赌棍10余人,贩卖吸食毒品者20余户,吸食者100余人,其中部分人还偷盗。③ 翟城村自治唯一可以指述的成就——学校,在抗日战争爆发、国民党部队南撤以后,被高建勋部损毁大部,被迫停办。1938年,日伪军在村内安上岗楼,女校舍被拆,男校舍遭炮炸,所有校内桌凳用具损失殆尽。翟城村自治完全成为历史遗迹。

---

① 参见米迪刚、尹仲材:《翟城村》,中华报社1925年版,第106页。
② 同上书,第230页。
③ 参见定州市档案馆:《翟城村情况介绍》,《历史档案》第57卷。

四、阎锡山乡村自治改革

阎锡山 1917 年 9 月任山西省省长后的一项重要改革就是在山西实行"村制"。阎锡山的"村制"内容很多,不同时期自治程度也有差异,考察阎锡山乡村自治改革全过程,有两个显著的特征。[①]

第一,村组织机构健全,立法、行政、监察等机构权责分明。如建立村民会议,作为村民行使自治权的最高机构,其职权主要包括选举村长副及其他村组织人员;议定和修改村禁约;议决上级政府交办的事项和村长副、村监察委员会以及 20 名以上村民提交的事项,等等。村民会议的运行机制是"或一家出一人,或依成年男子,全数到会。何项事件必须村民会议通过才行,何项事件由村长副间邻长议定就算,以及会议时如何取决,均听各村先这些内容自定办法"。"该县定例,凡村人程度不能够到开会者,不准开会"。[②] 建立村公所作为村政的执行机构。村公所一般由 7 人组成,设有村长副及间长等职。村公所进行村务决策时实行合议制,"必须以合议制多数议决以执行",而执行实行分权制,由间邻长互选数人,分司村款、保卫团、积谷、学务等各项事务。监察委员会也是当时一个有特色的组织,设监察员 5—7 人,由村民会议选举产生,其职权为专门监察村政人员的行为,可以说是一个权力制约机构。此外,村政机构还有息讼会(负责调解村民诉讼)、保卫团(维护治安)、学董会(负责全村教育)等。

第二,注重建章立制。阎锡山参照日本村治模式拟定了《村自治条例》,以 12 条对村自治事宜作出细致规定,其中规定村治的范围有教育、卫生、道路、风化、公业、保卫、登记七项,反映了对公益事业的重

---

① 参见李德芳:《民国乡村自治问题研究》,人民出版社 2001 年版,第 43—75 页。

② 山西村政处:《山西村政汇编》卷五《告谕》,1928 年版,第 33 页;卷四《办法》,第 47 页。

视。此外,还制定了《消除莠民规则》、《抚恤穷乏条例》、《整理村范规则》、《村禁约之规定及执行简章》、《地方保卫团条例》、《改进村制条例》、《修订乡村编制简章》等规章制度。值得提及的是,阎锡山对制定村禁约(阎锡山称之为"村宪法")尤为重视,强调"议定禁约,要在适合其村情,及能使人人共守,故各村村禁约,大纲相同,纲目各异。但求适合村情,不取统一之定法也"。① 有人评论说当时的立约精神非常重视因地制宜,亦反映了"村民自决之精神"②。此外,还实行财务"公布"制度,规定村长副要定期(每年春节 20 天内)将上年村款的账簿,送交监察员检察。监察员检查完毕后,会同村长副"开列清单,连名公布"③。

尽管阎锡山一再标榜实行"自治",并且为此建立了一系列自治制度,但从实际运行来看,"行政"色彩仍然很浓,村民的权利得不到法律保障,相反,受到强制干预的情形屡见不鲜。如无故不参加村民会议者要受到经济制裁等,充分反映出山西"村制"的专制性本质。

对于阎锡山改革的评价有截然不同的两派意见。拥护者是支持乡村自治的"村治派",他们认为乡村自治是民主政治改革。这一派别是由阎锡山资助的。而中国"农村派"对山西村制持完全相反的彻底否定态度。

中国"农村派"是受中国共产党影响、以中国农村经济研究会为名的进步团体。1934 年以后,他们以上海的《中国农村》为阵地,对农村问题发表了一系列的看法,产生了重大的政治影响。对于山西的乡村政治,他们一针见血地指出:"山西的一切,所谓娘子关内的事情,自来对于国人就是一个谜。如果想从山西的报纸上理解山西,那是绝对办

---

① 邢振基:《山西村政纲要》"各论",山西村政处 1929 年版,第 8 页。
② 吕振羽:《北方自治考察记》,《村治月刊》1929 年第 1 期,第 19 页。
③ 孟令梅、肖立辉:《民国早期山西村治的理论与实践》,载《中国农村研究》(2001 年卷),中国社会科学出版社 2002 年版。

不到的事情。假使我们为要想认识山西而特意前往参观一趟的话，那就会更加使你谜上加谜，如入云里雾中。其实如果我们真的看透了山西，也不过平常之而又平常，绝没有什么大了不起。"他们认为，整个山西实在是一个货真价实的封建社会，"实际离民主政治还相差万里"①。

有关资料也证明了阎锡山的乡村自治的所谓民主制度的本质，在晋北边境三县的 27 村的 515 名公务人员中，地主、富农 433 人，占84％；小商人及手工业者 57 人，占 11％；自耕农 25 人，占 5％。自耕农（中农）是占农村绝大多数的劳动大众的代表，他们在村自治职务人员中所占的比例极低，且都是无关紧要的职务。②

五、其他乡村自治模式

在山西之后，全国范围内还有不少省份实行"村自治"，并表现出与山西不同的特点。本书突出介绍国民党基层组织领导自治的"党治"的"东乡自治模式"。

"党治"的萧山"东乡自治模式"的领导人是沈定一。沈定一（1881—1928），字剑侯，号玄庐，萧山东乡衙前村人，早年曾在云南担任知县、知州。1905 年他在日本加入同盟会，思想转向革命，先后参加了辛亥革命、二次革命、反袁斗争，1916 年被选为浙江省议会议长。

1928 年 2 月 6 日，沈定一首先在衙前组织成立了衙前村自治筹备会。他认为，近代以来的地方自治"不过是石上的青苔，绝对不是民众本身的自治萌芽，这些青苔，一方面点缀了自治，欺骗民众，另一方面更给土豪劣绅一个新的地位，加紧地压迫民众榨取民众"。他指出，本

---

①　陈洪进：《民权政治与乡村建设》，载《中国农村》1937 年第三卷第四期。
②　参见范郁文：《晋北边境三县农民生活概观》，载《新农村》1935 年第 24 期。

村试办自治,不单是使一般民众得到实际的团结,并且要在自治的设施上"救济我们的穷困,振拔我们的愚鲁"。他特别强调国民党对自治的领导作用:"试办衙前村自治,是遵照中山先生的遗教产生,在县党部核准之后举行,在区分部指导之下实施。"①

根据《衙前村自治会章程》,村自治筹备会由农民协会、建筑工会、商民协会、妇女协会、农村学校等民众团体中各选一名代表组成,在国民党第一区分部的指导指挥之下工作,其自治事项包括:清查户口及财产;筹备乡村经济组织,测量土地估定价值;修筑道路及设备各种交通机关;垦殖荒山旷地;改良农田水利;保护森林;建设学校。该会由筹备员中互选3人组成执行委员会,执行村民大会及全体委员会的决议。② 执委会下设统计、建设、教育三股,股下设有局处。衙前村自治筹备会的成立,使"农民情绪的紧张,高至极点,一种从来未有的热烈空气,布满衙前"③。

东乡以衙前村自治模式操纵自治,整个过程完全由国民党党部包办。根据《萧山东乡自治会组织法》,东乡自治系遵照孙中山所揭示的地方自治,并根据本乡民众建设的需要而产生的,它是在国民党党部的指导之下,由职业不同的民众团体构成的政治经济的组织。

东乡自治实行乡村两级自治体系,以村自治会为基本组织,受区分部的指导监察,受乡自治会的指挥,乡自治会则受区党部的直接指挥指导。该《组织法》规定,村自治组织正式成立后,其权力机关为村民大会,村民大会闭幕后为民众团体代表大会,代表大会闭幕后,为村自治会全体委员会及其执行委员会。乡自治组织完竣后,其权力机关依次为:(1)乡民大会,合各村之自治村民组成;(2)各村代表大会,由

---

① 周二志:《萧山衙前农村考察记》(二),载《再造》1928年第12期。
② 参见王雪园:《萧山东乡自治概况》,载《再造》1929年第30期。
③ 林味豹:《衙前印象记》,载《中国农村》1935年第一卷第七期。

各村民众团体代表组成;(3)全体委员会,由各村自治会全体委员会选出代表组成;(4)执行委员会,由全体委员会互选执行委员 3 人组成。乡自治会筹备期为 6 个月,在筹备期内必须将各村自治会组织完备。①

从东乡的自治制度看,它以自治会为未来政府的雏形,又以国民党为自治会的"保姆",具有所谓以党训政的显著特点。沈定一明确表示:"组织自治会是民众党化,主义民众化"②。他力主国民党党员下基层,人民间,组织民众团体。1928 年底,东乡农民协会的会员达到了 8 万人,约占全乡人口的 1/3。

六、乡村教育运动

在 20 世纪 30 年代的"乡村建设运动"中,村民教育的开展尤其引人注目,其代表人物是梁漱溟和晏阳初。如晏阳初所说:"我们觉得要创办一种人民生活的教育,非先了解人民生活的实况不可。因此,我们就跑到乡下,从人民的实际生活去找。结果,觉得一般人民最感困难的四个问题:一是愚,二是穷,三是弱,四是私。"③在梁漱溟和晏阳初等人看来,农民教育问题是实现乡村自治的根本问题,因为在一个文盲充斥的农村是不可能实现真正自治的。可以说,重视农民教育是这一时期乡村建设运动的一个重要贡献,即使在今天也不无启示意义。当然,乡村建设运动还有其他的自治内容,诸如卫生、自卫、兴农、移风易俗、建立协会等。以江苏无锡实验区为例,成立了"自治协进会",其目的"即在于实现乡村自治,而乡村自治的实现,必须使一盘散沙之农民,先有组织,俾民从在共同信约之下,得发挥其力量"。④

---

① 参见王雪园:《萧山东乡自治概况》,载《再造》1929 年第 30 期。
② 孔雪雄:《中国今日之农村运动》,中山文化教育馆 1934 年版,第 342 页。
③ 宋恩荣编:《晏阳初全集》第一卷,湖南教育出版社 1989 年版,第 175 页。
④ 章元善、许仕廉编:《乡村建设实验》第 2 集,中华书局 1935 年版,第 172—173 页。

七、南京政府乡村自治

南京国民政府成立以后,仿效山西,实行各种形式的乡村自治。1928 年国民政府公布《县组织法》,规定了县政府的法律地位及其和乡村的自治法律关系。规定实行县、区、村里、闾、邻五级制,由县政府负筹备监督全县自治之责,于县以下分区、村里、闾、邻自治组织,百户以上之乡村地方为村,不满百户者得联合数村编为一村,百户之市镇为一里,满 20 里者为一区,区设区长,村设村长,里设里长,受县知事监督办理区村里自治事务。

《县组织法》颁布后,为促进乡村自治等内政工作的全面展开,1928 年 12 月,国民政府内政部召集江、浙、赣、闽、皖五省民政厅长及沪、宁两特别市的公安、社会、土地等局局长,在南京召开了第一期民政会议。会议审议通过了《详订地方自治条例并从速实行案》。第一期民政会议后,国民政府于 1929 年 6 月将《县组织法》酌加修改(改村里为乡镇),重新颁布,接着,又先后颁布《乡镇自治施行法》、《乡镇闾邻选举暂行规则》、《乡镇坊自治职员选举及罢免法》等,从而构筑了一个比较完整的乡村自治制度体系。

不久,国民政府领导的农村自治便逐步演变为防共、反共、反民主的战时状态的"保甲"制度。

1928 年 10 月 25 日,国民党中央执行委员会第 179 次常务会议将保甲运动列入了推行地方自治的六项纲领之中。1929 年 7 月,国民政府公布了《县保卫团法》,规定每闾为一牌,以闾长为牌长;每乡或镇为一甲,以乡长或镇长为甲长;每区为一区团,以区长为区团长,县为总团,以县长为总团长。9 月,国民政府公布《清乡条例》,据此,内政部于 10 月、11 月先后分布了《邻右连坐暂行办法》、《清查户口暂行办法》,完成了保甲制度的雏形。20 年代末中国保甲与乡里制度并行。

慑于全国上下民众与学者的呼声,1935 年 11 月国民党第五次全国代表大会重新确认了地方自治政策。1936 年 5 月，蒋介石主持召开了全国地方高级行政人员会议，通过了关于融保甲于自治中的地方自治议案。三个月后，国民党中央政治会议据此通过了厘定法规原则，正式决定"容纳保甲于自治之中，乡镇的编制为保甲"。①

新的地方自治原则通过后，立法院将其已经通过的《县自治法》及《县自治法施行法》加以修正，并于 1937 年 7 月通过了《保甲条例》，作为《县自治法》的补充。"依县自治法，县以下为乡镇一级，并未因施行保甲制度而稍有变更，于办理自治事务，训练民众使用四权，毫不发生影响。在自治未完成前，依照现在事实，甲长由本甲内各户户长公推，保长由本保内各甲甲长公推，至自治已有相当之成绩，人民已受四权使用之训练，保甲长由乡镇区长，召集所属保甲公民推举之，仍与自治法上，以公民为单位之本旨，不相违背。""是由自治法产生之保甲条例，与在剿匪区内产生之编查保甲户口条例，性质上稍有不同。"②30 年代初期以来与自治相对立，且已形成取而代之之势的保甲制度，经过立法解释，被融入了自治制度之中。

不过，20 世纪 30 年代中期国民政府紧锣密鼓地重新起草或修订的以上几种自治法规，均未明令颁行，原来的乡村自治制度体系也未明令废止。这种制度混杂的局面直至 1939 年推行新县制时才根本改变。

1939 年 9 月，国民政府公布了《县各级组织纲要》。12 月，行政院公布《县各级组织纲要实施办法》，规定各省无论敌后与前方，三年内一律完成。这就是以"自治"相标榜的新县制，至此，所谓农村自治被纳入了国民党的专制统治体制中了。

---

① 胡次威：《民国县制史》，大东书局 1948 年版，第 116 页。
② 中央地方自治计划委员会：《我国地方自治制度之演进》，《地方自治》第 2 卷，第 1、2 期合刊，1936 年 6 月。

国民政府的所谓农村自治以失败告终。1935年11月,国民党召开第五次全国代表大会,在关于地方自治的决议案中说:"乃回顾过去成绩,全国一千九百余县中,在此训政将告结束之际,欲求一达到建国大纲之自治程度,能成为一完全自治之县者,犹查不可得,更遑言完成整个地方自治工作。"①

又据国民政府监察委员高一涵考察,当时江苏省多数县份的自治机关"仅到县为止。区以下之乡镇公所,多未设立完备,即呈报设立,亦不过为纸上空文"。②

---

① 《革命文献》第76辑,台湾国民党中央党史会1978年版,第240页。
② 戴建标:《改进地方自治之根本问题》,载《地方自治》(创刊号)1936年3月。

第 二 章

乡村自治组织分析

第一节　乡村的乡、里、保、甲等组织领导人的
来源、职能及其社会地位

一、历代统治者建立乡村乡、里、保、甲组织的目的

当今学者的主流观点是,清末民国的乡、里、保、甲是乡村村民自治的组织。从表面上看,乡村的乡、里、保、甲等组织似乎是乡村自治组织,"一地方之人,在一地方区域以内,以国家法律所规定,本地方公共之意志,处理一地方公共之事务"。[①] 实际并不如此,就统治阶级的目的看,他们设置乡、里、保、甲制度,因时因地因人而有所不同,但都是为了维持他们对农村的统治。"在周之政主于教,齐之政主于兵,秦之政主于刑,汉之政主于捕盗,魏晋主于户籍,隋主于检查,唐主于组织,宋始正其名,初主以卫,终乃并以杂役,元则主于乡政,明则主于役

民,清则主于制民,且于历朝所用之术,莫不备使"。① 到了国民党时期,还有一个主要的和直接的政治目的就是"防共"、"反共"和"剿共"。

二、乡村的乡、里、保、甲组织的主要职能

乡村的乡、里、保、甲是国家基层综合执法组织,其主要职能是入户编查、赋役派征和治安管理。

在封建国家强盛时期,在里甲与保甲的职能有所分工,里甲专司赋役编审征输,保甲是作为治安组织而存在,辅助里甲制维护地方统治秩序,完成赋役的征派。康熙朝的黄六鸿说:"所谓保甲者,邑分四乡,乡寺一长,谓之保长,不曰乡而曰保者,以乡别有长,所以管摄钱谷诸事,而保长乃专司盗逃奸宄,不与乎其他者也。"②

封建国家走向没落,里甲制衰败,保甲遂取代里甲制成为基层社会组织主流,并被赋予更多的职能,如赋役征催、地方公务等。里甲制与赋税征收相表里,相依存,它既是赋税丁役编查单位,又是赋役征收派生的服役机构;而保甲长则更多以国家权力的代理人的身份督催赋役派征,它不是赋役派征的计算单位,并无负担赋役的责任,督催赋役是它的治安执法行为之一。在保甲与赋税征收的关系上,是寓催科于编甲之中的,其重点在"催"而不在"征"。在保甲制下的户、甲门牌制,是将花户应征实纳钱粮额数填注门牌之上,所以"稽户口,便征收"。

乡村的乡、里、保、甲组织维系了国家在本地方的户口管理制度。从乾隆年代起,每户发给纸门牌一张,无论几代同堂,都在这张纸牌上填写户主姓名,余者按辈分填写老少男女各自的姓名、年龄,其中包括

---

① 闻钧天:《中国保甲制度》,商务印书馆1935年版,第2页。
② 黄六鸿:《保甲三论》,《清经世文编》卷七十四。

雇工伙计等。因随着年龄的增加,每年岁首更新一次贴在门头上。居户如有迁,保长负责报告县衙,另换空牌登记造册以备查存,末尾印有左右邻姓名、甲长保长姓名,盖有汉满两种文字的县衙印记。存世的嘉庆二十一年的一家牌,高32厘米,宽50厘米,木板印刷,地址为"荣成县朝阳都十一里秦格庄的一户农民",即现在的城山卫镇秦格庄村。牌证的主要内容是:"本户内有学习邪教、结交匪徒、藏匿盗贼,该邻佑甲长、保正等,即行密报,立拿究治。倘有通同容隐,查出一体连坐不贷。"门牌上盖有6.5厘米汉满两种文字的县衙印记"荣成县印"。①戴玉山说:"清代十家为一牌,设牌头;十牌为一保,设保正;十保为一甲,设甲长"。

保里甲长的职责:催办钱粮,勾摄公事,里甲长轮充现年止令催纳。"天下各府州县编赋役册,以一百一十户为里,推丁多者十人为长,余百户为十甲,甲凡十人。岁役里长一人,管摄一里之事……里长十年轮年应役,催办钱粮,勾摄公事,凡十年一周。……凡里甲之民轮充现年,止令催纳各户钱粮,其一应差徭,勿使现年受累。若有征收钱粮,派人作'催头'者,或有借称征粮,令里中金报大户派纳粮米,至于破产者,皆严行禁革。"②州县额外私派者,许里甲长据实控告,依律治之。

又据吕伟俊研究,近代我国乡村的保甲长之职责主要有三:一是"按月清查户口并造报户口变动统计各表"。二是"办理连坐切结并监视已未具结各户之行动","稽查奸宄及出境入境人民"。"凡保甲内居民,有勾结、窝藏匪类或故纵逃脱者,除依刑法或其他特别法令从重惩罚外,其该管甲长及曾具切结联保之各户长应各科四(半?)月以

---

① 参见戴五山:《我珍藏的嘉庆年间"一家牌"》,载山东《联合报》2000年5月1日。

② 《清朝文献通考》,第1册卷21《职役》,第5044页。

上三十日以下之拘留。"三是保甲长召集保甲会议,"协签保甲《规约》",规定保甲内居民有救灾、御匪、建筑堡寨公路、守护电杆、桥梁一切交通设备等义务,"将保甲内二十岁以上四十五岁以下之男子编成壮丁队,由保甲长督率分任之",并"督同保内居民遵守公约","执行违犯保甲规约之处罚"。①

在山东各地,保甲长被委以催粮办科一切公事,各地以社书、里书与地保共同负责催科事宜,淄川即是"责令各庄地保代为催科"。② 可见,保甲不仅可以弭盗,而且在催科钱粮方面发挥着重要作用。其职能范围与里甲制相仿佛,但重在强制性催征。

山东各地还有一种称做"地保"的人,原是本村的夫役,受村长、村副的支配,后来演化为官府在乡村的代言人和统治乡村的基层工具。地保的设立之所以给赋税征收带来方便,在于它的稽查作用。在赋役征收体制变化后,丁银摊入地亩,赋税主要以土地为征收对象。一则有家牌、甲牌,详载各家的土地人口;二则有顺庄滚单按里按户自相滚催,所以在县政府方面是加强了对乡村社会的控制,可以派出地方易地征收催办;三则使保甲的治安强制职能得到加强和发挥。

一般认为,里甲和保甲有断曲直息讼争的民事调解裁决权,同时对本里本保甲民众宣达政令、开启民智、增进民德,如各地设乡约所,选举品学端正者定期宣讲。

三、农村乡、里、保、甲长的选用和报酬

有观点认为,农村乡、里、保、甲长经过民选,工作无报酬,并自愿为地方服务,这是当前流行的"保护经纪人说"的主要事实依据。其实不然。

---

① 吕伟俊主编:《民国山东史》,山东人民出版社1995年版,第396页。
② 乾隆《淄川县志》卷3,《赋役》。

依照 1933 年 12 月颁行的《山东省各县区乡（镇）长作用办法》办理，入选区乡长的人的条件是"年在三十岁以上者"，"乡望素享人民信仰者"，"未受刑事处分者"，"体力强壮素无嗜好者"。① 次年 11 月 16 日，以"区长良莠不齐，流弊滋多"，撤销了除滕县、邱县、临清与邻省接界的各一区外的所有区公所。山东撤区后，乡长转而增多。乡长是无薪给职，"土豪劣绅，乘机贪缘"，把持乡政，擅作威福。鉴于此，1936 年 6 月将乡长由无薪给职改为有薪给职，实行"政教合一"，由青年学生充任乡长，以乡村小学校长充任副乡长，乡长月薪二十元，副乡长五元，办公费五元。此项经费从各县裁撤区公所的经费中开支。②

保甲长的选任有年龄、资历、品德与财产的限制。"保甲长由年龄在二十岁以上五十岁以下，并须择体力精健、学识优良、品性端正兼有军事常识者充任之"。甲长"由甲内各户长互选三人联名报告保长转请乡镇长指定一人"，保长"由保内各甲长互选三人联名报告乡镇长特呈县政府择委一人"。保甲长是由推选与委任相结合的办法选任。"有危害民国行为或曾受刑事处分者"、"褫夺公民权尚未恢复者"、"吸食鸦片或其他代用毒品者"、"无正当职业且无恒产者"等概不得充任。③

在乡、里、社、图之下，设牌长或甲长，作为最下层的长佐。约在 19 世纪中期迟至 20 世纪初光宣年间，选举村正副，有的地方是选举庄长。临沂某村的一位庄长从 1900 年一直当到 1947 年，前后任庄长、村长、保长达 47 年之久。

观城一区村长产生的方式：轮流的 22 人，雇佣的 12 人，推选的 23 人，抗战前任职的 4 人，指定的 2 人，合计 63 人。轮流、雇佣的占绝对

① 《山东省现行法规类编》，选自吕伟俊主编：《民国山东史》，山东人民出版社 1995 年版，第 396 页。
② 参见北平《晨报》，1936 年 6 月 25 日。
③ 吕伟俊主编：《民国山东史》，山东人民出版社 1995 年版，第 396 页。

多数。所谓推选,也是十分草率的,不过是召集一群大小村民举手推选而已,甚至只是"嚷选"。① 有些村长不是轮流的,任职时间很长,甚至带着"世袭的色彩",大多是地主采取直接统治的村子才如此。另一方面,任期时间极短,当村长不足半年者共 30 人,即占一半。这是因为村长轮流所致,其中有 3 个村子,甚至每一天轮一个村长。村长任期过短,不便积累经验,特别是每天一换或一月一换,更没法积累经验,也同时助长了村长不负责任的心理。

保甲以下的牌、闾,原是依居住地段和家族分,后来也变成了轮流制。清末民初,牌头感到责任重大,倡导"轮流值年",即在一个木牌上边横写"轮流值年",下边将 10 户的户主写上,按顺序轮流值班,每年年底将牌交给下 1 户。如果到了来年正月初一(岁首),下户不接受,现牌头就还得再干 1 年;如果户主外出或去世了,则由长子负责。

"七七事变"后,郓城县村长产生的方式有以下几种:1940 年下半年至 1941 年上半年,曾经进行过一二个村的普选实验。普选的村子后来就无声无息了,逐渐变质成老样子。在推选的一中心地区中,村长推选的约占三分之一,结果,只是"推选"而已,实质上则未见有什么改造。

全村民户不论任何人,凡实有地 1 亩,每天给村长出斤半粮食作雇价。大部分的村多数如此。

有的村以村长"尽义务"为由给予报酬,一般由村款开支,给该村长雇一位雇工,雇工所需之粮食(每天斤半小米)、菜金以及工资,由村款开支。这位雇工给村长使用,意即村长给全村"尽义务",全村当然也应给村长一个"尽义务"的人,这才公道。

村长不要雇价,但雇工所用的,每年约 1500 斤小米。或村长自动

① 参见《中共冀鲁豫边区党史资料选编》第 2 辑,河南人民出版社 1988 年版,第 263 页。

脱产,在小村,经过村里大户商量一下,每月借给村长柴、粮、菜金等。

代地村长——中富户村长采取此法,名义上村长不要雇价,也不脱离生产,当了村长之后把他自种的地,由全村壮丁给他种,免除各种负担。这样一来,不取雇价的村长,实际所得往往更大更多。

种公地——有些村子里有公地10亩至40亩不等,当村长者种这些地,收的粮食全部属于自己,并且不出负担。[①]

地保以雇佣者居多,每年工资约三四十元或酬地瓜干六七百斤。其兼管看坡(即看青)者,每年工资六十元或酬以地瓜干九百余斤。[②]

第二节 乡村的乡、里、保、甲等组织的性质及其与国家和社会的关系

一、乡村的乡、里、保、甲等是封建国家官僚体系的最基层组织

清末民国乡村的乡、里、保、甲等是封建国家官僚体系的最基层组织,这一性质的认定有两个理由。

第一,我国封建官僚体系是由国家财政预算外资金养活维持的。

清朝和历代王朝一样,官吏实行低薪制,一品大员的总督不过年俸银一百八十两,二品巡抚一百五十五两,州县官六品不过六十两,七品四十五两。[③] 这样的薪俸比村儒塾师的束侑多不了多少。一个县长,即使加上一年一千两的"养廉银",也不能维持其庞大的开支。

在何启、胡礼垣合著的《新政真诠》中说:"今之为官而图财,可百倍于廉俸者。其所得皆非官禄而来。"郑观应也称:"做官十年,而家富

---

① 参见唐致卿:《近代山东农村社会经济研究》,人民出版社1924年版,第34—41页。

② 沈周苏:《青岛之农村》,《棉业特刊》1934年4月。

③ 参见《户部则例》卷七三,《廉禄》。

身肥,囊橐累累然,数十万金在握矣。"①俗语所言的"三年清知府,十万雪花银"已十分清楚地说明了这种情形。《新政真诠》中把官员的俸外所得归纳为三种形式:"一曰乾没,二曰贿赂,三曰陋规是也。"②所谓乾没,即假公济私,"以国家之利为己之利,而国家无可问也";所谓贿赂,即利用权力收受钱物,以此为论断是非的标准;所谓陋规,即以法律的名义掠夺他人的财富。

据马克斯·韦伯的结论,"中国的官吏原先是仰赖国库支付的实物,后来则代以货币薪俸而持续不变。以此,政府在形式上是支薪给官吏的,而实际上只有担任行政工作的一小部分官员是这样给薪的。薪俸往往只是他们收入中微不足道的一小部分。管理既无法赖其薪俸过活,也无法靠薪俸支付其义务内的行政开销。实际上的情况是这样的:管理就像个封建领主或总督,负责向中央(下级官吏则向州省政府)缴交一定的租税额,而他自己则从征收来的规费与租税中,支付行政经费,并将余额保留给自己",③"官方宣称的税收与实际的税收,二者间的比率是一比四"。④

这种官僚体系的层层"寻租"是中国政治制度的特征之一。

第二,我国国家机关设置简单、任免频繁,任期短、职数少,不得不使用各种编外人员。

皖北"东西方一千二百里,南北袤一千里",康熙以前仅设一"凤阳府","知府鞭长莫及,巡历难周"。⑤ 凤台自雍正设县到同治年间,凤台县共有52位知县任职,平均任期只有2.71年。⑥ 据湘潭县志记

---

① 郑观应:《盛世危言》,《吏治上》。
② 参见《新政真诠》,选自《胡翼南先生全集》,香港刊印。
③ 韦伯:《中国的宗教》,广西师范大学出版社2004年版,第103页。
④ 同上书,第106页。
⑤ 参见《安徽通志》卷一七,《舆地志,建制沿革》。
⑥ 参见张研、毛立平:《19世纪中期中国家庭的社会经济透视》,中国人民大学出版社2003年版,第232页。

载,从道光二十年(1840年)至宣统三年(1911年),共有58任知县,任期不过1.22年,且均是湖南省外人。

我国封建国家历来奉行小政府大社会的行政编制模式,用一个很小的官员编制,来统治众多的人口。按官制,晚清时期,全国约有2万名文官,7000名武官,①州县衙役不准超过80名,②李显冬教授在所著的《从〈大清律例〉到〈民国民法典〉的转型》中指出,州县以下,设有保甲组织,以协助官府维持地方治安。但保甲组织很难深入到血缘凝聚力极强的宗族共同体之中。在聚族居住的地方,保甲组织或者等于虚设,或者与宗族共同体并为一体。美国学者费正清也认为,"(古代)中华帝国有一个不可思议的地方,就是它能用一个很小的官员编制来统治如此众多的人口"。③

在国民党时期,以江西省为例,一等县设县长1人,秘书1人,科员4人,科长2人,事务员2人,雇员6人,政务警察16人,其月薪加上办公费用每月共支出1268元;二等县的县长、秘书、科长、科员、事务员与一等县人数相同,雇员5人,政务警察14人,其月薪加上办公费用每月共支出1078元;三等县的县长、秘书、科长与一等县人数相同,科员2人,雇员4人,政务警察12人,其月薪加上办公费用每月共支出988元。④

中国农村,历经战争、灾害,国家有要各种赋税,各县无不政务繁忙,在田赋不清,上下隔绝,政府以村民资产豢养了一批办事的"差人"。

---

① 参见费正清等编:《剑桥中国晚清史》中译本上卷,中国社会科学出版社1985年版,第16页。

② 参见《刑案汇览》卷七,《览设官吏》。

③ 费正清等编:《剑桥中国晚清史》中译本上卷,中国社会科学出版社1985年版,第24页。

④ 参见陈迹:《地方行政改进论》,载《河南政治月刊》1937年第2期。

19世纪后半期以后,社会变化巨大,以致有的县衙中几乎没有以统计当地户口为主的黄册和统计土地的鱼鳞册,例如,"至凤台而极矣。无鱼鳞黄册,无户区细册,坐落无准,四至无稽"①。征收赋税反要求助于吏役。每县都有一些在当地世袭半世袭的充当吏役的人,他们能较为完整地掌握一县或一乡的人户盈缩和土地变更,靠个人或家族力量掌握旧有的黄册鱼鳞册而加以更改修正,编纂成独家秘籍式的土地册簿和赋役账簿。近代以来的国家政权主要是靠县衙吏役的册簿征收赋税,地主豪绅也贿通这些吏役来转嫁负担逃避征税与摊派。这些吏役上可左右知县,下可控制豪绅佃民。尽管吏役职级卑微,甚至不入流品乃至被摒弃于政府之外,却因充当官府的代言人而僭取政府的权力。他们虽然职级卑微,薪俸少得上不足以赡养父母,下不足以畜养妻子,但官府要依赖他们了解一年征收赋税情况,官吏要靠他们从种种陋规中得到好处;豪绅小农要贿通他们,靠他们减税逃税。于是他们便指鹿为马,欺上压下,浮收中饱。在乡村法律纠纷中,吏役包揽讼词,勾通官府;在赋税管理中,吏役负责土地清查登记,房地税契过割,发放易知由单和纳税催单,挨户催缴钱粮,以致将欠户绑交官府逼税,包收代缴田赋税、代人雇役雇兵,等等。这些人正像杜赞奇在《文化、权力与国家:1900—1942年的华北农村》一书中所描述的"差"的人。

二、乡村的乡、里、保、甲长与农民的政治经济利益地位悬殊的阶级关系

1935年晋北27村村政人员比例:在这27村的515名公务人员中,地主、富农433人,占84%;小商人及手工业者57人,占11%;自耕农25人,占5%。自耕农(中农)是占农村绝大多数的劳动大众的代

---

① 参见《凤台县志·食货志》。

表,他们在村自治职务人员中所占的比例极低,且都是无关紧要的职务。①

1925—1937 年年间,地主约占农村户数或人口的 3.11%,占有土地约为土地总数的 41.47%;富农约占户数或人口的 6.38%,占有土地约为土地总数的 19.09%;中农约占户数或人口的 24.02%,占有土地约为土地总数的 25.57%;贫农、雇农约占户数或人口的 61.4%,占有土地约为总数的 20.77%;其他约占户数或人口的 4.5%。② 地主在土地占有关系中居于主导方面,广大劳动群众则居于被支配的地位。

农民生活的贫苦首先表现为农家负债普遍增多。

据中华平民教育促进会对河北定县 5 村 526 户农家的跟踪调查,负债农户呈逐年递增的趋势,在 1929—1931 年的 3 年间,其负债农户净增加了 78%;负债额增加速度更快,1930 年、1931 年分别比 1929 年增加了 64% 和 133%;借债次数也大幅度增加,1930 年、1931 年分别比 1929 年增加了 56% 和 117%。越来越多的农民陷入了债务危机。③

农民除借款之外,还借粮食。1933 年,全国 22 省区借粮家数占到农户总数的 48%,安徽、陕西均高达 56%。从借粮来源看,富农仍然是第一大户,占 46.6%,其次分别为地主 13.6%,商家 11.3%,亲友 10.9%,其他 17.6%。借粮的月利率为 7.1%,较借款利率高出一倍以上,高利贷性质更为浓烈。④ 乡村近半数的农户以如此之高的利息借粮维生,足见农民生活之贫苦。对比上述的乡里保甲长的收入报酬,甚至"地保"的收入与农民相比也是天壤之别。

---

① 参见范郁文:《晋北边境三县农民生活概观》,《新农村》1935 年第 24 期。
② 参见郭德宏:《中国近现代农民土地问题研究》,青岛出版社 1993 年版,第 20 页。
③ 参见李景汉:《定县农村借贷调查》,《中国农村》1935 年第 6 期。
④ 参见《农情报告》1934 年第 4 期,第 30 页。

三、乡村的乡、里、保、甲等是乡村农户的"保护性经纪人"的说法不成立

笔者从理论上阐述中国不是"二元社会",中国不存在"公共领域",是本书以后章节的任务。这里只是就杜赞奇在《文化、权力与国家:1900—1942 年的华北农村》一书中作出的"保护性经纪人"结论所使用的仅有的两份史料所证明的对象予以辩护与阐述。

第一份史料"半牌"。杜赞奇认为"半牌"是联盟或参加上层组织的基本单位,半牌组织加入县衙之下的行政体系是乡村社会扩展自己权力的创造之举,在其他满铁调查村庄中,也能找到这种类似的对付行政苛求的村际组织。

"半牌"原文是:莫各堡(堡及集市所在地)的一块石碑记载道:"莫各堡有春秋二季之供,曰小差,曰杂差,又名之平差,总之,即二壮班所领之差也。因无定章,朦官诈索,任意苛派,或相倍蓰,或相什伯,增加日甚,民难聊生。所以合堡同议,公举董事郑国瑞(等九人)等呈请在案,蒙经步军统领衙门肃亲王饬通承道宪提讯,当堂断令,从光绪二十九年春季,遵照四千九百六十六吊豁减三成,共折东钱三千四百七十六吊二百文,札发到县,蒙代理正堂王尊出示晓喻,永无增减。"①牌文末有各庄(半牌)董事人姓名。

第二份史料"石碑",杜赞奇认为,在 1895 年竖立于泥井镇的一块石碑是一个作为社区自卫组织反对污吏勒索的事例。泥井是一个新兴集市,由于规模尚小,它没有参加为县衙所承认的 6 堡 12 街市的祭祀孔庙组织,所以,泥井集上的屠户也不向孔庙祭祀仪式捐肉。但是,1893 年,"官屠(显然是指领取牙帖的屠户)来集硬派散屠(指泥井镇上的小屠户),每名帖钱若干"。该镇屠户拒绝交纳,由此屠户与收税人之间展开了持久的争斗。当屠户罢市,集上无肉之时,当地乡绅便

---

① 《中国农村惯行调查》第五卷,第 376 页。

出面干涉,最后达成协议:该市屠户交纳捐税,但不由官屠征收,而是由该集"地方"代为收取,从而使屠户免与官屠打交道。①

细心的读者看这两份史料会发现,它所反映的不是我国农村的情况,而是我国市镇的行业保护组织,第一,这两份史料都是在集市上(堡及集市所在地与泥井集)发生的事件;第二,散屠和半牌董事都是市民以个人身份作出的决定。对此,本书将在第三章详加论述。

---

① 参见《中国农村惯行调查》第五卷,第 375 页。

第 三 章
户 政 制 度

第一节　户的概念与特征

一、户的概念

户的概念是本书的基本概念。弄清楚中国清末民国的"户"的本质含义,户与国家,与宗族,与绅士的关系,便知道了本书的主旨:第一,自治的主体是谁? 是"户"自治? 还是村民自治? 如果是前者,就不是自治,不是自治又是什么? 第二,"户"与"户"能否形成紧密的与国家权力抗衡的民间社会? "户"是否需要由第三者实现与国家权力机关的交流? 如果回答是否定的,那么,所谓农村社会与国家的"经纪人阶层"或"公共领域"都是子虚乌有的,是从西方国家的政治理论生吞活剥贩卖来的。

本书认为,"户"可以归纳为:以亲属关系为纽带的聚居性的社会基本单位。

马克思曾把农户比做马铃薯,学者朱爱岚则把"户"比作"积木",认为户是农村生活的基本积木和更大规模的社会组织得以建构的单位。一个复合体的更大建构要比这个细胞的建构更大,并且还是按等级序列构筑的。户被当做中国农村社会最低一级的可分析单位。①

按照朱爱岚的思路,我们可以把"户"这个概念放到我国封建社会的特殊环境中予以概括:农村的"户"是以亲属关系为纽带的聚居性的国家规定或认可的农村最基本的单位。我们在对这个封建社会的"户"的理解上,最好的办法是把完整的概念分拆,以四个特征分别予以阐述。

二、户的特征

(一)户是国家依法行政管理的基本单位

我国封建社会的"户"首先是实现统治阶级统治目的、符合国家法律规定,或国家认可的行政管理体制下的最基本的单位。

"户"的国家性是国外学界非常重视的一个专题。特别是自农村改革"家庭承包,包产到户"之后,"户"就一直是讨论中国农村问题的一个核心概念。最初出现的包产到户采取了许多不同的社会组织形式,事实上还短暂实行过一段时间,2003 年,《农村土地承包法》之后,落实"土地经营权"最普遍的单位是"户"。我国从政策到法律对"户"已经形成共识,它是一个社会机构和一个经济行动者。自从我国《村委会组织法》加快推进落实以来,"户"也时常作为选举单位出现在农村的政治舞台上。总之,"户"在改革的经济政策和法制建设中得到的关注,这种关注是在国家政策目的、符合国家法律规定,或国家认可的行政管理体制下的优先地位,例如,农村、农业、农民的所谓"三农"问题一般以中国共产党中央委员会的"一号文件"予以规范,政府以"户"为单位对农村经济资源进行调整与配置,"户"的人口再生产,即

---

① 朱爱岚:《中国北方村落的社会性别与权力》,江苏人民出版社 2004 年版,第 129 页。

计划生育历来是党和政府的头等大事。

朱爱岚在《中国北方村落的社会性别与权力》中提到,在中国农村,户依然是日常生活的现实世界中和官方政治经济中文化建构与社会关系的一个关键性纽带。它深植于一个更大而复杂的世界之中。在这个世界里,有组织的国家的角色是很凸显的。这里所研究的每个村落都有强大的建立在户之上的组织。它们主要是以政府或准政府的形式在村一级运行的。如今在中国农村各就其位的这种建立在户之上的组织,将国家延伸到农村人口中的长期确立起来的权力同户这个社会组织的更大作用和增强了的相对自主权结合起来了。

朱爱岚还注意到李云河的一篇文章中提出的有关观点,这篇文章中提到了农户的社团意义、个人意义及"农户个人主义"等概念。① 她针对国外学者从人类学的角度研究有关户、家庭和家庭群体的有关成果,结合自己在张家车道、前儒林和槐里各村的调查报告,主要分析了当代中国农村"户"的特质,即国家在直接和间接建构"户"以及与户关联的非正式家庭群体上的作用。当前农户在围绕日常生活的社会实践与文化再现的微观动态时,国家的作用成为一个主要的决定性因素。

朱爱岚指出:"当前对中国农村仍适用的户的定义,同样是通过国家权力的运作从内部建构起来的。这一建构的某些方面同社会性别与父权制权威的既有实践具有隐含的连续性。其他人则描绘了国家权力界定户与其他非官方家庭群体的更近期机制。我并不以强加给家庭群体的官方限制和法规(诸如有关计划生育的那些)为重心。后者业已得到详尽的研究。相反,我通过探究国家权力积极界定户的手段来关注这个问题。国家既通过像户籍制这样的直接措施,又有赖于从文化上使建立在户之上的政治经济具有合法性和特权地位的较不

① 参见李云河:《农村"户学"初探》,载《新华文摘》1985 年第 5 期。

直接的措施。国家的作用既表现在官方界定的户成员以明确认可的方式发生互动之处，也表现在这同一群人培植其他形式的家庭群体与关系、并在官方轨道之外致力于创造性的实践策略与回应的地方。"①

我们研究法律史，同样会发现这样的情况，我国封建社会的国家成文法，其非常重要的内容是有关"户"与"户政"的。根据《辞源》解释，户律是关于户籍、赋税及其他民事的法令。汉朝萧何将秦律六篇加上"户律"等三篇成九章，这是常识。北齐称婚户律，北周则设婚姻、户禁两篇。隋朝改为户婚律，唐朝沿用之。大明律和清会典则直称户律。

从我国封建国家法律形式也可以反证：我国自汉朝以来，农村的"户"一直是国家成文法的调整对象；"户"表现了强烈的国家政治与行政管理的性质，国家依"户律"对"户"的行政行为称之为"户政"。

与"户"密切联系的一个概念是"户籍"。在中国封建社会，户籍是统治者向民众征赋（人头税、丁赋、户调等）与派役（兵役、徭役）的依据，是确定法律关系主体身份地位（士、农、工、商、贱民、奴婢等）的依据，是"计家曰户，计人曰口"的结果。

我国的户籍发展源远流长。商朝有"登人"、"登众"、"登旅"制度。西周有"皆书于版"的行为，设置了"司民"职掌"登人"。春秋战国时期有"料民"、"上计"、"书社"、"版图"等史书记载。

"户籍"一词最早见于《管子》一书。②《管子·禁藏》篇里有"户籍田结者，所以知贫富之不訾也"的记载。这一推断得到《国语·齐语》的论证，"桓公曰：成民之事若何？管子曰：四民者，勿使杂处，杂处则言哤（杂乱不一），其事易（变化无常）。……故应以分处为宜。处

---

① 朱爱岚：《中国北方村落的社会性别与权力》，江苏人民出版社 2004 年版，第 131 页。

② 《辞海》(1989 年版)、《法学词典》(第三版) 以及其他许多辞书均认为户籍制度开端于秦献公十年（公元前 375 年），这一说法并不确切。

士,使就闲燕;处工,就官府;处商,就市井;处农,就田野。"为此,他建立起"叁其国而伍其鄙"的制度。《国语·齐语》:"管子于是制国,以为二十一乡:工商乡六,士农之乡十五。"

另外,书社制度就是山东诸国当时的一种户籍制度。《史记·孔子世家》索隐:"古者二十五家为里,里则各立社,则书社者,书其社之人名于籍。"也就是说,书社就是在一定地域内由二十五家组成的基层行政单位。他们共同立社(土地神),并共同祀奉之,从而成为相对稳定的地域共同体。而书社之名则来源于"社之户口,书之版图"这一基本做法。①

可见,书社制度是以人口登记制为基础的,是人口与土地紧密结合的基层行政制度,而且它反过来又成为最高统治者掌握民户、人丁数量的基本手段。现在有人望文生义,把这种"书社",当成古代村民自治的"社团",是非常不严谨的猜测。

汉朝,县、道对户口验查与登记,史称"案户比民";魏晋南北朝时期,战争频仍,国家多次"土断";隋唐实行"输籍定样"制度,据唐代人李贤在《后汉书》作注认为,汉代的"案户比民"在唐代成为"貌阅",据敦煌残卷,连被登记人的"右足跛"也记录在案。宋元明清,中国的户籍制度严谨完善。到民国时期,国家先后出台了《户籍法》(1931 年)、《户口普查法》(1947 年)。

我国古代对"户"、"户籍"的管理极为严格。中央政府有"司民"、"布政司"、"户部",地方政府有省、州、县,农村基层有乡、里、保、甲组织。乡、里、保、甲组织的户籍管理职能在上述段落中已有详细论证。

(二)户是维系户内成员生存的基本经济单位

1. "户"须有能成为计税单位的一定财产

---

① 俞德鹏:《中国历史上的法制改革与改革家的法律思想》,山东大学出版社 1999 年版,第4—7 页。

"户"须有一定财产，从这个意义上讲，"户"与"家"的本义相通。"家"当为会意字，"家"字所从"屋"，从"豕"，"豕"本指牲畜之猪，取其象征之义，则是房屋之内有财产。① "家"与"户"是人类定居农业的社会的财产单位，有地、有房、有圈养牲畜，才是"家"，才能成为"户"。

"家"与"户"的区别也是很明显的，"家"是人类自身生产单位，"户"是国家行政管理单位，"普天之下，谁不编户"②，历史上曾有若干"家"为一"户"的现象。

在封建社会，户的财产中的主要成分是土地，"户籍田结"，它是官方认可承认的社会经济单位的主要理由，即按照确定的财产交纳赋税。

2. "户"须有维系户内成员生存的基本经济生产方式

一家一户的生产方式，向来为政治家、文人墨客所青睐，这也是"家"、"户"混淆的主要环节。西汉的《盐铁论》称："匹夫之力，尽于南亩，匹妇之力，尽于麻蒉。田野辟，麻蒉治，则上下俱衍，何困乏之有矣。"白居易在《朱陈村诗》中就描绘过这样一个由两个族姓组成的村庄："徐州古丰县，有村曰朱陈，去县百余里，桑麻青氛氲；机梭声札札，牛驴走纷纷。女汲涧中水，男采山上薪。县远官事少，山深人俗淳。有财不行商，有丁不入军；家家守村业，头白不出门。""一村唯两姓，世世为婚姻；亲疏居有族，少长游有群"。"生者不远别，嫁娶先近邻。"

我们知道，男耕女织的小农经济是组成秦汉以来中国社会的千万个细胞，也是古代生产方式的广阔基础。小农业与家庭手工业相结合的自然经济，一方面弥补了农业生产的不足，另一方面又使农民更加依赖家庭经济，这种经济结构拥有自发的调节能力和完备的自给自足

---

① 参见梁颖：《"家"字谜及其相关问题》，《广西师范大学学报》1996 年第 4 期。

② 《北史》卷一五（元志传），第 558 页。

的特征,特别是因其大大缩短了原材料与生产过程的距离,也缩短了产品与消费过程的距离,阻碍了家庭分工向社会分工的发展,使我国的商品经济发展十分缓慢。家庭生产方式是历史的产物,具有鲜明的时代特征,在世界经济已经全球化的今天,笔者认为,过分强调这种男耕女织的生产方式会造成什么后果可想而知,过分的强调"家庭承包"、"分产到户"会阻碍社会生产力的发展。

不容否认,强调这种独立的生产方式,在相当大的程度上,使户同家庭群体是重合的,它们也是提供集体或国家所不堪负担的那些社会服务的组织渠道,其中包括照顾老弱病残者。当前的政策把对资源、生产及投资的管理添加到户的经济责任之中,不仅使农户逐渐成为直接的纳税单位,而且将农民社会保障的国家义务分摊给"户"来承担。

3. "户"须有产生、复制、再造的法律形式

所谓"户"须有产生、复制、再造的法律形式是指"分家"所确定的法律意义,"分家"标志着"户"的成立并明确了"户"与"户"的界限。"分家"是封建国家历朝历代"户政"的重要内容。

清代安徽有关家庭分立的史料充分显示出新家庭的诞生亦即家庭发展周期的起点是"分家",而不是通常意义上的"婚姻"。[①] 中国传统社会、特别是清朝时期的新家庭,并非诞生于"合",而是诞生于"分"。

这种"分",有两种形式:一种是"分家",诸子(此时多已婚娶)平分家产,旧有家庭分出若干新家庭;另一种是父家长死后,独子直接继承,旧有家庭化为一个新家庭。其中,前一种"分家"是最为普遍的形式。

值得注意的是,中国封建社会实行分家不分户的法律原则,如果

---

① 本书参考了中国社会科学院经济所收藏的 48 件清代安徽徽州分家文书。

擅自分户"别异财",依唐律判处三年徒刑。

"分家"是在有产可分、有子可分的情况下进行的。即便无子,清朝以 1795 年定例:"嫡庶男除有官爵袭封先尽嫡长子孙,其家财田产,不问妻妾婢生,止以子数均分。"即"奸生之子"也"依子以半分","若同居家长应分家财不均平者……十两笞二十,每两加一等,罪止杖一百"。① 48 件徽州文书中所反映的分家家庭中,即使诸子中有已亡故的,也要以其子(若无子便以兄弟之子为其后嗣)代表这一房支参加分家。清代有不少人由于经济情况未能婚娶,家中也以兄弟之子"过继"的方式来解决他"无后"的问题。由于分家者均有一定的产业,这种情况文书中未见有所反映。但最富的陈士策,由于人口众多,似已考虑到了这一点,在作为遗嘱的《定例》中说:"予每见子多,恐有乏嗣之患,当遵律法,同父周亲相应立继之条。惟以换房轮继,不得僭越重继,致多争论。违者许执遗命,请本族尊长祠内公议,治以不孝之罪。"②

应该说,自耕农以上均为有产。中国传统社会虽然不乏"地主田连阡陌,贫者无立锥之地"的说法,但那只是社会发展周期某一个阶段的现象。事实上,任何一个王朝建立之始,都大力实行发展、保护自耕农的政策;任何一个地主家庭,都以诸子平分的方式代代分析,家产越分越少,滋生出众多自耕农家庭。由此原因,多数时期、多数地区,自耕农经济都是最为普遍的经济形式。而即使佃农,也有可分之产——房屋、佃业(田皮)均在可分之列。这样,有产可分的家庭便在社会上占据多数。而只要有产,出于对劳动人手的需求,出于"不孝有三,无后为大","早生儿子早得济"的传统观念,通常便会早婚早育、多生多育。如生理没有问题,每个家庭至少二子以上。娶妻无后,便要娶庶、

---

① 《大清律例》卷八,《户律·卑幼私擅用财》。
② 《休宁陈姓阄书·定例》。

纳妾,直到有子。娶庶纳妾仍无子,则收继。但这毕竟是较个别的情况。这样,有子可分的家庭也便在社会上占据多数。

于是,"分家"成为继承环节中最为普遍的形式。

"分家"历来是国家的既定政策。战国末期,西周宗法制随着世卿世禄制的崩溃而瓦解,宗族而家族、家族而家庭已成趋势。秦商鞅更通过国家政权的力量以经济制裁的手段将分家、小家庭的格局固定下来:"父子、兄弟同室内息者为禁","有二男以上不分异者倍其赋"。①

后来,虽然出于"孝"的观念,社会舆论及官府提倡同居共财,谴责、甚至以法律规定处罚父母在世时别籍异财的行为,但实际上地主制取代了领主制,土地买卖造成土地所有权的转换频繁,小家庭比大家庭更适合传统社会的经济环境。"士大夫父母在而兄弟异居,计十家而七。庶人父子异产八家而五。"②加之国家长期以来同地主兼并势力争夺土地人口的控制权,以小家庭的"户口",分等级为单位,按丁派发赋役;加之贫民多受经济条件限制,晚婚晚育、"生子不举"、流行溺婴,有产家庭早婚多子女,分家周期短,迅速化富为贫,社会上一直是小家庭的汪洋大海。

唐两税法的施行,标志着地主租佃制有了更大发展,即便是社会上"孝"的观念也有所变通。南宋《袁氏世范》载:"兄弟当分,宜早有所定。兄弟相爱,虽异居异财,亦不害为孝义。"清李绂《别籍异财议》云:"禁其争财可也,禁其分居,恐未可也","分居者各惜其财,各勤其事,犹可以相持而不败也"。这正是分家成为必然,分家造就出新的小家庭群、成为诸多新家庭发展周期起点的经济根源、社会根源和思想根源。

"分家"成为新家庭发展周期的起点,是中国传统家庭的独特之处。

---

① 《史记·商君列传》。
② 参见顾炎武:《日知录》卷一《分居》。

欧洲诸多国家及日本历史上都曾施行单子继承制（或称单独继承制），也就是不分家，家庭的权力（包括决策权、财权等）、责任以及作为基础和中心的核心家庭，随着下一代继承者成婚或上一代家长的逝世而代代下移。前者如德国，继承者（有时是亲生儿子，有时也可能是非亲属）结婚，便是正式继承亦即家庭财产和家庭权力的移交之时，继承者成为执掌家政大权的新家长，原家长——父亲则仅保留养老财产而退居"养老房"；后者如日本，家长逝世，继承者（有时是亲生儿子，有时也可能是非亲属）成为执掌家政大权的新家长，新旧家庭的交替在原有家庭内部完成。至于非继承子弟，原有家庭与之无关，遂很早便离家出外谋生。其婚姻与否，也与原有家庭无关，是其自己的事，于是只要一结婚，便开始了一个新家庭的历程。

中国传统社会的"分家"（诸子平分），以国有、私有（或公有、私有）双重土地所有制为背景，其实质是彼此互不相干的农户经济个体化、独立化。但是又有一个严重的后果，那就是宗族化，"分家"中的公有资产的预留加强了宗族的经济实力和文化统治。

（三）"户"是维系户内人口的人口再生产单位

"户"内基本人员关系是亲属关系，是由血亲和姻亲构成的，这也是"家庭"的主要内容和基本解释。从人类学的观点解释，繁衍子孙是这些关系和构成的主要目的。"户"是维系户内人口的人口再生产单位，毋庸置疑，户的这一基本职能或特征被社会学的种种家庭形式的描述遮掩了。参考王跃生在《十八世纪中国婚姻家庭研究：建立1781—1791年个案基础上的分析》认为，我国1781—1791年一夫一妻制下的家庭平均成年子女的数量为3.26个。

（四）"户"是历史文化承继单位

中国是儒家一统的封建社会，自然包括了"户"是历史文化承继，这是没有异议的。但笔者认为还是不够，因为缺少农民"户"文化的多样性。

本书拟从反面例举,从另一个极端阐述,我国农村的"户"既可以传承、发展奉儒家文化为正统政治文化,也可以传承约定俗成的民间文化,并憧憬西方社会的各种思潮。

毛泽东分析中国社会性质时,指出中国社会存在三种权力支配系统:一是国、省、县、乡的政权构成"国家系统";二是由宗祠、支祠以至家长的族权构成"家族系统";三是由阎罗天子、城隍庙王以至土地菩萨以及玉皇大帝和各种鬼怪的神权构成的"阴间系统"和"鬼神系统"。①

辛亥时期的革命派主张家庭革命,重铸家庭伦理。他们所谓"家庭革命"的基本内容是改变不平等的三纲五常,尤其是男女不平等,要变"夫尊而妻卑"为"夫妇平等","拔千万女同胞于家族之火坑,而登之莲花之舞台也。"②主张"祖宗革命"、"纲纪革命",使生人从死人的余威中解放出来,令活人间建立一种新型的平等关系。针对中国牢固的家族主义,一些无政府主义者还提出了偏激的"毁家论",在他们看来,"盖家也者,为万恶之首","自有家而后女子日受男子羁縻",因而"社会革命"当以"毁家"为"拔本塞源之计"。③

第二节 户、家族与国家之间的关系

一、户与国家之间的关系

(一)"编户齐民",国家实现对"户"行政管理

"编户齐民"形象地反映了农民与政府的法律关系,这里的"编"

---

① 参见《毛泽东选集》第 1 卷,人民出版社 1991 年版,第 31 页。
② 丁初我:《女子家庭革命说》,《女子世界》1904 年第 4 期。
③ 汉一:《毁家论》,《辛亥革命前十年间时论选集》第 2 卷(下册),三联书店 1963 年版,第 916 页。

和"齐"都是动词，是"户"与"民"的谓语。寻查《辞源》"齐"字条，古代的文意解释有"平整、整齐"、"整治"、"辨别"、"相同和齐全"等意思。"编户者，言列次名籍也。"对《汉书·高帝纪》引"编户齐民"的整体解释是"以编撰户口治理农民"。"编户齐民"的口语化就是我们所称的"户政"或户籍管理制度。

户籍制度作为中国古代社会的一个重要特色，源于三代，成型于春秋战国。本书在上述交代了管仲改革，"户籍田结"意在赋税。商鞅变法，与其授田制、兵役制有关。他主张上有通名，下有田宅，"四境之内，丈夫女子，皆有名于上，生者著，死者削"。[①] "强国知十三数：竞（境）内仓口之数，壮男、壮女之数，老弱之数，官士之数，以言说取食者之数，利民之数，马、牛、刍、稿之数。"[②]汉代以后，陆续有"编户齐民"的原始证据。在西北出土汉简中，有戍卒、田卒及其家属名籍的文书，有卒家属廪名籍，是配给戍卒家属食粮的名簿，有名籍类簿书是记载吏卒家属成员和财产的身份书。第三份文件常常为人引用，其中引述的有两个典型的例子。一为礼忠，二为徐宗，除登录本人身份外，还登记家属、财产等项内容，是一种比较完备的名籍文书。

我国还有一份户口外出的基本手续的原始证据：《居延汉简甲乙编》二件简文。

　　永始五年闰月己巳朔丙子，北乡啬夫忠敢言之，义成里
崔自当言为家私。

　　市居延。谨案：自当毋官狱征事，当得取传，谒移肩水
关、居延县索关，敢言之。（十五·十九）

　　建平五年八月戊，□□□□广明啬夫宏、假佐玄敢言之：

---

① 《商君书·境内》。
② 《商君书·去强》。

善居里男子丘。

张自言与家买客田居延都亭部，取检。谨案：张等更赋皆给，当得取检，谒。

移居延，如律今，敢言之。（简背面：放行五〇五·三七）

从以上两份简文可以看出，里中居民如要迁徙他处或外出办事，必须先到乡里提出申请，说明理由，并要交清更赋、无官狱徭役在身，然后再由乡啬夫拟定文书，批转加案转移所去县府或关卡。迁移者更需由移所批准更籍"放行"后，方可迁行。

我们以此又可以得出结论："户政"是"户"在赋税、居地、治安、户口人员流动等方面直接与国家发生管理与被管理的行政法律关系。

纵观中国封建时期各个朝代，对户口的管理有不同特点。秦汉魏晋对户口的人身控制较为突出；南北朝隋初唐阶段对户口的人口与土地控制并重，以人口为主；中唐至明清阶段对户口的人口与土地控制并重，但以土地为主。其分界线是均田制下的租庸调与两税法。"摊丁入亩"实施、土地私有化加剧、战争动乱频仍的清朝中期之后，"编户齐民"与国家统治的关系又有了新的特点。

（二）"户"直接向国家履行赋税义务

国家通过税收直接对户行使统治权。恩格斯在《家庭私有制和国家的起源》一书中，从国家的本源上做了高度概括，其中一条是：为了维持对人民大众来说的国家暴力机关的这种公共权力。马克思也指出："捐税体现着表现在经济上的国家存在。"① 列宁在说明国家的本质时也强调，"国家是剥削被压迫阶级的工具"。②

在我国封建社会，"户"与国家的权利义务关系较为明确。"户"

---

① 《马克思恩格斯全集》第1卷，人民出版社1961年版，第342页。
② 《列宁选集》第3卷，人民出版社1995年版，第118页。

向国家的履行赋税义务,并保证安居、乐业、顺民;国家向"户"提供保证自耕农独立发展的经济政策,提供"学而优则仕"的科举仕途。但是最近总有学者认为在"户"与国家之间有"代理人"、"经纪人"或"第三领域"存在,实际不然,我们以清朝为例证明,"户"直接向国家履行赋税义务。

清代对"户"直接向国家输纳钱粮十分重视,如不执行,以刑法问罪。田文镜是雍正帝最欣赏的大吏,是"模范三督抚"之首者,他的《饬令小民自封投柜》文告发布于雍正三年九月:照得输纳钱粮原系小民自封投柜,按户征比,故不许诡计田粮、不应差徭,亦不许大户包揽、小户代为完纳。再查定例内开:"文武生员及上司衙役钱粮包揽等弊,该管官查出,如系生员,褫革,责四十板,衙役责四十板,枷号两个月;该管官不行查出,被上司查参,罚俸一年;至州县官,有完粮之民不给印票,照私派例拿问;司、道、府等官明知不报者,革职;督抚不行题参者,降五级调用"。①

康熙三十九年户部题准,征粮设立滚单,"令民遵照部例,自封投柜,不许里长、银匠、柜役称收"。自封投柜法实行后,几乎沿用整个清代,并受到一致称许。如雍正二年谕称:民间输纳钱粮,用自封投柜法,亦属便民之道。②

地方政府为了对付"户"与国家直接的输纳钱粮关系,挖空心思设计输纳制度,既能保证"户"直接向国家输纳钱粮,又能保证层层寻租盘剥的实现。清袭明制,京设户部,县设户房。户房隶属户部,主理户口,并管丁赋征解、保管与开销。如山东沂水县,征收田赋设了六个柜,也称"六房"。催征田赋的叫三班,即"头、块、壮"三班。每班又分为二组,分别叫"头皂、二皂","头块、二块","头壮、二壮"。俗称"三

---

① 《抚豫宣化录》卷三下,中州古籍出版社1995年版,第153页。
② 《钦定大清会典则例》卷三十六,《户部·田赋三·催科事例》。

班六房"，实际是六个班。这六班分别负责六柜的田赋催征任务。沂水城周围各村的田赋属第六柜征收，催征的叫"二壮"。这六个班，每个班的头目叫"管总"，其属下有十几人或几十人，叫"伙计"。管总对伙计有使用和辞退权。他们都没有正式工资，其收入，一是向村里要钱粮征收费，大村要得多，小村要得少，由村长负责支付；二是下乡催征，向欠征田赋户索取"腿钱"，多少不等，视欠征户欠钱粮数目随意索要；三是靠柜上加收的由单（通知单）、串子（田赋收据）费县 126 社的钱粮之征。①

按规定，凡田赋、丁银一律到县衙户房直接交纳。"地丁并一"实施后，按银抽收，并征田赋和附加，征税逐级上解宫廷库房以充国需，附加税留地方自用。至清末，县衙设税课局，负责各乡社会市集秤、斗、牙行各捐之征收。

了解清代的另外形式的田赋征收制度，对深入知晓"户"与官府的直接输纳关系非常重要。清代的田赋征收，一般有委征、包征和官征三种。委征是县府委派征收员分赴各乡镇征收，不限数额，尽征尽缴；包征是预计本年度地丁粮成数，由粮胥或书吏认额承包，负有短征垫缴之责；官征是政府直接设点征收，征收员往往从中贪污中饱。

康熙亲政后，重修《赋役全书》，只载重要项目，将全国赋粮总数删除丝纱零尾数，以防飞洒苛驳之弊，编成《简明赋役全书》。首先整顿乡村里甲，实行"均庄编里"、"清地均里"、"归顺里甲"、"顺约编里"。在赋役征收方法上，废止由单制，改用"截票"、"滚单"制，以杜私自加派之弊。截票即串票，开列地丁实数，按月分为十限，完则截之；其票钤印中分，官民各执其半，顺治时是二联串票，奸胥作弊。康熙二十八年另行三联串票，一存官，一付役应比，一付民执照。滚单，康熙三十

---

① 张之栋：《略述沂水的田赋税捐》，载《沂水文史精粹》，山东文艺出版社1999年版，第320页。

六年行滚单,分十限滚催。赋役征收方法定为田赋催科四法:即以分限(分期征输)之法舒民力,以输催(滚单)之法免追呼,以印票(三联单)之法征民信,以业主亲输之法防中饱。分限即将赋役征收分为上忙、下忙,夏限为上忙,秋限为下忙。输催,即以滚单作为一种赋税通知书,记业主粮户之姓名、田亩、赋税、银两之定额,分发各地团保,使催促交纳。印票,即联票,有票要、纳户执照和比限查截三联。三联皆书纳户所完赋额,编号钤印,而三联三分:一联作存根,由账房收存;一联留县,备检对查截;一联给纳户,作为收款执照。所谓亲输,是置瓯衡署前,听民封银亲投,以部定权衡,准其轻重,若畸零之数,纳户愿以制钱交纳者,每 10 钱当银 1 分。这种办法,是在每里之中,以 5 户或 10 户为 1 单,在花户名下逐一注明田地若干、银米若干、夏秋两次应各完纳若干,分为 10 限,发与甲首。依次滚催,花户自封滚单投入银柜,一限既定,二限又依次滚催。其有停搁不完不交者,官府予以严惩。此法民以为便。① 《乾隆会典·赋役》原存于官者,还有"赤历",使业主自登应纳数,上于布政司,后以州县日有流水簿解司,遂停。"黄册",以户为主,而田系于其下,岁载户口之登耗,以征收丁赋,后以五年编审者为黄册,亦称粮户册,而于康熙七年停岁造制。"会计册",专载解部之款,康熙七年并入奏销册。"奏销册",合通省地丁完欠支解存留之款,报部核销,亦称四柱册。"丈量册",田之高下邱亩皆载记,故称鱼鳞册,鱼鳞册以田为主。而系于户下。

山东沂水县每年田赋分两季征收,各征半数。征收前,县里印制通知单(先是用木板刻印,后用石印),名叫"由单"。"由单"上填明征收户姓名、住址、田赋数目、应交款数、本期应交数、交纳期限等。"由单"由管总派伙计送给各社的地方。那时各社除社长、段长(负责调解民事纠纷)外,还设有一至两个"地方"。"地方"有个下属叫"叫花子

---

① 参见《清史稿》,《食货志》二。

头"，除替他跑腿外，还兼任本社所属村各户的婚、丧司仪事宜（"地方"和"叫化头"是世袭）。"地方"将"由单"分发到各村各户，各户拿着"由单"到直属柜上交款，发给串子。柜上除按照"由单"上的数目收款外，还按照百分之几加收"由单"和串子费，交多少因私人关系和交田赋者的身份而定，为田赋的百分之一至百分之五不等。这项钱的数目，"由单"和串子上都没有填写，该项收入归柜上和六个班里的人所有。这项款虽各户数目小，但因户数多，总数还是不少的。交田赋的农户回村后常互相询问，"你赋的粮管多钱？"有的回答"管八几"，有的回答"管九几"，（按田赋一两计算）。还有一项是"零数归总"，即零数以分为单位，不够分的只入不舍，即使1厘也做1分计。这项收入也归柜上和班里所有。①

民国时期，吏治败坏，地方官吏贪污中饱，借征收田赋浮收挪借。在征收田赋中，历来有飞洒诡寄之害，更因征收大多由地主豪绅把持，勾结官府，冒算浮收，转嫁负担。柜书、里差、里书等胥吏，操征收钱粮的实权，将任职视为个人发财门路。或将某户之粮，暗中转嫁于他户名下，农民一次被骗，其后多年甚至永远照例完纳，而该项飞出某户之粮，即为胥吏中饱。里书受贿得钱后将某户的钱粮分散细碎转入他户名下，又称为"埋差"，也谓之飞洒。以有着之粮，寄于无着之户，谓之"诡寄"。里书得钱后，可将本来不纳钱粮的土地，在卖出时办理科征钱粮手续，称为"带差"，即带出原土地所有人的部分钱粮；里书得钱后，还可替人完纳钱粮，若干年后即报死亡逃户，将该项土地列入蠲免地，此之谓"买差"，即花钱买得蠲免钱粮；有些有地无粮户，因土地常年不纳税，恐为人察觉，于是便将土地混寄于亲戚朋友钱粮名下，贿赂里书后，便可办理正式手续，称之为"借差"。各县经征丁漕，截数之

---

① 参见张之栋：《略述沂水的田赋税捐》，载《沂水文史精粹》，山东文艺出版社1999年版，第316—317页。

期,所有未完钱粮,概由粮差垫付,再由粮差向花户催讨。里书往往借此重利盘剥,有每洋一元取息一二角者。

以上叙述归结到一点,即在"户"与国家的关系中,县衙吏胥与乡里保甲长沆瀣一气,实乃国家政权欺压百姓的爪牙。

二、户与家族的关系

(一)家族不是控制农村的基本制度

关于中国社会政治结构,中外学者有许多分析。梁启超认为:"吾中国社会之组织,以家族为单位,不以个人为单位,所谓家齐而后国治是也。"①马克斯·韦伯与费正清分析中国传统社会也都认为中国是一个"家族结构式的社会"。认为我们把家族置于封建国家统治结构中予以适当的地位,这是正确的做法。张晋藩先生认为,明清时期封建国家特别强调宗族的作用,清律确认了族长的许多特权,如"指定继承权",清律规定:"妇人夫亡,无子守志者合承夫分,须凭族长分择昭穆相当之人继嗣"。又如"裁判纠纷权",道光帝曾明令"凡遇族姓大小事件,均听族长绅士判断"。②

朱勇认为,族人(主要指成年男性)有议事权、族内的选举权和被选举权、祭祀权、获得救助权等。而族人的权利与义务是相对应的,族人必须履行对宗族共同体的义务,如遵守族规宗法的义务、展延祖宗血脉的义务、自觉约束行止的义务、救护同族的义务、一定的捐纳义务等。③ 冯尔康引证雍正《圣谕广训》中倡导宗族"立家庙以荐悉尝,设家塾以课子弟,置义田以赡贫乏,修族谱以职疏远",说明国家赋予宗

① 梁启超:《新大陆游记》,《梁启超选集》,上海人民出版社1984年版,第432页。
② 参见张晋藩:《论中国古代民法研究中的几个问题》,载《政法论坛》1985年第5期
③ 参见朱勇:《清代宗族法研究》,湖南教育出版社1987年版,第31页。

87

族以建祠党、办学校、置族产、修族谱四种权利。雍正为了强化宗族的职权，在族长之外，又设立族正，由政府指定，代表官方。族长与族正均为宗族权利的代表人，但由于关系不好处，乾隆初取消了族正。义田、义庄、族田是宗族的共同财产，其产权实际上由宗族的族长和大户掌握。冯尔康论述了雍正时期，皇帝提倡义田，准将其产权在政府注册登记，长久保存，由政府保证，他人不得侵犯。族人作为宗族成员，有其特殊的权利和义务。①

从理论上讲，以世卿世禄制为特点的支配国家政治基本结构和全部社会生活的宗法制早在春秋晚期就崩溃瓦解了。

当时，随着井田制的瓦解和私有经济的发展，贫富分化的速度明显加快了，许多宗法贵族无可奈何地没落了，筚门蓬户，"终窭且贫"，而一些下层平民则由于个人才能的出众和积极发挥，却很快脱贫致富，有的甚至成为新的暴发户。由贱变富者有可能进一步成为新贵，而由贵变贫者即使仍勉强保住其贵族的身份，也已失去了往日的光彩。这一变化昭示着形成贵贱等级身份的宗法基础正在受到日益严重的侵蚀，按照宗法关系上的亲与疏来划分贵与贱的做法越来越失去实际的意义，而财产占有关系上的贫与富则越来越成为确定贵贱秩序的真正基础，这就在宗法制度上打开了一个日渐扩大的缺口。到了战国之时，衡量贵贱的标准终于发生了根本变化，血缘上的亲疏标准被降到了相当次要的地位。贫富分化的加剧，以及随之而来的穷人与富人的日趋激烈的斗争，导致国家不得不将调节和控制贫富矛盾作为自己的首要任务。孔子首先看到了这一点，所以他告诫"有国有家者"、"不患寡贫（寡）而患不安"。战国时期，汇集于《管子》书中的大量的调剂贫富的文字，就是这种转变和进步的表现。

随着宗族制度的轰然倒地，代表一种新的血缘系谱的家族来到了

---

① 参见冯尔康：《雍正传》，人民出版社1985年版，第363页。

新的世界中。在世卿世禄的宗法时代,家族只是宗族的一个组成部分,宗族利益是各个家族利益的最高体现,西周、春秋时期,大宗作为宗族的"本根",有"传重"(指宗子必以嫡长子为之)、"收族"的义务;小宗作为宗族的"枝叶",只有"尊祖"、"敬宗"的义务。国君对宗法贵族有生杀予夺的权力,宗法贵族对国君则有"过则匡之,患则救之,失则革之"的权力。这些权力义务,对于维护宗族的团结及整体利益,都是十分必要的,而且在"非我族类,其心必异"的族类意识根深蒂固、族类间的斗争经常导致族兴或族亡的社会历史条件下,也是完全可以理解的。

这其中,个体家庭的出现,具有革命性的意义。个体家庭在成为社会的基本细胞的同时,也成为社会上的最活跃的因素。但是,个体家庭列不上宗族系谱,宗族系谱是以宗即家族为单位计算的,个体家庭与大小宗关系无关。大小宗的权利和义务已找不到具体的承担者,勉强个体家庭按家族分组作集体承担,几乎是不可能的。而大、小宗的等级性层层隶属关系,无论如何不能套用到个体家庭上。仍让个体家庭按家族分组,迫使 A 组臣属于 B 组、B 组臣属于 C 组等等,是不可想象的,因而都不得不宣告废止。这就造成了大、小宗关系的严重紊乱,使其失去维系宗族的力量或作用,宗族随之萎缩、衰败、涣散,很快就从国家中分离出来。作为社会政治、经济集团,它已分崩离析;而作为旧的血缘亲属集团也不过徒有其表罢了。当然,伴随着这些发生的,还有宗族的畛域正在由分明变得模糊,族类间的差别也不再局限于姓氏的不同了。

宗族的涣散意味它的血缘亲和力的松弛以至于失效。血缘亲和力以及它的反面血缘约束力总是有限度的,现在它们只能在家族范围内继续存在和有效了,家族以外则鞭长莫及,家族成了人们各亲其亲、长其长的有效范围。而个体家庭作为国家的编户齐民,在简单小生产的条件下,聚族而居,安土重迁。对于个体家庭来说,宗族的外壳无关紧要,家族的形式却变得十分切近、重要,有了它,一家一户才能系在同一血缘纽带上,进而达成相互间的认同感和休戚与共的集体感。这是不同的个体家庭能够在一村落或一乡党里团结合作、携手并进的最重要的基础。

血缘亲和力及血缘约束力在亲疏、尊卑间不是平等的,建立新的家族系谱以示区别是完全必要的,因此,以个体家庭为计算单位的家族系谱很快就出现了。家族系谱除了在形式上与宗族系谱有类似或接近之外,亲亲之义五世而尽的原则在这里照样适用。"五服"以内人们亲睦有加,"五服"以外则几乎形同路人。由于这时的宗族系谱仍具有标明支系派别的作用,并且仍习惯性地沿用过去宗的称号,而家谱作为宗族的一个宗在名义上没有改变,所以新形成的家族系谱不但不排斥宗族系谱,反而很自然地与宗族系谱相衔接,形成两个系谱相通、并存的局面。每个个体家庭既可以从家族系谱中了解自己所处的位置,知道亲与尊的礼数应施及的对象、范围之别;又可以通过宗族系谱弄清自己所属的支系,避免深为宗法正统观念所忌讳的数典忘祖之讥。

毫无疑问,两个系谱代表着两种宗法关系,或者说宗法关系的两种形态。以宗族系谱为基础的大小宗关系,已如落花流水般地过去了,残存形式无多少实际意义,近乎一纸空文。如果它还算做宗法关系的话,那么,它的作用至多是在下层民众那里,维持一种"出入相友,守望相助,疾病相扶持"的亲善关系,除此之外,不能指望它提供更多的有益的东西。而以家族系谱为基础新形成的个体家庭间的宗法关系,却取得了非常确定的形式。"五服"以内的族人,按照系谱或辈分形成的亲疏、尊卑关系,已与等级制完全脱节,仅仅在人们日常交往的礼数上有所体现,维持某种仪节上礼轻礼重的差别。与个体家庭成为社会基本细胞相适应,这时还特别强调所谓"至亲一体"的原则,将父子、兄弟、夫妻视做一体的三至亲,从各种人伦关系中提升出来,置于惊人的高度,以至于思想家们稍作变通,竟从中概括出两纲:父为子纲,夫为妻纲,与君为臣纲合称为"三纲"。仍有宗子之称的族长,通常是从始祖的嫡系中产生,是家族血缘关系上的既亲且尊者,他虽然拥有贵的身份,但有时却不免贫穷。这是宗法制度已经解体、富与贵的统一遭到破坏的必然结果。然而,不管族长是贫是富,他都极受尊敬,在贫富分化过程中暴发起来的一般族人,"虽贵富,不敢以贵富入宗子之家;虽众车徒,舍于外,以寡约入"。族长之尊于此可见一斑。另外,族长还拥有对于族人的极大的血缘约束力。族长在调解族内纠纷及制裁违犯族规族法者方面的权威,如同他在主持祭祖和作为家族的代表处理对外关系等方面的权威一样,是不容置疑和冒犯的。与过去不同的是,这时族长的权威仅仅是凭借血缘理由发生的,不再带有政治权力的性质,族长在按族规族法办事的时候,必须考虑国家法律,避免与国家法律发生冲突。这说明族权因为与政权的分离,实际上受到了削弱,族长既不能像君主也不能像家长那样凌驾于族人之上,因而也就摆不到"纲"的位置。可是,族长做不到的,家长却由于他作为父亲对于子女、作为丈夫对于妻妾有着一体之亲而做到了。血缘亲和力与血缘约束力是成正比的。"至亲一体"的观念赋予家长至高无上的权威。

历史就这样一步一步地前进:宗族最先退出了历史舞台;随着"诸子平分"的"分家"而产生的自给自足的自耕农的个体家庭遍地开花,家族也失去了它往日的尊严;"至亲一体"的"户主主义"的家长制终于站到了历史的前台。

(二)家族承担教化、文化及思想统治功能

班固在《白虎通》中对"宗"和"族"两方面作了解释:"族者何也,族者凑也,聚也,谓恩爱相流凑也,上凑高祖,下凑玄孙,一家有吉,百家凑之,合而为亲,生相亲爱,死相哀痛,有合聚之道,故谓之族。"其中的"凑"字,使个体家庭的"户"分外耀眼。"宗者何也,宗者尊也。为

先祖主者,宗人之所尊也。"这讲的是历史,由于历史的原因,家族依然是历史文化的发源地,对各个不同的"户"教化、安抚,实现其"和而不同"。

家族之所以成为聚族而居的所有"户"的思想文化和教育中心,不仅仅是由于历史发展的传统和心理因素,更是因为家族有各种名义的"族产"经济。

这些公共财产"族产"有大有小。经济最发达的长江三角洲与珠江三角洲,19世纪族田公产的建置均出现了高潮,以至出现了族田"几遍天下"、"几遍宇内"的记载。由于中国的经济发展环境恶劣,在经历过家运颠连后,于生存竞争中难以立足的小家庭乃至原家庭的尊长,又以各种方式积极参与族田公产的增置与经营,变地主土地的私人占有和经营为宗族土地的集体占有和经营。彭定求的曾孙彭绍升写过一篇《仲舅光禄公葬记》,其中说到他的舅舅宋宗元曾置有1400亩义庄田,后被子孙收回分析,只留了300亩仍作义庄田,一媳将分给自己的100亩田加入义庄,是为400亩。不久,宋家与他人打了一场官司,宋宗元嗣子宋保邦"懦弱不能支",不上五六年,将宋宗元身后遗金全部荡尽,"以半宅鬻他姓,田亦卖尽",只有义庄田保存下来。那媳妇后分的100亩田因重新捐入义庄,得以幸存。① 于是,有歌曰:"义士碑留百世芳,东阡西陌半苍茫,清河族大田千里,也仿长洲范氏庄。"②绝大多数家庭都会或多或少地设立公产,如陈士策分家时留有四处"存公"产业,分别用于祭祀、助学、完赋、赡族等。

三、家族与国家的关系

(一)家族拥有国家认可的准司法权

家族是由若干个体家庭"户"组成的,依照族法,从小家庭的角度

---

① 彭绍升:《二林居集·仲舅光禄公葬记》。
② 《休宁陈姓阄书·定例》。

说,若其相互之间发生争执,均遵循这样的程序:先在家族内部解决,解决不了方诉讼于官。如"歙县各村自为文会,以名教相砥砺,乡有事竞,始则鸣族,不能决则诉于文会,听约束焉,再不决,然后讼于官,比经文会公论者,而官借以得其款要过半矣,故其讼易解"。① 《新安竹枝词》有云:"雀角何须强斗争,是非曲直有乡评,不投保长投文会,省却官差免下城"。②

家族之所以拥有国家认可的准司法权,与维系家族所在地方的治安事务息息相关,这是由我国封建国家的政治特点决定的。在古代,"万事胚胎,皆由州县"③。县府可以主持户婚田土案件的审判,作出笞杖以下的刑罚。但是,国家规定,每年有三个月不受理如上诉讼,"每年自四月初一日至七月三十日,时正农忙,一切民词,除谋反、叛逆、人命及贪赃枉法等重情,并奸牙铺户骗劫客货查有确据者,俱照常受理外;其一应户婚、田土细事,一概不准受理。自八月初一日以后,方许听断"。④ 即便在"细事"受理期间,每月三、六、九日或三、八乃是"放告"日。这样,国家从司法制度的设置上保证了家族的准司法的地位。

据山东省农村调查,在青岛的部分农村,普通每村有村长一人,街长一人(即副村长),首事若干人,地保一人或二人。首事系依氏族支派或房宅地位(如前街后街,河东河西等)分别推举。村长、街长再由各首事公推之。村长对内掌握支配全村之钱粮打更等村务,对外代表本村办理各事。遇有较为重大或繁巨之事,由村长召集街长及各首事商讨后,分头办理。街长首事居于辅佐村长之地位,有时街长首事亦得代表村长对外办事。

① 许承尧:《歙事闲谭》卷一八,《歙风俗礼教考》。
② 许承荛:《歙事闲谭》卷七,《新安竹枝词》。
③ 王又槐:《办事要略》,《入幕须知五种》。
④ 《大清律》第334条《附例》,《雍正三年定例》。

济南历城冷水沟村 19 世纪时没有村长。全村分为 8 段,每段有一个段长,叫做"首事"。首事组成了村公会,负责交纳田赋并调停村民间的争端。村公会没有控制任何村庄组织。1900 年的某个时候开始选举村长,首事继续协助村长征收田赋,分派摊款,调停村民间的争端。①

(二)家族向国家推荐人才,敦正民风、主持宣教德化

从汉武帝以来,家族协助乡里履行向国家举荐人才的义务,"举孝廉"制度和任官"地域回避"制度共同保证了我国封建政权的"文人政治"和"统一政权"。汉代规定 20 万户举荐 1 个"孝廉"到中央政府培训,再选拔任职,从而使全国"声教相正、风气相移",各地融合,不致隔绝分离。陈群创新了"九品中正制",实行"乡举里选",遵循"一从众"、"一从贤"的原则,一时也收到了良好的效果。唐朝从"怀牒自列"的自举自荐,到自由报考、国家考试的"科举制度",都离不开乡里的助学、组织、选拔,家族赖有"公田"的经济基础,都把向国家举荐人才视为第一要务。

历朝历代,家族总是配合皇帝的"德政"敦正民风、主持宣教德化。

家族定期定时组织族内各"户"祭祖,无论是生子、娶妇、中举、做寿,甚至收获、上梁、杀猪等,都要祭告祖先,以示不忘祖先的护佑。

家族大力助学,家族不时教导族内各"户"重视子弟的"举业"与功名,资助并表彰族内学子学业有成,功成名就。

家族按时组织节庆假日庆典和仪式。在冷水沟村,向玉帝求雨前 3 天,村民禁食鱼、肉、韭菜、花椒、葱、蒜,并不与妻子同房。仪式之始,由 4 个人抬着玉帝塑像到纸房庄,从百泉用瓶子汲水并捉一只鲫鱼(取"急雨"之谐音),然后又抬回村庄。接着,由全村最有学问和名望

---

① 马若孟:《中国农民经济——河北和山东的农民发展(1890—1949)》,江苏人民出版社 1999 年版,第 106 页。

的5个人起草"祈愿文"(称为"修表"),他们"洁体"后穿着长袍跪于神坛之前,向玉帝呈写祈雨之文,他们向玉帝报告久旱无雨使村民痛苦不堪,请求玉帝普降甘霖以苏民困。然后在住庙道士的祈祷声中,村长跪烧表文(称为"升表")。最后,由围观的群众向玉帝行礼并抽签以求预知天气变化。①

"文会"、"耆老"都是历朝历代国家设在农村的宣教德化的一种制度,耆老"例有顶带,与闻乡里之事","耆老不过宣谕"。"里中有合设耆老者,于本乡年高有德,众所推服入内选充,不许罢闲吏卒及有过之人充应。"耆老任宣教之事,是地方上德高望重的长者。②

(三)协助地方完粮纳赋,安民缉盗,维持社会秩序

在尊礼守法、完粮纳赋,安民缉盗、防卫治安这地方两件大事上,宗族组织都发挥了不可或缺的作用。清代谯国曹氏家训有:"君臣之义通于天地。凡我族有登科第、跻膴仕者,但有一命之托寄,务为忠良,上不负天子,下不负庶民"。"朝廷法度是人宜守。吾族幸赖祖宗训教,颇有一个忠厚家声,倘或违法,不惟身家难保,抑且玷辱先人。"③馆田李氏家法有:"吾人安居粒食、享太平之福者,皆朝廷所赐也"。"盖尺地莫非王土,一民莫非王臣,竭报效之忧,且有输恐后者,倘有奸猾鄙吝,昧奉上急公之义,拖欠不完;又或与他人应完之课兜揽入手,而设计侵欺,皆将不免公庭之辱也。亟宜于祠内责之,使之改过,不罹其罪。如强项执梗,不肯俯服,即送官究治。"④休宁陈士策在分家存留公产时特指定"万安布店一所"的租金"作逐年完粮之用",

---

① 马若孟:《中国农民经济——河北和山东的农民发展(1890—1949)》,江苏人民出版社1999年版,第132页。
② 《清朝文献通考》,第1册卷21《职役》,第5044、5045页。
③ 《谯国曹氏族谱·家训》。
④ 《太平馆田李氏宗谱·李氏家法》。

并严厉申明:"倘有不肖擅用其租,则坐以抗粮之罪。"①

第三节　家族向心于国家而边缘家户的原因

一、家族依靠国家以挽救其不可逆转的消亡过程

如上所述,家族以其亲民性、便民性、便宜性、灵活性的形象,自愿承担了国家在乡里的统治职能,家族在"户"与国家及其两者之间,向心于国家而边缘于"户"家庭,其中一个重要原因是依靠国家力量以挽救其不可逆转的消亡命运。

从历史发展规律来看,从宗族到家族是一个必然的过程,在这个家族代替宗族的过程中,个体家庭的出现具有革命性的意义。个体家庭成为中国特色的"编户齐民"以后,"户"成为国家实行统治的最直接的最基层的社会单位,家族只能承担国家不能承担和不愿承担的部分事务的管理。

下面一章笔者将要谈到,公民即农民或村民将必然从"户"的桎梏中解放出来,这是历史发展的必然规律。村民的一步一步的解放就是家族一步一步的死亡,留下的将只是血缘上的联系和历史传统的回忆。同时,村民从家族中解放出来,从家庭中解放出来,都要对束缚他的政治形式加以破坏,家族就是他首先破坏的对象,家族借助国家的力量挽回它退出历史舞台的命运,所以出现了远"户"近国家的局面。在村民的解放过程中,在"户"的分化过程中,家族更是无能为力,进一步为村民唾弃。

包世臣家道败落时,他母亲也从未向家族张过口。有人劝她多少找家族富裕亲戚借点粮钱救急。她说了一句饱经沧桑的话,深深铭刻

---

① 《休宁陈姓阄书·定例》。

在包世臣心中，那便是："寒莫向灯，穷莫向亲"。①

二、家族有限"公产"不足以"家户"保护人自居，亦不足以与国家权力抗衡

个体家庭的"户"通过"分家"成立时，的确留下了家族的"族产"或"公产"，但是在"千年田，百家主"的自耕农的汪洋大海中，在国家保护它的税收主要来源"自耕农"的经济政策和国家权力面前，家族无能为力，只好借用国家的政策，通过治理农"户"维护自己摇摇欲坠的地位。而急于从家族中寻求解放的个体家庭"户"，则无时无刻不惦记着对"公产"的瓜分。

朱勇认为宗族的所有权本来就是一种不完整的所有权。宗族公产的所有权人是其"先世祖宗"。祖宗通过遗训遗规，将族产的占有权、使用权、收益权授予了子孙后代。但是，族产的处分权，先世祖宗并没有授予子孙后代，而是将族产处分权"携回天国去了"，这样，现世族产永远处于一种"半冻结状态"，宗族机构（祠堂等）也无权代行处分。②

事实上，清代徽州分家文书中已出现能够说明问题的事例。道光六年（1826年）黟县某姓叔侄六房以公产膳田和存众田地所入不能积贮为由，再立分家阄书，将公产膳田和存众田地均分六股，每股分得田地共79.24亩（可知原公产为475.44亩），其后，"抽租以为葬先人之资，每年着三人轮流值管，逢五月十六面算交出"。③

清中后期，徽州分家文书中引人注目的是"加批"、"又批"的补充条款增多。这些补充条款，多数是父家长对自留自管，或分家后新置

---

① 《包世臣全集——齐民四术》卷三，《先妣行状》。
② 参见朱勇：《清代宗族法研究》，湖南教育出版社1987年版，第31页。
③ 《黟县某姓分关书·自序》。

产业乃至存众公产、族产的再分配。乾隆三年(1738年)十月徽州休宁汪尔承在其雍正十二年(1734年)所立分家文书中"加批",将原自留自管的前后街店屋和店内家伙(加批中指是"存众产业")平均分给四子四房,听凭长房将分得店屋、家伙变卖出典还债。乾隆五年(1740年)汪尔承又立"分关清单"将存众公产、自留自管产业及后置产业全部分完。

三、家族是实现"家国同构"的政治文化体制的中间环节

在中国封建社会,或者是社会早熟的原因,或者以"亚细亚生产方式"著称的社会不发达的原因,或者是儒家学说与礼教文化的原因,总之,家长、家族长、父母县官、朝廷公公、皇帝天子的"家国同构"的政治文化是我国特有的政治文化或法文化。在从"家户"到皇帝的必然联系上,家族赫然处于中间环节,只有树立皇权威信和皇家地位,才能让"家户"对自己心服口服;传统的儒家学说和礼教文化又为中间环节的稳定提供了平台。只要封建专制国家依然,家族奉上欺下,事官役民的格局也不会变化。

第 四 章
传统家国法律关系

第一节　国家制定法与家族法、乡规民约的渊源关系

一、国家制定法与家族法、乡规民约互为渊源

把宗族制度与法制联系起来进行研究,或研究法制时考虑到宗族制度的深刻影响,早在三四十年代,老一辈的法学家如陈顾远和瞿同祖等就有重要成果问世。

目前学界相当多的学者已逐渐都认同这样的历史事实:现存的大量的法律文献已充分证明,中国古代在国家制定法即正式的国家法律文件之外,还存在大量的家族法、乡规民约等非正式法律文件。家族法、乡规民约研究是中国法制史研究所关注的重要专题。

有人从封建国家法的渊源的高度指出:"其法律渊源尽管是多元的,但在适用的时候,多元的法律渊源又被锤炼成了一元化的规则体系,以维护统一的社会关系"。① 甚至有的学者如武树臣更认为:中国

────────────

①　参见何勤华:《清代法律渊源考》,载《中国社会科学》2001 年第 2 期。

法律样式的重心是混合法,它可以与西方两大法律样式(判例法样式、成文法样式)并称为世界三大法律样式。① 张金鉴称这种法律渊源多样并存的情形为"泛文主义",且视之为中国古代法特质之一端。有关中国古代法律渊源问题,陈顾远在《中国法制史概要》中多有论述。

有人从国家司法审判的角度进一步认为,那些规范与调节作用的习惯、判例,以及调节家族内部关系、乡里关系的所谓"家法族规"、"乡规民约"等特殊形式的社会规范在司法实践中同样起着重要的作用。民事案件大多是由乡规民约、家族法、民事习惯和儒家礼的规范来调处的。不但国家正式法典在司法审判活动中要得到严格的遵守,而且成案、习惯法、情理、律学著作等也是当时官员判案的重要依据。②

朱勇和刘广安的研究则更为深刻。朱勇在《清代族规初探》(《清史论丛》第八辑,中华书局版)、《论清代江南宗族法的经济职能》(《中国经济史研究》1987年第4期)、《清代江南宗族法的社会作用》(《学术界》1988年第4期)、《清代宗族法研究》(湖南教育出版社1987年版),刘广安在《论明清的家法族规》(《中国法学》1988年第1期)中等,都阐释了自己的观点。朱勇将"族规"与"国法"作比较研究,指出国法为族规的来源之一,族规可以"作为国法的补充",但又可"形成相对于国法的私罚体系"。开始于宋代,清代的宗族法已是其典型形态。朱勇发展了他自己的观点,提出作为国家法律的"重要补充形式"的宗族法,与国家法律一起,"共同组成了封建的法律体系"。

刘广安认为,明清成文的"家法族规"在结构上,很多地方接近和模仿国家制定法,如有相似于国家制定法的正文、注疏、行为规范及相应的法律后果;在内容上,涉及国家制定法中刑事法律、民事法律的很

---

① 参见《中国古代法律样式的理论诠释》,载《中国社会科学》1997年第1期。

② 参见杨一凡:《中华法系研究中的一个重大误区——"诸法合体,民刑不分"说质疑》,载《中国社会科学》2002年第6期。

多方面。"家法族规"与国家制定法有广泛、深入和直接的联系。刘广安的结论是,明清时代的"家法族规"已完成了"法律化的过程",实际上,"已成为封建国家法律体系的一个组成部分"。

总之,国家制成法与家族法、乡规民约互为渊源。

二、家族法、乡规民约是国家法的一部分

家族法、乡规民约是国家法的补充,这是大家公认的结论。朱勇进一步提出了"农业社会的二元性法律结构"的理论,所谓"二元",即指国家法律与"社会共同体法"。他说,本来"国无二君,法无二门","实质意义上的法律只能有一个",即"国家法律"。但是,由于农业社会存在方式的特殊性,如低下的生产水平、一家一户的小农耕作、宗族意识、动荡不安的社会局势等,使得整个社会存在国家政权的同时,还形成"结构性二级组织",即兼有政治、经济、文化等多种功能的综合性"社会共同体"。而这种社会共同体有一定的独立性和自治性,并制定一种共同体内部的强制性规范——共同体法。这种"共同体法"在作用和内容上,往往相对于"国家法",或者脱节,由此表现出法律结构二元性的特征。

刘广安认为,家族组织是构成中国封建社会的统治基础,"家法族规"是各个家族组织上流传而为后代修订的、主要用以调整本家族内部关系的行为规范。刘广安考察,"家法族规"本是一种民间"自治规范",起源于原始社会末期的父系大家族组织。很长时间"家法族规"是不成文的习惯法,宋代以后,由于种种原因,统治者大力提倡,成文形式的"家法族规"越来越多,明清时期达到鼎盛。刘广安的观点是,"家法族规"与国家制定法一起,是"统一的封建法律体系构成"部分。

总之,家族法、乡规民约是"一元化规则体系"——国家法的一部分。

第二节　国家制定法与家族法、乡规民约的法理关系

一、家族法、乡规民约不是民间法

"国家制定法与家族法、乡规民约的法理关系"这样的提法可能不甚准确。笔者想用目前法律史学界比较流行的分析方法："价值分析"、"文化形态分析"来概括国家制定法与家族法、乡规民约的关系。本节要解决的问题：家族法、乡规、民约三者的本质属性；调整"户"的"婚、户、田、土"不是民法上的"微物细故"，家族法和乡规是一个国家法的行政法规系统的最低层次；古代中国不存在国家制定法和习惯法的二元体制。

（一）家族法是调整社会农村基层的"礼"规范，是国家法的一部分

1. 家族法是民间的"礼"

众所周知，中国政治国家始于夏、商、西周，当时崇尚"礼治"，以宗法制度为主要内容的"礼"就是国家法律制度。春秋战国时期社会大变动，维系周王朝统治的国家礼制分崩离析，"礼在鲁"了。

据考古发掘的资料表明，春秋晚期，长江流域的吴国已有了锻造铁器的技术。当时中原地区的经济文化远比吴国发达，即使保守地推测，铁器在中原地区的使用也不会晚于春秋中期。战国时，铁器的使用已相当普及。辽宁、河北、山东、河南、陕西、湖南等战国墓中皆有铁制农具与手工工具的出现。经济的发展势必引起社会关系的变动，铁器的出现导致了春秋战国时期地主、商人、自耕农等阶层的出现。这些新阶层的出现使宗法血缘等级制的维系成为十分困难的事情。给宗法制以致命打击的是王室的衰微。春秋战国时强大起来的诸侯不再安于相对天子而言的"小宗"地位，不愿继续听从周王室的调遣。更

令王室难堪的是强弱不一的诸侯全然不顾骨肉之情，以强凌弱，互相吞并。周初分封的千八百国至此仅存百二十四。天子不仅无力保护弱小之国，阻止诸侯间的战争，而且自身也被排挤出强国之林，难保天下共主的地位。

据马小红教授在《礼与法》一书中的研究成果，"礼崩"自社会上层开始。她说，风俗习惯是人们在长期共同生活中逐渐形成的社会准则，是礼治体系的重要组成部分。其具有极强的稳定性与束缚力。风俗习惯又是法律产生的温床，现实生活中传统的积淀愈多，"法"中的风俗习惯的因素就愈多。三代礼治中所包含的风俗习惯，实际上大都具有法律的性质，有些甚至比法律还重要。春秋战国时，风俗习惯首先被社会上层所破坏。一些王室及公室成员，或者没落的贵族依持自己特殊的身份与对政治的特殊敏感，而敢为天下先。他们或借改革风俗习惯而实现自己的政治抱负，或以忤逆传统而发泄对现实的不满。于是，二千五百年前便也有了一见钟情、私订终身的动人故事。《春秋公羊传·僖公十四年》记载，鲁国公主季姬与郎子相遇于途中，两人情投意合，季姬私下让郎子派使臣来朝拜鲁君，并借此机会说服鲁君成全两人的百年之好。这在当时实在是违礼之举，汉代儒生何休对数百年前的这件事作了如此的评价：男不亲求，女不亲许是礼的规定，鲁君不能以礼管束自己的女儿，以至于她私订终身，其行为简直与禽兽无异。更有甚者，郑国的执政子产，竟然能允许女子自行择亲，全然不把"父母之命，媒妁之言"的礼制放在心上。有一位名叫徐吾犯的人，其妹的容貌姣好，公孙楚与公孙墨都想娶她为妻，而且都强行送了聘礼。一个武将，一个文臣，徐吾犯自知谁也得罪不起，只好告诉子产，请子产定夺。子产言道："是国无政，非子之患也，唯所欲与。"其意是说，国无纲纪以至于此，这并不是你的过错，你妹妹喜欢谁就嫁给谁。于是，徐吾犯将妹妹暗藏阁中，请公孙楚与公孙墨来自家宅中，以便妹妹暗中观察。公孙墨身着华丽的衣服，携带着贵重的礼品而来。公孙楚则身着戎装而入。二人走后，徐吾犯的妹妹毫无羞涩地道出自己的见解："子皙信美矣，抑子南，夫也。夫夫妇妇，所谓顺也。"①其意为：公孙墨的确十分英俊，但公孙楚却有男子的阳刚之气。夫刚妇柔，才顺应情理。因而，依照其个人的意愿，徐吾犯的妹妹嫁给了公孙楚。剧烈的社会变革，促使人们以标新立异为乐事，在标新立异中，以往的传统习俗不免大坏。在礼义瓦解的同时，礼制的崩溃更为迅速。如按礼制的规定，礼乐征伐自天子出。但是此时的天子不仅无力统帅各诸侯国征伐叛逆及不服命令者，反而成了各诸侯国所逐之"鹿"。连楚国那样的蛮夷之国，也率军北上，问鼎中原。征伐大权早已由天子下移至诸侯，再由诸侯下移至大夫。礼制所规定的朝觐纳贡制度也早已久废不用。与周王室关系最为密切的鲁国以知礼闻名，但在春秋 230 年间仅仅朝觐了三次，其他诸侯国则可想而知。周天子面对强大的诸侯只好放下天子的架子，向诸侯"求金"、"求车"以维持王室的开支。春秋中期以后，诸侯的势力也走向衰弱，大夫不仅敢僭越公室，而且对王室也极为藐视。鲁国的季孙、仲孙、叔孙三家大夫公然不顾礼制的规定，将诸侯才有权祭祀的"公庙"设于私家。季氏还在自家的庭院中享用只有天子才能享用的"八佾"之舞，祭祀了只有天子才有权祭祀的泰山。孔子论及季孙的所作所为，十分愤慨，以为"是可忍，孰不可忍"。②晋国的贵族叔向曾十分忧虑地向鲁君倾诉生于末世的不幸："戎马不驾，卿无军行，公乘无人，卒列无长。"③失位的诸侯下场比天子更惨，他们不是被臣子所逐，就是被儿子所弑。杀父弑君是此时代的一大特征。司马迁记："春秋之中弑君三十六，亡国五十二。"④齐国大夫陈文子因大夫崔杼弑君篡位而投奔他国。时隔不久，陈文子感到

---

① 《左传·昭公元年》。
② 《论语·八佾》。
③ 《左传·哀公八年》。
④ 《史记·太史公自序》。

所投奔之国的执政与崔杼并没有什么不同,于是又投奔其他国家,结果仍然十分失望,陈文子只好再度奔波。孔子闻听此事,赞叹陈文子"清矣"。①

"礼崩"自社会上层开始,"礼"在民间便是自然的事情了。其实,"礼"本来就是生自民间、长在民间。《左传·昭公二十五年》引子大叔子产言:夫礼,天之经也,地之义也,民之行也。时隔近二千余年后的清代名臣张廷玉等在修《明史》时言:"《周官》、《仪礼》尚已,然书缺简脱,因革莫详。自汉史作《礼志》,后皆因之,一代之制始的然可考。"②《礼记·坊记》言:"夫礼,坊民所淫,章民之别,使民无嫌,以为民纪者也。"

以上论述可以看出"礼"在中国古人的心目中是自然演化、人类发展的根本"大法"。这个"大法"是永恒存在的,靠人们内心的自觉而实践。在数千年社会的发展中,礼的制度、仪式在不断地变迁,夏、商、西周之礼"书缺简脱"至明清之际早已"莫详"。但是,礼的精神和制度在中国历史的发展进程中却从未消失过。礼在国家大法基本制度消失之后,在列国诸侯尚存,在列国消失之后,在民间存在,家族法就是其存在的形式。

2. 家族法是国家法的一部分

宗族而家族,家族而个体家庭,这是一个必然的发展规律。传统家族法以维护国家法为前提,并借此而维系下来。封建国家法则要求家族法发挥基层稳定的职能作用,用以维护社会秩序。从这一意义上讲,家族法是国家法的一部分,也是国家法的补充。

从政治学的"家国同构"的角度看,家族制度的长期存在是研究中国古代国家和法律的关键所在。在中国古代,血缘家族是社会的基本

---

① 《论语·公冶长》。
② 《明史·礼一》。

组织单位,家族秩序的稳固与否直接关系着政治统治的稳固与否,因此,历来的统治者都十分注意运用法律来维护家族制度。国家制度其实就是宗法血缘关系与政治等级关系的合一,是"以家族制度为核心的等级制度",①从这种意义上说,国家就是一个放大了的家族。

事实上,家族法对于族内的各种法律关系如财产、继承、婚姻等起着实际的调整作用。② 在国家统治者的支持和扶植下,宗族组织在各地普遍建立,扎根于乡里基层。宗族之长基于维持宗族内部秩序的目的,参照国家法律、礼教纲常以及地方习惯,制定出各具特色的宗族法。③ 流行于家族内的族法家规就成了国法的补充。④ 家法族规作为国家法律的补充,可以说是国家权力在宗族内的延伸,因此,其法的规范性进一步加强。从社会实际来看,宗族法承担了对宗族内部各种社会关系,包括财产关系、婚姻关系、继承关系、家庭关系以及绝大多数刑事法律关系的法律调整的主要任务,在很多方面起到了国家法律难以起到的作用。⑤ 在宗法制度与观念的统治下,家与国相通,亲与贵合一,由家而国是古代中国国家形成和发展的重要途径和特征,因此宗法是社会的纽带,是国家的组织法。⑥ 实际上,有些"家法"和"族规"的内容,在很大程度上已属于国家法的范围了。这种情况自明代起表现得特别明显。如惩治寡妇改嫁、表彰夫死殉节之类。乡规是基层行政管理法,是确确实实的国家法的一部分。⑦

---

① 李明德、马小红:《中国古代法律的社会特征》,中共中央党校出版社1993年版,第9页。
② 参见张晋藩:《中国古代法律文化论纲》,载《政法论坛》1991年5月。
③ 参见朱勇:《清代宗族法研究》,湖南教育出版社1987年版,第2页。
④ 参见张晋藩:《中国法律传统与近代化的开端》,载《政法论坛》1996年5月。
⑤ 参见朱勇:《清代宗族法研究》,湖南教育出版社1987年版,第2页。
⑥ 参见张晋藩:《中国古代法律文化论纲》,载《政法论坛》1991年5月。
⑦ 参见饶鑫贤:《中国法律史论稿》,法律出版社1999年版,第64页。

如果说，家族法还以"礼"的形式掩盖着维护国家法的本质，并以家族的权利或权力执行着国家的暴力的话，以保甲制度的形式出现的"乡规"则成为国家法不可或缺的一部分，税赋征收、劳役派发、治安保卫，哪一项不是国家机器的职能。保甲制度因时而异，虽然已有风俗习惯的成分，但是，调整"户"与国家的社会关系非乡规莫属。

王阳明认为，对于民众在户婚、田土、债负、钱粮、差役等问题上的争执，应尽量含忍退让，即使发生了纠纷，也应在乡里，由约正等人解决，解决不了的，才送交官府处理。"十家之内，但有争讼等事，同甲即时劝解和释。""每日各家主牌互相劝谕，务令讲信修睦，息讼罢争，日渐开导。"①他说："今非有迫于躯命，大不得已之事，不得辄兴词。兴词但诉一事，不得牵连，不得过两行，每行不得过三十字，过是者不听。故违者有罚。""尔民果有大冤抑，人人所共愤者，终必彰闻，吾自能访而知之。有不尽知者，乡老据实呈县，不实则反坐乡老以其罪。其余宿憾小忿，自宜互相容忍。"因为"容忍美德，众所悦爱，非独全身保家而已。"②

关于家族的权利、权力的规定则是另一番景象。张晋藩先生认为，明清时期封建国家特别强调宗族的作用，清律确认了族长的许多特权，如"指定继承权"，清律规定："妇人夫亡，无子守志者合承夫分，须凭族长分择昭穆相当之人继嗣"。又如"裁判纠纷权"，道光帝曾明令"凡遇族姓大小事件，均听族长绅士判断"。冯尔康引证雍正《圣谕广训》中倡导宗族"立家庙以荐悉尝，设家塾以课子弟，置义田以赡贫乏，修族谱以职疏远"，说明国家赋予宗族以建祠党、办学校、置族产、修族谱四种权利。雍正为了强化宗族的职权，在族长之外，又设立族正，由政府指定，代表官方。族长与族正均为宗族权利的代表人，但由

----

① 《王阳明全集·申行十家牌法》。
② 《王阳明全集·告谕庐陵父老子弟》。

于关系不好处,乾隆初取消了族正。义田、义庄、族田是宗族的共同财产,其产权实际上由宗族的族长和大户掌握。冯尔康论述了雍正时期,皇帝提倡义田,准将其产权在政府注册登记,长久保存,由政府保证,他人不得侵犯。①

(二)民间契约是合同,是国家法调整的社会关系,不是法

学者们把家族法、乡规民约统称为民间法、习惯法,我们这里讨论的"民约"意义,是从广义的角度来理解的,广义认识"民约",它可以包括族法家规和乡规。实际上,狭义的"民约"就是"民间契约"是错误的,个别学者将民约和民间契约混为一谈,称之为"民法",是值得商榷的。民间契约是合同,是国家法调整的社会关系,不是法。

张晋藩先生说过:"中国古代的契约关系是较为发达的,形式多样,内容详备。"②"民事法律文书的约束力,对于中国古代社会财产关系的保护和经济秩序的维持,起了一定的积极作用。"③中国古代关于债的发生原因并无统一规定,就涉及债的关系的律文而言,偏重于契约行为。④ 在古代民事法律文书中最重要的是契约,如田契、租契以及各种各样的债的契约。早在周代就有"听买卖以质剂"⑤之说,"质剂"⑥即是古代买卖的契约。缔结有关财产转让的契约,除了双方各执一半以外,官府也保留一份,作为调整纠纷的根据。"西周金文民

---

① 参见郑秦:《清代法律制度研究》,中国政法大学出版社 2000 年版,第 448 页。

② 参见张晋藩:《论中国古代民法研究中的几个问题》,载《政法论坛》1985 年 5 月。

③ 参见梁治平:《寻求自然秩序中的和谐——中国传统法律文化研究》,中国政法大学出版社 1997 年版,第 238 页。

④ 参见郑晓辉:《〈大清民律草案〉——外来法与本土法混合的产物》,载何勤华主编:《法的移植与法的本土化》,法律出版社 2001 年版,第 177 页。

⑤ 《周礼·天官·小宰》。

⑥ 童光政:《明代民事判牍研究》,广西师范大学出版社 1999 年版,第 126 页。

法"中即有契约的记载。汉代最发达最典型的契约关系已有买卖、雇佣、租赁、租佃、借贷、合伙、承包、信托和遗嘱继承等多种。① 特别是出土汉墓中发现的刻于砖石之上的"买地卷",包括有地界、证人、不得侵犯等项内容。出土的杨绍买地砖,载有"民有私约如律令"的字样。② 已发现的还有《潘延寿买地砖券》写了"有私约者当律令",《曹仲成买田铅券》则写为"知券约,口如天帝律令"等。③ 书面买卖契约须写明"如律令"字样。这里的"如律令"绝不是意味着"民约"就是法律,而仅仅是表示其所具有的法律约束力,同时也反映了官府承认民间私约的法律效力。④ 中国古代无论调解还是判决,民间纠纷凡涉及私约的,都要"调契查验",以此为判断依据,在判牍史料中的研究中已发现的此类案例甚多,体现了契约"如律令"的法律效力。⑤ 中国汉代开始真正形成了租佃关系。当时的租佃契约,既是一种法律文书,当然也对缔约双方当事人具有法律约束力。⑥《宋刑统》卷26记载:"及卖田宅⋯⋯皆得本司文牒,然后听之。""凡人论诉田业,只凭契照为之定夺。"⑦"考察虚实,则凭文书。"⑧大清律例在保护合法土地及借贷契约方面,只要少数几条简单的违法处罚规定,就足以让衙门知道如

---

① 参见孔庆明、胡留元、孙季平:《中国民法史》,吉林人民出版社1996年版,第148页。

② 参见张晋藩:《论中国古代民法研究中的几个问题》,载《政法论坛》1985年5月。

③ 参见孔庆明、胡留元、孙季平:《中国民法史》,吉林人民出版社1996年版,第159页。

④ 参见张晋藩:《中国法制历史简谈》,载《光明日报》1986年12月3日。

⑤ 参见童光政:《明代民事判牍研究》,广西师范大学出版社1999年版,第4页。

⑥ 参见孔庆明、胡留元、孙季平:《中国民法史》,吉林人民出版社1996年版,第155页。

⑦ 《清明集》卷五,《物业垂尽卖人故作交加》。

⑧ 《清明集》卷九,《质库利息与私债不同》。

何去保护各类契约。① 唐中后期,随着商品经济的发展,社会私有化程度的加深,地主阶级逐渐改变了剥削方式。进入宋代后,租佃制普遍推行,地主阶级通过契约关系和高利贷手段剥削农民。② 法律规定,田宅的买卖、典押应当税契、过割,史称:"凡民间贸田宅,必操契券请印,乃得收户。"③否则追究相应的法律责任。这显然表明"税契"是以田宅的买卖、典当关系须通过订立契约才能建立。否则,这种民事关系得不到法律的保护。④

不仅我国的民间契约关系发达,而且,我国很早就建立了国家登记制度。国家为了维护乡村社会经济秩序,为了加固国家统治的基础,通过规定税契以及钱粮推收过户的登记和注册手续等予以控制,这当然是行政管理法律手段,但同时,这也表明了官府在解决地权争执中对于民间私约的倚重。二者在长期演进和互动过程中彼此渗透,这恰恰说明在长期封建社会中,中国古代的契约法律关系是相当发达的。

二、古代中国不存在"二元"法制

综前所述,我国古代是多渊源的统一的国家法律体系,在有关调整"户"的社会关系中,在简称"民政—户口"、"民事—民约"、"赋税"、"治安"等法律关系中,基本上可以自上而下地列为:

"户律"

"户部则例"

家族法、乡规

---

① 黄宗智:《民法的表达与实践:清代的法律、社会与文化》,上海书店出版社 2001 年版,第 92 页。

② 参见朱勇:《清代宗族法研究》,湖南教育出版社 1987 年版,第 7 页。

③ 《明史》卷七十五,《职官四·税课司》。

④ 参见童光政:《明代民事判牍研究》,广西师范大学出版社 1999 年版,第 25、26 页。

可以明确地说,以上这些法律渊源不能认为是民法;公法与私法,公权与私权,国家法与民间法,诸项概念的对比讨论不适合中国古代国情及其法制状况,中国古代不存在国家法与民间法的二元法制。

那么中国封建国家的法制是怎样的呢?笔者认为,没有必要用近代西方国家的法律体系的概念套用中国古代的封建法制。如果借用法律部门的概念来界定我国古代法制,林乾、张晋藩在《〈户部则例〉的法律适用——兼对几个问题的回答》中的结论是中肯而切合实际的:就"户婚田土"之类行政管辖而言,毫无疑问当属户部。而《户部则例》也可以具体解释为:凡属户部管辖之事项必须遵守的规则。就此而言,它又属于行政法规的范畴。再就《户部则例》的主要内容而言,其中田赋征收、役课规则、工商管理等等占了相当的比重,因此,它又可以说是一部经济法。由于清代没有今天的部门法概念,因而也就不可能存在与之颇相对应的法典形式。之所以有时称之为"行政法",有时称之为"民法",有时又称之为"经济法",是就其不同内容而言的,颇有"横看成岭纵成峰"之意。①

这一结论有三个方面的进一步论证。

第一,《〈户部则例〉的法律适用——兼对几个问题的回答》认为,就户部而言,因其职掌天下田土、财赋,而按照"人户以籍为定"的规定,户婚之类也隶属于此。就现代民事法律的主要内容而言,其管辖主体就是户部,尤其是旗民财产的调处,《户部则例》非常详尽。如户部下属的福建清史司有井田科,它"掌核入官之旗地"。具体而言,"凡旗地,禁其私典私卖者,犯令则入官。"②而旗民交涉案件归现审处掌管,《钦定大清会典》载:"现审处,掌听旗民之讼事。"其下小注云:

———————

① 参见林乾、张晋藩:《〈户部则例〉的法律适用——兼对几个问题的回答》,朱勇主编,法律出版社 2003 年版,第 111 页。

② 光绪《钦定大清会典》,户部,卷二十。

旗民争控户口田房之案,旗人于本旗具呈,民人于地方官具呈,如该管官审断不公,及实有冤抑而该管官不接呈词者,许其赴部控诉,亦有事系必须送部者,该管官查取确供确据,叙明两造可疑情节,送部查办。如两造匿情不吐,必须刑讯者会同刑部审理;有地址不清必须查丈者,将两造押发州县官,会同理事同知查丈审结。在京宗室旗人如有庄地追租等事,准其在户部具呈。直隶承德府属旗地,遇有占地追租等事,如业主在京,照例在部、旗控告,行文该处查办。凡户部控案,行查八旗,限一月咨复到户;直隶限二月。① 又如,户部农田司,掌田亩升降之数,……凡户婚之事皆听焉。②

第二,本书认为,我国在农村的最低级管辖单位是"户","户律"、"户部则例"、家族法、乡规集中了国家对"户"进行管理的民政、财政、治安等各种法律关系,而这些法律关系都是国家法的统辖范围,是国家行政部门管理法,属国家法制,而非民间法。本书赞同在中国基层社会使用"礼法"这个概念,因为古代的礼可以理解为神权法、自然法、习惯法、宪法、民法的综合。③ 当作为国家基本政治制度的"礼"消亡以后,作为神权、族权、夫权、君权、父权的"礼"依然存在。

本书认为我国古代没有独立的民法,也没有独立的民间社会。西方国家有独立的部门法,特别是民法典,是由与西方国家的国情社情决定的,其中,早在罗马帝国时期,包括现在的欧洲大部分国家的人民那时便都有了国家公民权;意大利的自治城市,俄罗斯的农村公社,等等,都是构成民法典独立以及与国家不同的民间社会的材料。

第三,如果不拘泥于现代语境意义上的我国古代"民法"与"刑法"关系讨论,无论是在事实考证的实证角度,还是法律功能角度,或

---

① 光绪《钦定大清会典》,户部,卷二十四。
② 光绪《钦定大清会典》,户部,卷二十四。
③ 马小红:《礼与法:法的历史连接》,北京大学出版社2004年版,第77—81页。

是文化形态角度,我们学界早已有了不争的结论:我国古代国家以国家制成法为主干,以家族法、乡规为补充,对广大农村"编户齐民",实行了有效的综合治理。

把徐忠明先生《关于中国古代"民法"问题:借题发挥——张晋藩〈清代民法综论〉读后之随想》中的一段文字引申一下,把有"民法"的地方扩大为"法律"或其他词,便可以证明上述观点。他说,法律没有自己的历史,法律乃是回应社会事实和社会实践的一个结果;也就是说,法律仅仅是对社会生活的一种表述形式。

中国古代法律体系的建构必须面对中国乡村社会最基层、最基础的成分"户"原子。只有对这样的社会生活的法律表达才具有科学意义和理论意义,也只有这样的学术讨论才有坚实的社会生活基础。

一个国家法律体系渊源的多元性和复杂性,乃是世界各国法律的普遍现象;就中国古代而言,情形也是如此。关于"千家万户"的乡村治理,张晋藩先生为我们勾勒出中国古代这样一个"多元"结构。

一是国家法或制定法。这一方面的渊源有:(1)乾隆五年最后完成的《大清律例》里面的户役、田宅、婚姻、钱债诸事。(2)康熙、雍正、乾隆、嘉庆、光绪各朝相继制定的《大清会典》。其户部中有关田土、户籍、赋役、编丁及现审等事项。(3)自乾隆时期颁布《户部则例》至清末,随着社会经济的变迁,前后修订过14次,内容宏富。(4)乾隆年间的《户律则例》乃是根据《大清律例·户律》修订而成的,涉及户役、田宅、婚姻、仓库、课程、钱债、市廛七门。(5)属于国家法或制定法的民事法律还有一些:诸如调整王公贵族事务的《宗人府则例》,调整八旗事务的《八旗则例》,调整少数民族事务的《理藩院则例》、《蒙古则例》、《回疆则例》等特另法规,以及《礼部则例》和《大清通礼》之类。(6)地方政府(省、道、府、州、县)制定和颁布的省例、告示、章程等。

二是作为习惯法的族法乡规。中国古代的乡土社会是礼治社会,它意味着这种社会中有一定程度是依靠"习惯"与"礼俗"规范加以维持的;而所谓"纳完粮,自在王","天高皇帝远"这些老话,又揭示出,对于那些形似"一盘散沙"的乡民来说,国家法或制定法可能是一种"遥远"的存在,除了纳粮当差和民事诉讼之外,与他们的日常生活并无"切己"的关系。并且,中国古代又有所谓"十里不同俗,百里不同风"的说法,它表明幅员辽阔的中国古代社会,各地拥有各自的习俗与民风,而各地少数民族同样拥有自己的习惯法或民族法。遍布大江南北的大大小小的无数家族组织,同样也有自己的家规族法。他们成为维持民间社会秩序的基本规范;当然,也是维持民事秩序的基本规范。有时,国家法或制定法反而没有如此直接、如此巨大的作用。

三是国家制定法与族法乡规的互动。在中国古代社会里,从个人到家族,从家族到乡村,从乡村到国家,具有一种一层层一圈圈往外渐次推延的组织特征。而由礼俗到国法,或由国法到礼俗,又有一种上下互动或往返交流的特点。对这样一种具有重要意义的社会文化现象,学者已从不同的角度作过有益的探讨。张晋藩先生认为,在多元驳杂的法律渊源中,具有相通互补的特性。譬如,在重儒崇礼的政策导向下,无论是国家制定法,还是家族法乡规,全都以儒学为指导思想。家族法乡规的习惯法的基本内容,不外广教化、别善恶、厚风俗、敦伦常、禁盗贼、重公益、延宗支、倡互助、恤亲族、卫国家等,与国家制定法的宗旨完全一致。再如,民间习惯法的户婚、田宅、钱债等内容,尽管国家制定法也有涉及,然而习惯法的不少内容,却有补充国家制定法的重要意义。在这种多元驳杂的"民法"渊源中,民间习惯法与国家制定法之间也有这样那样的矛盾,弥合两者之间的矛盾的办法,一般是通过国家法令来修订习惯法。

第 五 章
士绅阶层分析①

第一节 士绅乃四民之首

　　"士绅阶层"这个题目很大,不易把握。美国学者魏德斐认为,在中国近代,有三种乡绅自治形态。第一种是温和的、积极的地方自治,例如指称江南和上海附近的地方精英的行政管理制度时所谓的"乡绅民主制"。第二种是比较接近于传统东方专制主义的独裁特征。太平天国建立后,长江三角洲一带的地主能够运用国家警察力量来逮捕抗租的佃农,强化他们的地租征收制度。第三种形态是地方精英扮演反政府运动的组织者的角色,如辛亥革命时期的地方立宪派领袖、城市改革者以及激进的革命青年等,他们站在政府的对立面,发动针对政

　　① 在许多著作中,把与中国传统社会绅权相联系的人士称之为"绅士",如目前学术界具有广泛影响的张仲礼的著作《中国绅士——关于其在 19 世纪中国社会中作用的研究》。我们在这里称之为士绅,其主要理由是以便区分西方传统意义上的"绅士"。

府的一系列运动。①

以上三类士绅的第二类与本书无关。为方便论述,我们简单地把积极活动在城镇乡村的士绅阶层分为乡绅和市绅(或绅商)两种。

关于乡绅概念有多种,陈吉元曾经归纳为:"首先,他们具有较平均水平多的财产,包括土地及财物,其中许多就是当地的地主,经济实力是他们占有地位的基础,由于有了土地,他们才可能摆脱日常的劳动,有精力关注社区的公共事务。其次,他们有较多的社会关系,有些乡村士绅曾经做过官,'官于朝,绅于乡',或者亲属中有人做官,有能力在关键时候与各级官员打交道。再次,乡村士绅一般都受过较多的教育,其中有一些还通过科举考试取得功名,他们在农村代表着知识阶层,因为有了知识,他们便具有了指导农民的权力,成为农村文化的典范。"②有人则以地方权威为标准,把乡绅细分为三种类型:功名类、富人类和能人类。③

关于"市绅"或"绅商",大部分西方学者习惯上称其为城市精英阶层。如白吉尔认为,近代新的城市精英阶层有着复杂的社会基础,"在这一阶层中,既能找到出身于士绅大家族的显贵,又能发现出身于或来自平民阶层的新贵。他们所有的人具有共同的特殊才能,即能紧紧抓住发财致富和提高社会地位的机遇,而这种机遇是通商口岸的客观环境所提供的"。④

对于城市精英阶层包括哪些人的问题,在西方汉学界有争论,张

---

① 参见魏德斐:《历史演变的模式:中国的国家与社会(1830—1949)》,载《国外中国近代史研究》第26辑,第1—8页。

② 陈吉元等:《中国农村社会经济变迁(1949—1989)》,山西经济出版社1993年版,第15页。

③ 参见吴毅:《岳村政治——转型期中国乡村政治结构的变迁》,商务印书馆2001年版,第95页。

④ 白吉尔:《中国资产阶级的黄金时代(1911—1937)》,上海人民出版社1994年,第47页。

朋园和市古宙三强调绅士阶层在辛亥革命中的作用和持续力量;白吉尔则认为绅士阶层正失去它的明晰的社会定义,正在合并于资产阶级。①

周锡瑞教授认为,不能用"资产阶级"这个术语描述和概括这一阶层。他把居住于城市的绅士阶层的一部分称为"城市改良派上流阶层"。他认为,这个阶层在社会和政治舞台上扮演了一个比较新的角色,"城市改良派上流阶层"这个术语可以避免一些悬而未决的范畴。"绅士阶层"和"资产阶级",都带有某些中立性,并自述其暗含了一种中间的立场,新的上流阶层明显地区别于旧式绅士阶层,但它尚未成长为资产阶级。周教授认为,通过参与兴办工商企业,新的上流阶层中的某些成员已经转变为资产阶级分子,但当时的工业化程度过低,对于把绅士转化为资产阶级无能为力,因此从整体上看,新的上流阶层没有充分地和绅士渊源决裂,没有充分地承担起发展工业、兴办自由企业以及实现经济合理性等这些资产阶级的意图。他指出,城市改良派上流阶层是"那些保有功名的地主绅士阶层成员","由个别人物渐次联合起来的一个集团"。②

不管我们如何归纳,士绅的社会政治经济和文化地位均高于一般的"士、农、工、商"是肯定的,"绅为一邑之望,士为四民之首"。③ 对这个标准是没有什么质疑的。对此,梁启超已经认识到了,他在伸民权、论民权的时候,把民权的实现放到了将来,他对当时的中国的"四民"不放心。他说,就一般民权而言,"绅权固当务之急","必先兴绅权"。绅权领导民权,这才是梁启超的真意所在,所以,他对君主立宪唱出了"君权与民权合,则情易通"的赞歌。梁启超一面慷慨激昂地鼓吹民

① 参见陶鹤山:《市民群体与制度创新》,南京大学出版社 2001 年版,第 48 页。
② 周锡瑞:《改良与革命》,中华书局 1982 年版,第 124—125 页。
③ 徐世昌:《将吏法言》卷五,第 8 页。

权,一面却又上书湖南巡抚陈宝箴,提出:"欲兴民权,宜先兴绅权;欲兴绅权,宜以学会为之起点。"他不仅片面强调"权生于智",并且由此推论:开民智、开绅智、开官智三者,"乃一切老根本",而"开官智,又为万事之起点"。他甚至说,"今日民义未讲,则无宁先借君权以转移之"。①

第二节　乡绅协同封建国家实现对乡村统治

乡绅是农民的上层,这点不错,胡庆均认为,中国传统社会里很早就分化出两种人,这就是士绅与农民。② 组织农业社区的分子大多数是在田地里直接生产的农民,而士绅却是主要依赖地租为生的少数知识地主或退隐官吏。士绅与农民代表两种不同的经济基础,生活程度与知识水准,他们是上与下,富与贫,高贵与卑微的分野,在传统的社会结构里,具有声望的人物不是农民而是少数的士绅。

费孝通先生则指出,士绅是封建解体,大一统的专制皇权确立之后,中国传统社会所特具的一种人物。这些人是一个特定的社会群体,其资格和作用,以及参与政治的方式和途径都由国家法律严格规定。③ 按照张仲礼的研究和解释,绅士是中国传统社会自科举制以来产生的一个独特的社会阶层,是与功名、学品、学衔和官职相联系的一种身份。④

---

① 梁启超:《论湖南应办之事》,载《梁启超选集》,上海人民出版社1984年版,第72—79页。
② 参见胡庆均:《两种权力夹缝中的保长》,载费孝通、吴晗等:《皇权与绅权》,上海观察社1948年版,第135页。
③ 参见费孝通:《论士绅》,载费孝通、吴晗等:《皇权与绅权》,上海观察社1948年版,第1页。
④ 参见张仲礼:《中国绅士——关于其在19世纪中国社会中作用的研究》,上海社会科学院出版社1991年版,第1页。

在正常的社会发展时期,乡绅协同封建国家实现对农村统治,乡绅起到了暴力国家起不到的作用。

清代知县必读的《牧令书》有名言曰:"为政不得罪于巨室,交以道,接以礼,固不可权势相加。即士为齐民之首,朝廷法纪尽喻民,唯士与民亲,易于取信。如有读书敦品之士,正赖其转相劝戒,俾官之教化得行,自当爱之重之"。① 广东巡抚发布的告示曰:"士为齐民之首,乡民之望。汝等知晓,汝为民之绅衿、耆老,从今往后,尽心竭力,抖擞精神,以领吾民,补吾之不足。"② 清代有名的知县汪辉祖说得更明确:"官与民疏,士与民近。民之信官,不若信士。朝廷之法纪,不能尽晓于民,而士易解析。谕之于士,使转谕于民,则道易明而教易行。"③ 这些来自官方的语录说明,官府从来都将士绅视为是朝廷与乡民之间的桥梁。事实上,"在通常情况下,地方官到任以后的第一件事,是拜访士绅,联欢士绅,要求地方士绅的支持。历史上有许多例子指出,地方官巴结不好士绅,往往被士绅们合伙告掉,或者经由同乡京官用弹劾的方式把他罢免或调职。官僚是和士绅共治地方的。绅权由官权的合作而相得益彰"。④ 也就是,对于整个权力结构来说,县政以下包括县政,国家权力与绅权一向是分工合作的。

毛泽东曾指出:"在封建国家中,皇帝有至高无上的权力,在各地方分设官职以掌兵、刑、钱、谷等事,并依靠地主绅士作为全部封建统

---

① 王凤生:《绅士》,载《牧令书》卷 16,第 26 页。转引自张仲礼注②之书,第 29 页。

② 《澳门月报》第 1 卷第 11 期,1833 年 3 月,第 461 页。转引自张仲礼注②之书,第 30 页。

③ 李燕光:《清代的政治制度》,载《明清史国际学术讨论会论文集》,天津人民出版社 1982 年版,第 257 页。

④ 吴晗:《论绅权》,载费孝通、吴晗等:《皇权与绅权》,上海观察社 1948 年版,第 50 页。

治的基础。"①

清朝晚期,是战争频仍、灾害严重的非常时期,特别是我国封建国家已经走到尽头的时候,士绅的历史作用已经朝着反面发展,政治恶化使绅权恶化,许多士绅买通官府,勾结家族势力而成为劣绅。士绅已经和广大的农户和农民阶级处于严重的紧张和对抗的状态。②

第三节　商绅自治展开近代社会新纪元

一、"独立社会的起点"

近代社会的自治必须具备一定的条件:第一,公民主体;第二,有财产、有章程、有机构、有人员的独立的共同体;第三,有公共事务参与的社会平台;第四,自我决策、自我管理、自我服务、自我发展。在我国,这样的自治首先在商绅社会有了试验成功的案例。

由于近代中国的转型,有学者把这时期的商绅自治归纳是"独立社会的起点"。"聚居在同一街区的以工商界坐贾、手工业者为主的城市居民,为谋求社会公益,提供社会效能,以自发集社的方式志愿组合起来的独立的非营利性整合组织。既是清末民初街区社会公益管理的主体,亦乃地方基层公共权力之主要表现形式"的"市民社会"。③

在清末城市自治运动中,李钟钰、祝承桂等上海绅商是这个运动的先驱。1900 年,革职还乡的李钟钰开始着手研究如何"仿行文明各

---

① 毛泽东:《中国革命和中国共产党》,《毛泽东选集》第 2 卷,人民出版社 1991 年版,第 624 页。

② 胡庆均:《论绅权》,载费孝通、吴晗等:《皇权与绅权》,上海观察社 1948 年版,第 124—125 页。

③ 李明:《独立社会之起点——苏州市民公社的衍变及现代意义》,载《国家、地方、民众的互动与社会变迁》,商务印书馆 2004 年版,第 217 页。

国地方自治之制",以图自强。① 同年,祝承桂、陈绍昌等绅商禀报两江总督刘坤一,筹款在上海闸北滨北一带修筑马路,开辟华人商场,以遏阻租界扩张,②获得批准后,陈钟钰和祝承桂联合上海、宝山地方人士组织了一个"闸北工程总局"。③ 这是一个自治性的以建设地方经济为主要目的的机构。

在这次自治运动中,苏州市民公社极为引人注目。清末民初,苏州社会结构发生变迁:传统社会阶层和集团出现分化;代表社会进步的基层力量不断成长;维系传统体制和组织的力量相对涣散弱化,社会失序。因而迫切需要协调渐进式变革、平衡各方利益关系的社会整合。在这样的社会背景下,市民公社应运而生。

宣统元年苏州历史上第一个街区性公益社会团体——苏州观前大街市民公社苏州城厢的市民公社成立,稍后继起的还有阊门下塘桃坞、渡僧桥四隅、道养、金阊下考东段等市民公社。④ 曾先后出现过 29 个,剔除改组合并之因素,实际为 27 个。该组织前后历经清末、北洋军阀两个历史时期,延续近二十年,构建了当今苏州城市的雏形。⑤

创办苏州观前大街市民公社的人明确指出:"资群策以谋公益,为地方自治团体中之一自治团体者,即我市民公社之原素也。公社以自治为原素,当其组织之始,虽警于宫巷之两火;而实则自治原理,固早为吾人所久蓄而待发者也"。"蓄无量数代治之原因,先城自治筹办之时期组成一公共团体,独立社会之起点者,其即观前市民公社乎?"⑥

苏州市民公社的突出特征是公民为了共同利益自愿联合组建共

① 李钟钰:《且顽老人七十自叙》,上海中华书局民国十一年印,第 206 页。
② 《申报》1906 年 6 月 14 日。
③ 《上海市政的分治时期》,载《上海市通志馆期刊》1934 年刊,第 1249 页。
④ 民国《吴县志》卷 30,公署三。
⑤ 苏州商会档案乙 2—1,苏州档案馆藏,第 276 卷。
⑥ 《观前大街市民公社缘起》,《辛亥革命史丛刊》第 4 辑,第 58—59 页。

同体。自筹资金,市民公社系倡办人援结社集会律、城镇乡自治章程自发联络结成。凡基于共同利益,年满21岁,经本社社员介绍,均可自愿入社,也可不参加或入社后自行退出。全体成员自愿认同公社章程和职能;公社拥有独立的财产。经费主要由社员自筹,也有少数非社员的特别捐纳和地方性机构、团体的资助;公社拥有独立的民事行为能力。它既非由散居民间的绅士和富商董营,也不具官方色彩,接受商会领导。① 公社利用街区社会资源,提供公共服务,不断满足社员及居民的需要,明显蕴涵着民间互惠的社会特征。公社的每位成员既是互助互惠的对象和受益者,亦是积极参与者和重要的社会资源,大家通过组织,共同履行宗旨,谋取正当利益,体现了民主和理性的近代特色。尤其在互惠互助特点上生发的包容性,不但有助于同街区市民间的相互了解,增进情感,还有助于公社精神、街区意识的提升。

另外,清末商会组织已经把自己的影响力渗透到城市社会生活的各个领域。以商会为核心,众多民间社团组织纵横交错,从而形成一个官府以外的在野城市权力网络,控制了相当一部分市政建设权、司法审理权、民政管理权、公益事业管理权、社会治安权以及工商、文教、卫生等各方面的管理权,在很大程度上左右着城市经济和社会生活。可见,在中国城市近代化过程中,随着市民群体力量的增强,同样可以提出了城市自治权的要求,并在较短时间内取得了长足的进展。

二、再议"保护经纪人论"

在清末民初的市民公社发展过程中,士绅组织起很多行业保护组织,面对国家机关和官吏的压迫盘剥,奋起斗争,取得了初步胜利,显示了自治共同体的力量,下面一则史料再一次证明,杜赞奇在《文化、权力与国家》中引用的史料"莫各堡石碑"反映的是行业组织的事情,

---

① 《苏州市民公社档案资料选编》,苏州档案局编,第9、35、62页。

而不是"1900—1942 年华北农村"的事情。

鸦片战争以后,自由竞争之势日烈,行会工商业的生产和经营受到威胁,逃避封建徭役性科差的商人和手工业者屡禁不止,如长沙纸店在 20 世纪初达 40 余家,其中"背章而恃强开设者,有外行而贴挥发售者,种种败章紊规,每每借无官示,以致争端辄起,不顾差务责成"[1],裱店行在 1850 年时"不下 20 余家,每逢各宪差务,或设计悄逃,或恃强抗玩,徘徊观望,趋利避公,使各店尽思效尤,则差务有谁承办?……种种情弊,无非藐视宪令,自便私图",为了杜绝此类事情,"同行仍将往日行规,再加申明,……倘仍徇私废公,涛张之弊实甚,我等查出公罚,违者协同禀究,以急公事,以戒矫诬"。[2] 在这种动机下,行会在条规中往往反复强调如何承应"官差"的规定,如 1892 年长沙竹木牮三行重整条规 32 条,其中多达 14 条是专门针对承应官差的条款。[3] 事实再一次证明,杜赞奇提出的"保护经纪人论"的结论扩大化,把士绅组织起很多行业保护历史事实搬到了乡村,这种做法不妥。

---

① 彭泽益:《中国工商行会史料集》上册,第 326—327 页。
② 同上书,第 334 页。
③ 同上书,第 338—341 页。

第 六 章
名为自治实则专制制度下的自治

第一节　清末民国乡村自治的评价

有关清末民国乡村自治的性质,学术界有三种意见。

第一种意见认为,清末民国乡村自治不是科学意义的自治,中国社会科学院的青年学者赵秀玲在《村民自治通论》一书中认为,它们只是"村民自治的历史资源"。

第二种意见认为,清末民国在乡村实行的是官治与自治相结合的政治制度,魏光奇教授所著的《官治与自治——20 世纪上半期的中国县制》坚持了这种观点。

第三种意见认为,清末民国在乡村实行自治政治。中国社会科学院的青年学者于建嵘在《岳村政治——转型期中国乡村政治结构的变迁》中指出,清末民国在县以下实行以代表皇权的保甲制度为载体,以体现族权的宗族组织为基础,以拥有绅权的士绅为纽带而建立起来的乡村自治政治。他认为,有关传统乡村社会政治特征的主要观点有三个,即皇权政治、宗族政治和乡绅政治。"皇权政治"主张,中国传统乡村社会从来都是在封建王朝的科举制度、官僚体系以及正统思想的控制之下,乡村组织和地方精英只是国家政权的附属,皇权控制清末乡村社会的一切。"乡绅政治"主张,中国传统乡村社会存在着国家、士绅和村庄的三角结构,各村庄是由士绅形成的乡村领袖管理的。"宗族政治"则主张,中国传统的乡村社会主要在宗族统治控制下,国家只不过是个放大的宗族组织。经过于建嵘等人的考察,其结论是:1840年至1905年,中国逐渐沦为半殖民地和半封建社会,在乡村自治政治中,存在皇权、族权和绅权这三种相互联系又相互区别的权力。其中,皇权是一种体制性强制力,族权是家族组织内部的支配力,绅权则是社会内生的影响力。并且,如果说,中国数千年的封建制度是以政权控制社会政治,以族权控制社会基层,以神权控制意识形态,以夫权控制伦理家庭,那么,具体到乡村社会,神权与皇权及族权是混为一体的;对于夫权,就更与族权分不开了,孝道和妇道历来都是族规的最主要内容。从体制方面来分析,保甲制度是一种与皇权相联系的体制内制度,而宗族组织和士绅统治则是与族权和绅权相联系的乡村社会内生性规则。

并且,古代乡村权力体系从来就是具有行政权与自治权并存的二元性特征,即国家与基层乡村社会是相隔离的。自上而下的国家权力没有也不可能全面介入以小农经济为基础的分散型的日常社会生活中。具有自组织功能的家族社会便在一个较有限的地域社区里形成自治共同体。

第三种意见影响很大,目前在学界是主流。坚持这一观点的学者是有法理依据的。那就是"自治型治理说"。他们认为,从词意上来说,治理(Governance)具有控制、指导和操纵等含义。作为政治学概念,治理则主要指"统治者或管理者通过公共权力的配置和运作,管理公共事务,以支配、影响和调控社会",[1]是公共权力对基层社会公共

事务的管理。根据公共权力配置的方式不同,治理可以分为控制型治理和自治型治理。

控制型治理,是一种自上而下的单向度的政治统治方式。就其权力关系而言,是一种科层体制。依据韦伯的理论,"科层制"最本质的意义在于"命令—服从"互动关系的确立。也就是说,科层体制是以服从的持续存在为基本前提的。而"命令—服从"互动关系的建立是与对资源的占有和支配状况相联系的。

自治型治理,是以一定社区或群体为对象而相对独立地组织起来的公共权力的管理方式。按照政治学家戴维·赫尔德的解释,自治是特定的政治框架形成并限制着个人可利用的机会,在这个框架范围内,个人应该享有平等的权利,因而承担同等的义务。① 这就是说,只要他们不用这种框架来否定别人的权利,那么,他们在决定自己生活条件时就应该是自由和平等的。"自治"意味着人类自觉思考、自我反省和自我决定的能力。它包括在私人和公共生活中的思考、判断、选择和根据不同可能的行政路线行动的能力。制定自治原则,要求我们重新思考国家行政的形式界限与市民社会的形式界限。按照这种"自治原则"来分析转型期中国乡村社会的政治结构,可以发现两类不同的"自治",即"乡村自治"和"村民自治"。深入分析这两种"自治"的基础、性质和绩效,是我们理解中国乡村社会政治结构的关键。

本书认为,以上的这种分析不无道理,但也有不妥之处,有待商榷。

第一,对自治制度的认识只有在宪政的意义上才能被正确阐释。

自治,包括地方自治本是 17 世纪以后欧洲新兴的资产阶级反对封建王权的武器,资产阶级取得国家政权后以法律的形式固定下来。

---

① 戴维·赫尔德:《民主的模式》,中央编译出版社 1998 年版,第 381—396 页。

从法理看,它存在两种不同的形态,一种从"人民自治"的理念出发,强调国家的权力来自人民,认为自治权是人民固有的、天赋的,国家不能干涉,因而国家对地方自治体的监督比较少,是为英美法系;另一种从"团体自治"的理念出发,认为自治权是由国家赋予而非天赋的,国家对地方自治体应该保持严格的行政监督,地方自治体的自治权较小,此为以德法为代表的大陆法系。无论哪种形态的地方自治都是以民主政治为灵魂的宪政制度。

哈贝马斯在回答信春鹰的提问时回答,他所研究的"市民阶级公共领域是一种具有典型时代特征的范畴。它不能从肇始于欧洲中世纪中期的市民社会的独特发展史中抽象剥离出来,更不能把它当做一种普遍理想类型,随意转用到另一历史阶段"。①

"自治"一词在我国起源很早,出自《三国志·魏志·毛玠传》:"太祖叹曰:用人如此,使天下人自治,吾复何为哉。"自治,顾名思义,"自己治理自己"。"自治系指地方上的公共事务,由人民自行处理,或由人民选出之官员代为处理。"问题的焦点在于,自己办理或授权办理"公共事务",要达到怎样的历史条件或在怎样的历史条件下进行?自治的主体要达到怎样的发育程度?本书认为,只有在民主、人权的规定与实现达到了宪政的基本要求的条件下才能实现。

按照西方国家政治学学者的解释,这种条件下的公民资格要求有四种类型的公民品德:第一,一般品德:勇气、守法、诚信;第二,社会品德:独立、思想开通;第三,经济品德:要有能力约束自我满足、要有能力适应经济和技术变迁;第四,政治品德:要有能力弄清和尊重他人的权利、要有提出适度要求的意愿、要有能力评价官员的表现、要有从事公共讨论的意愿。

需要指出的是,以上这些品德中的第一、二、三项,特别是第三项

————————
① 曹卫东:《权力的他者》,上海教育出版社 2004 年版,第 36 页。

的经济品德,实际上是任何政治秩序都需要的,无论所涉及的政治社会是大或小、是农业的或是工业化的、是民主的或权威的、是多元的或单一的社会都可适用。但是,唯独政治品德与现代多元的自由主义民主制度相关,它涉及自由主义政体的基本原则和这种政体中的公民的政治角色。尤其是质疑政治权威的能力和愿望、从事与公共政策所涉及事务相关的公共讨论的能力和愿望,是自由主义的民主制下最具特色的公民资格的要素,因为正是这些要素把民主制下的"公民"与权威主义制度下的"臣民"区别开来。

另外,根据"自治型治理"理论,认为中国在1840—1949年的历史条件下可以实现乡村自治,同样有不妥之处。

马克斯·韦伯曾指出,历史上有三种合法性权威:传统权威、神授魅力式权威和理性权威。传统权威的合法性,基于过去继承下来的规章以及按照传统基础挑选出来的个人或首领所保有的个人地位与权威。这种传统权威系统的合法性只有当出现无法对付的、难以解决的新危机时才会发生问题。当传统权威崩溃时,社会可能被具有感召力的权威所控制,这种权威依靠的是对某一人物杰出的英雄主义或榜样表率的忠诚,他激励了信从者的信任。神授魅力式权威的合法性取决于能否成功地对付推翻传统秩序的危机。这种权威所宣传的文化是由先知领导人民走向新的未来。当一名神授魅力式领袖下台时,信从者有一些其他可选择的办法来使他们新的社会地位合法化。他们可能在神授魅力式领袖所教导的基础上设法建立一种新的传统主义。只有作为一些宗教影响如基督教改革运动的结果,以及作为对欧洲带来深刻变化的资本积累的结果(韦伯相信欧洲的历史是首尾一贯的文明),促进了宪法政治理性权威,于是建立了法治国家,实行了依法治国。

在中国,清末依然是传统权威的君主专制国家,后来辛亥革命、民国时期的军阀混战,第一次国内革命战争和抗日战争,出现像孙中山、毛泽东这样的领袖人物,但是历史早已证明,1949年之前,中国不是法治国家,没有也不可能有法理性权威。在这种条件下,希望出台一部所谓的《自治法》来实现乡村自治,实现所谓"自治型自治"是天方夜谭。

1949年之后,又有人相信,我们可以通过立法或移植法律,即用法律架构公民权利意识,实现法制国家,建立法理性权威。事实上这一设想并没有实现。中国的法治国家和法理性权威的建立途径必须重新思考。

信春鹰在与哈贝马斯的一次座谈中说:"中国的法律制度追溯起来,是19世纪末从德国滥觞并经由日本移植过来的'大陆法系'。当时是清朝末年,中国对自己传统法律的改革非常急迫。当时面临着许多的选择,最后决定引进以德国法律制度为代表的'大陆法系'。从法哲学的角度来看,清末的这次移植并没有把它的理论和哲学一起引进来。中国在努力建设现代化法律制度的同时,思想上仍然是以儒家学说为主。而儒家学说认为法律不是什么好东西。所以西方法哲学中最基本的概念'权利',在中国的传统里是没有的,中国人讲求的是和谐。如果要概括中国传统法哲学的话,那就是:第一没有分权概念,中国过去是'诸法一体',所有的法律都是混合在一起的;第二就是没有公共领域和市民社会的分化;第三就是不鼓励个人去伸张权利,而是主张社会和谐。这是中国传统的法哲学。到了中华人民共和国,也就是1949年以后,中国的法哲学有了一些新的特点:第一是苏联的法哲学的影响,比如认为法律是工具;到了近20年,西方经典的自由主义法学思想在中国的法律哲学和法律制度中有了许多的表现。……法律制度的改革,在过去20年里是我们政治改革的重要部分,它发挥了稳定社会的作用。"

对此,哈贝马斯回答说:"您说中国在近20年把法律改革作为政治改革的一种手段,我认为这是有局限性的,因为现代法律制度的基础应当是彻底民主化的社会。也就是说,没有基本的自由、平等以及政治参与的权利,没有基本的社会公正,现代法律制度就无从谈起。"①

第二,清末民国的乡村自治没有自治主体。

按照于建嵘的说法,清末民国在县以下实行以代表皇权的保甲制度为载体,以体现族权的宗族组织为基础,以拥有绅权的士绅为纽带的乡村自治政治。保甲、家族、士绅是乡村自治主体吗? 这是于建嵘教授可能没有考虑过的问题。而笔者认为,村民自治的主体在古代和转型期的中国没有诞生。

其一,中国历史文献中的"民"用的太笼统、太宽泛,说是民本、民权、民治,都是从统治阶级的整个阶级基础来讲的。如《尚书·五子之歌》的"民惟邦本,本固邦宁"中的"民"包括所有的平民在内的士、农、工、商等所谓"四民"。

其二,国家的有识之士总是认为当时不具备乡村村民自治的各种条件,包括严复也认为"其时未至,其俗未成,其民不足以自治也"。②他们奉行"精英政治",从孙中山到国民党政府,都认为人民需要精英阶层的指导,需要一个政党的领导,需要历经"军政"、"训政",才能达到宪政。

其三,中国村民从未达到公民个体程度,更不用说公民自觉程度了。自治是"自己为自己做主";是"自我";是"自治权、自治权利"的实现。在英美国家,自治的含义甚至还包括了对司法权的自治。只有有了自治的主体,才有了自治的行为,自治的本质含义是自治主体对有关自治权设置与自治权行使,这样的自治含义解释才有其积极意义。

----

① 曹卫东:《权力的他者》,上海教育出版社 2004 年版,第 78—79 页。
② 严复:《辟韩》,载《严复集》第一册,中华书局 1986 年版,第 34—35 页。

　　其四,对比欧洲国家,传统中国在任何时期都没有公民的权利与义务的规定与区别,更就不存在所谓自治团体了。市民阶级公共领域可以首先被视为个人集合而成的一个公众的领域,但他们很快就要求这一原本自上而下进行调整的公共领域归属他们,以对抗公共当局本身,并且促使他们讨论有关调整那些基本上属于私人,但与公众密切相关的商品交换和社会劳动的领域中各种关系的一般规则。① 市民阶级为中国工农大众边缘化。

　　其五,欧洲国家的公民早就从家族与血缘关系中解放出来,成为所在地域的具有相应权利的居民,而中国的"家国同构"把"家族"、"户"顽强地保留到现在,乡村自治的主体条件不成熟。

　　罗马称生物学上的人为贺谟(Homo),而法律意义上的人为卡布特(Caput)。卡布特原来的意义是书籍中章节的"章",因为罗马古时,每一家长在户籍册中占有一章,家属则列名于其下,当时只有家长才有权利能力,因此,卡布特也就转借而指权利义务的法律关系主体了。如此看来,世界各国在古代都是一样的,都经历过家族主体的历史阶段。

　　后来,法律上的人改称泊尔梭那(Persona)。泊尔梭那本为伶人演剧时所用的假面具,表示剧中角色的不同身份,所以法律借用其为代表权利义务的主体。这种主体就不是家族主体了,而是公民。《十二表法》已明文规定给予平民以同等的待遇,公元前90年优利亚国籍法授予意大利居民以市民权,公元212年卡拉皇帝再以市民权授予所有殖民地居民。之后,家属、妇女、解放自由人、拉丁人、外国人甚至奴隶也逐渐取得全部或部分的权利能力。

　　值得指出的是,我国学界时有人常以市民(Civis)这个外来语界定公民是片面的,市民(Civis)不过是公民中(Persona)的一种人。

---

① 曹卫东:《权力的他者》,上海教育出版社2004年版,第36页。

显然中国没有这样的历史经历。相反,根据现行法律规定,包括政治选举法和农村经济法,中国村民至今仍在"户"的经济政治范畴内履行1982年宪法和农村土地承包法的权利和义务。

第二节　清末民国对乡村施以综合治理

过去我们学界讨论"综合治理"一般是指从依法治国和以德治国两个方面来讲,是从国家统治秩序的层面来讲的。马小红新著《礼与法——法的历史连接》在自序中总结说,传统法是礼与法的"共同体",法治、礼治、德治、人治是今人对古代思想、学说的归纳,而不同时期的法治、礼治、德治、人治所包含的内容也并非一成不变。传统的法治与我们今天所说的法治在形式和一些内容方面存在一定的类似之处,但是在本质上却是南辕北辙。鉴于礼与法形成的"共同体"这一特色,我们应该纠正以往对中国传统法的狭隘理解,明确中国传统法中的"刑"只是法之"一端",绝不是法的"主体"这一基本的史实。清末民国与古代中国一样,对乡村实行法治、礼治、德治、人治的综合治理。如果用现代的语言表述就是,刑法打击、行政法管理、民法调整和道德教化,而且,以民法调整和道德教化为主。

本书讲的"综合治理"是从国家和社会对乡村的"户"所进行的"综合治理"。本书认为,我国乡村农民个体在国家、保甲、家族的统治和管理下,受国家法律、儒家学说、礼教道德、风俗习惯的规范,而缺乏类似西方国家城市自治与乡村农民自治的基础。

第一,中国古代历史的特殊性在于户、家族、保甲、郡县、户部、皇帝的纵向隶属。

费正清认为,中国家族是自成一体的小天地,是个微型的邦国。社会单元是家族而不是个人,家族才是当地政治生活中负责的成分。

从社会角度来看,村子里的中国人直到最近主要还是按家族制组织起来的,之后才组成同一地区的邻里社会。村子通常由一群家庭单位(各个世系)组成,他们世代相传,永久居住在那里,靠耕种某些祖传土地为生。每个农家既是社会单位,又是经济单位。其成员靠耕种家庭所拥有的田地生活,并根据其家庭成员的资格取得社会地位。①

林耀华认为:"宗族既为聚居一地的血缘团体,与家庭意义不同;因家庭乃指共同生活,共同经济,而合炊一灶的父系亲属。一个宗族内,包括许多家庭,外表上祠堂是宗族乡村的'集合表象',实际上家庭是组织的真正单位。"②

费孝通曾从经济共同体和"基本的地域性群体"角度对家庭的社会基本单位进行过界定。③

刘志伟从赋税制度角度指出,"户"在图甲编制中,"不再是一个家庭的登记单位,而变成一定的土地和纳税额的登记单位;作为土地所有者的个人或家庭,则以纳税责任人的身份使用这个在图甲系统中的'户头'"。尽管"政府册籍里的'户'直接登记的是土地或税粮,但社会成员仍然得由这个户籍系统来稽查"。④

第二,家族、保甲代表国家实施"编户齐民",对"户"进行直接管理。

中国的家族制度经历了三个历史发展阶段。春秋以前的宗法式家族制度,魏晋至唐代的世家大族式的家族制度,宋元明清实行的祠堂族长的族权式家族制度。这三个阶段,实际上是与代表皇权的乡里

---

① 参见费正清:《美国与中国》,商务印书馆1987年版,第17—20页。
② 林耀华:《义序的宗族研究》,三联书店2000年版,第73—74页。
③ 参见费孝通:《江村:农民生活及其变迁》,敦煌文艺出版社1997年版,第76页。
④ 刘志伟:《在国家与社会之间——明清广东里甲赋役制度研究》,中山大学出版社1997年版,第12—13页。

制度的演变过程相联系的,①这种联系不只是时间上的一致性,更主要的是,家族制度本身到中国转型的清末民初时期已经成为乡里制度的组成部分,保甲制度最基本的单位是"户",家户是保甲制度的基础。

"中国封建社会在组织层次上和西欧封建社会也有极大的差别。在中国,国家与个人之间还存在着一个强大而稳固的中间层次:宗法的家族,家庭。""在外国历史上宗法组织和国家组织一般说来是互相对立的。""在中国封建大国内部宗法组织这一中间层次的强大和国家组织不但不矛盾,反而彼此互相结合起来。"②中国传统乡村社会的这种族权从来都是依附于皇权,甚至可以说,是皇权的另一种表现形式。特别是到了清代,它最终与封建政权相配合,起到了基层政权的补充作用。③ 事实上,从康熙四十七年(1708 年)推行保甲制度后,代表族权的宗族组织与代表皇权的保甲制度已经紧密联系在一起了。

对此,清雍正年间江西巡抚陈宏谋对如何利用宗族组织有过很精辟的论述。他说:"临以祖宗,教其子孙,其势甚近,其情较切,以初法堂之威刑,官衙之劝诫,更有大事化小,小事化无之实效","以族房之长奉有官法以纠察族内之子弟,名分即有一定,休戚原自相关,比之异姓乡保自然便于觉察,易于约束"④。如湘军创建者曾国藩就在浏阳发布的告示称:"本部堂刻有乡团执照、族团执照,尔浏阳各乡选举廉明公正之人前来具领,清查户口,稽查匪类,细加剖别,大彰公道"⑤。这里的乡团就指保甲之类,族团指宗族组织,将两者并列,使掌握村镇基层政权,维护封建秩序。当时淮军首领之一的冯桂芬对此的论述更

---

① 参见徐扬杰:《宋明家族制度史论》,中华书局 1995 年版,第 3 页。

② 金观涛、刘青峰:《兴盛与危机》,湖南人民出版社 1984 年版,第 46—47 页。

③ 参见王思治:《宗族制度浅论》,载《清史论丛》第四辑,中华书局 1982 年版,第 162 页。

④ 陈宏谋:《谕议每族各设族正》,见徐栋:《保甲书辑要》第 3 卷。

⑤ 曾国藩:《曾文正公全集》,《杂著》卷一,《查拿征义堂余匪示》。

加明确。他说,"宗法为先者,祭之于家也;保甲为后者,聚之于国也";"今保甲诸法之不行者,以无宗法为先也?";"宗法行,而保甲社仓团练一切之事可行";"以保甲为经,宗法为纬,一经一纬,参稽互考"①。可见,在冯桂芬等看来,如果不把族权渗透到保甲组织之中,保甲也就名存实亡。事实上,自太平天国革命爆发以后,长江流域以南的各省,宗族组织与保甲联合一起至合而为一,负担起镇压农民起义稳定封建统治的职能。②

　　清末民国乡村自治不是科学意义的自治。但是,随着中国从半殖民地、半封建社会走上民族国家独立和民主政治建设的伟大道路,不可逆转地走上了乡村自治道路,清末民国乡村自治不仅仅是给我们留下了"村民自治的历史资源",而且是中国特色的乡村自治的客观过程。不成熟的、封建的、民初军阀的、法制先行的、名为自治实为国家对乡村综合治理的乡村自治的起点是清末改制。

---

　　①　冯桂芬:《显志堂稿》卷十一,《复宗法权》。
　　②　参见李文治等:《中国宗法宗族制和族田义庄》,社会科学文献出版社2000年版,第160—161页。

第二编
身份制自治

第 七 章
专制制度下"户"走向崩溃

第一节　农户的破产与革命

　　孙中山有名言曰：历史潮流，浩浩荡荡，顺之则昌，逆之则亡。1840 年以后，中国曲折地走向了近代民族独立、民主革命的历史进程。人民要革命，民族要独立，社会要发展，形成了不可抗拒的历史潮流。清末改革，乡村自治风起云涌，不管是什么面目、什么目的、什么形式，都不能把这扇已经打开乡村自治的大门关上。

　　以往学者，包括我们当代的学者，考虑的是如何调整乡村存在的几种力量的结构、冲突和协调，包括国家权力、乡村保甲组织、家族势力、士绅阶层等，这几种权力调整维持对乡村的"户"的治理的方式，进入近代后，把这种治理方式冠以"自治"的外衣。

　　但笔者以为，举凡要者，却是如何把乡村农民从封建政权、族权、父权、夫权和地主恶绅的束缚中解放出来。在中国条件下，只有通过破产、革命、战争才能使农民摆脱三座大山的压榨，进而破除"户"的束缚，实现自治主体平等，造就中国模式的公民社会。

本书首先讨论农民融入国家生活,形成公民社会的近代历史前提:"从破产到革命"。

造成农民破产的主要原因是:地少人多;连年灾荒;战争移民;分家。

明末清初,浙江桐乡人张履祥说:"荡田虽瘠,二亩当一亩。百亩之土,可养二三十人"①,平均每人需 3—5 亩。乾隆年间柴潮生云:"东南农民家有五十亩,十口不饥。此间(直隶)虽拥数顷之地,常虞不给"②,平均每人需 5 亩。

乾隆末年,洪亮吉指出:"一岁一人之食,约得四亩;十口之家,即需四十亩"③,每人需 4 亩。也就是说,清代南方维持最低生活每人约需 3—5 亩。清代官方册籍亩数是税亩,不反映实在的耕地数字,考虑到土地"固有性"的特点,以今日航测耕地数 20 亿亩为基数,除以清末的 4 亿人口,每人平均刚好 5 亩。

5 亩能否维持一人最低生活,第一,需知维持一人生存最少需多少粮食。任启运《经筵讲义》云:"今以人口日升计之,一人终岁食米三石六斗"④。清代灾荒赈济施粥,常例人口每日半升。第二,需具体考察亩产量。从方志等史料记载中可知,江浙亩产 2 石比较普遍。如果是佃农,按地租率 50% 计,一亩收入约为一石。每人 3—5 亩,收入 3—5 石,减去工本、衣、住、副食等费,刚够最低粮食消费量 3 石 6 斗。然一家有老有小,并不是所有的家庭成员都能充当全劳力,算来三口之家维持最低生活约需 15 亩。

清代经济发展不平衡,人口分布不均,东南沿海沿江土地狭窄,生齿众多,人口密度大,北方等其他地区地广人疏,亩产量也要低得多。

---

① 张履祥:《杨园先生全集》卷五。
② 柴潮生:《请兴直隶水利》,见《皇清奏议》十六。
③ 洪亮吉:《卷施阁文甲集》,《意言·生计》。
④ 任启运:《经筵讲义》,《皇朝经世文编》。

康熙曾说:"近京玉泉山稻田一亩不过一石","内地之田,虽在丰年,每亩所收止一二石"①。如上可知,清代南方人均 5 亩,年收入 5 石,其中 3 石 6 斗为口粮,剩余为衣住工费等,应够维持最低生活。但南方一夫最多种 10 亩左右,三口之家却需要 15 亩。南方地窄人稠,清中后期南方人口占总人口的百分之六七十,并没有这么高的土地平均数。北方土地荒疏,耕作粗放,产量低,以豆麦稻黍论,人均 5 亩即能存活,其实是难以想象的事。

19 世纪,安徽在全国属灾荒多发区。据统计,道光元年(1821 年)至咸丰二年(1852 年)32 年间,安徽夏粮收获总计有 19 年是六成,12 年是七成;秋粮收获总计有 5 年五成,15 年六成,8 年七成,只有 1 年是八成,另有 3 年不详。咸丰二年(1852 年)以后,安徽罹于太平天国、捻军战火,同治八年(1869 年)才又开始重新统计上报,到光绪二十三年(1897 年)29 年间,安徽夏粮收获每年均为五成;秋粮收获总计有 27 年五成,2 年不详。自道光元年始的 19 世纪近 80 年中,安徽没有九成以上的年成,只有一年秋粮收了八成,其他多数年份只收五成。②

皖北灾荒在安徽又首当其冲。嘉庆在位 25 年,对安徽颁布了 52 次赈灾上谕。其中,单独对皖北二府一州颁布 34 次上谕,占总数的 66%,另 17 次包括皖北在内,仅 1 次除外。③

皖北农民在康乾盛世时即已露出了下世的光景,普遍开始陷入贫困之中。乾隆《灵璧县志略》记载:当地农民"皆居草屋","家有牛具、什器者,十不及一";中北两乡的农民"率皆屋无户,炊无灶,食无案,卧无床,冬无被,夏无帐,日用无器皿,耕作无牛具"。

---

① 《康熙朝东华录》卷八。
② 参见李文治编:《中国近代农业史资料(1840—1911)》第 1 辑,三联书店出版社 1957 年版,第 755—760 页。
③ 参见光绪《安徽通志》卷八二,《食货志·田赋》。

清末以来,山东省因天灾、战乱、兵匪、农民谋生艰辛而大量流亡东北地区,引发了社会剧烈的动荡。山东人逃荒东北是近代中国的大事。

"山东流入东北的苦力,当时以登州、莱州二府为最多。青州、沂州及胶州次之,西部山东之各地较少。每年出雇苦力之略数如下:登州地方十五万人,莱州地方六万人,胶州地方二万人,青州地方六万人,沂州地方三万人,山东西部各县三万人。"①据大连福昌华工会社装卸工籍贯的调查,在 15663 名工人中,山东人为 13991 人,占该会社装卸工的 89.1%。②

据 1933 年《农情报告》调查,农民全家流亡东北及其他各地的有196317 户,占调查县总户数3.8%,主要劳力外流的有410385 户,占调查县总户数的 7.9%。③

民国初年以后,特别是北洋政府时期,山东的流民潮达到高峰。1927 年 3 月 25 日汉口《民国日报》写道:"沿途难民如蚁,三五不等,断断续续向北而去……壮年男子在前,妇孺及老人落后,壮年者且行且等待,妇孺老人因精力衰弱,追赶不上,一面喘息追赶,一面呼喊不绝;更有于夕阳将尽之倾,犹负裹抱子彷徨旷野,为状之惨,无异孤鸿落雁。"北平《晨报》记载,"由济宁到青岛,道路常见饿死的小孩和老人","一个小女孩在青岛只卖二三十元,到了奉天,只卖十数元小毛钱(辅币),男孩简直没人买。"④"综计一往一来,恒在百万以上,而移出之超过归还,年辄五六万不等。近数年以政令之烦,军匪之扰,移出之数倍于往昔,且多卖其田庐,携其妻子,为久居不归计。""沿途倒毙者十之五六,目睹惨状,痛不忍言。然灾民人等,仍纷纷争欲前往,正如

① 参见《山东省志·劳动志》,山东人民出版社 1993 年版,第 74 页。
② 参见同上书,第 76 页。
③ 《农情报告》1936 年第 4 卷,第 173 页。
④ 《晨报》1928 年 2 月 20 日。

飞蛾扑火,前仆后继。"①

1927 年,据胶济铁路调查,"每日由胶东由青岛转赴东三省者,达三千余人。"②据大连方面调查,1927 年"由青岛来大连者 527100 人","东北每年移入灾民不下百万人,其中最多者为山东人。"③1927 年 11 月到 1928 年 3 月间,胶济路共运送灾民 9 万人。1928 年报载,"胶济路搭载难民,平均每日二千人以上","此外由胶州、高密方面徒步经石臼所、海州等处航海前往者,也络绎不绝"。④

民国时期,历年移民数量少则 20 余万,多则上百万,平均每年达 48 万人之多。从民国元年(1911 年)到民国三十八年(1949 年),山东移民东北的总人数达 1836 万人,其中回返山东老家的 1044 万人,回返率为 56.8%,留住东北的 791 万,留住率为 43.2%。⑤ 其中 1912—1925 年每年约 25 万至 40 万,呈缓慢上升趋势;1926—1930 年移民数量猛增,1928 年达百万以上;1931—1937 年由于日本人严禁关内人进入东北,移民数量一直在 15 万人左右;1938—1944 年又急剧上升,1940 年超过百万。移民年龄构成仍较轻,一般在 15—36 岁之间,且仍以男性居多。⑥

农村家户子女数量增加和"诸子平分"继承制度也是农村破产的重要原因。18 世纪中后期,一夫一妻制下家户养育成人的子女数量为,男性子女 1.92 个,女性子女 1.67 个,合计 3.69 个;考虑到未生育和生育但未能成年的子女存在,一夫一妻制下的家庭平均成年子女数

① 《晨报》1927 年 12 月 9 日。

② 章有义:《中国近代农业史资料》第 2 辑,三联书店出版社 1957 年版,第 638 页。

③ 《满洲移民的历史与现状》,载《东方杂志》1928 年第 12 号。

④ 《满洲移民的历史与现状》,载《东方杂志》1928 年第 9 号。

⑤ 参见路遇:《清代和民国山东移民东北史略》,上海社会科学院出版社 1987 年版,第 49—55 页。

⑥ 参见《山东省志·人口志》,山东人民出版社 1993 年版,第 6—7 页。

量为 3.26 个,其中成年男性子女数为 1.74 个,成年女性子女数为
1.52 个。①

　　台湾学者谢国兴根据民国资料统计得出,当时安徽出租土地的地
主占 5.67%(其中单纯的地主占 1.53%,地主兼自耕农占 2.80%,地
主兼自耕农又兼佃农占 1.02%,地主兼佃农占 0.32%):自耕农占
54%(其中单纯的自耕农占 31.9%,自耕农兼佃农占 22.1%);佃农占
35.41%(其中单纯的佃农占 35.38%,佃农兼雇农占 0.03%);雇农占
0.58%;其他占 4.34%。如此不成比例的少得可怜的地主,一代一代
"诸子平分"继承,平分家产、经济实力代代递减后,少有借助其他经济
出路再度崛起的机会,他们分化成越来越多的自耕农,与自耕农、佃农
一起面对恶劣的社会、经济和自然环境。

　　五四时期在批判封建家庭伦理、妇女解放等方面更富有理论色
彩,以《新青年》为核心的新文化健将在宣传西方伦理和女性解放的观
念方面占有突出地位。辛亥时期的革命派主张家庭革命,重铸家庭伦
理。他们所谓"家庭革命"的基本内容是改变不平等的三纲五常,尤其
是男女不平等,指出要变"夫尊而妻卑"为"夫妇平等","拔千万女同
胞于家族之火坑,而登之莲花之舞台也"。

　　在五四运动的风云中,最为激进的莫过于无政府主义的"毁家
论"。他们主张"祖宗革命"、"纲纪革命",使生人从死人的余威中解
放出来,令活人间建立一种新型的平等关系。针对中国牢固的家族主
义,他们提出所谓革命的理论,"盖家也者,为万恶之首","自有家而
后女子日受男子羁縻",因而"社会革命"当以"毁家"为"拔本塞源之
计"。以上主张,都对旧有的不平等的社会陋俗进行了有利抨击,但却
缺少实施的办法。

---

　　① 王跃生:《十八世纪中国婚姻家庭研究:建立在 1781—1791 年个案基础
上的分析》,法律出版社 2000 年版,第 249 页。

农民破产、地主破产,整个农村破产,以"户"为基础的封建国家统治大厦动摇了,社会革命一触即发。

在戊戌维新、辛亥革命相继失败后,共产党领导的新民主主义革命开始了农村反封建土地改革,第一个目标就是让农民从家户中走出来参加翻身求解放斗争,实现实体意义上的自由、平等。

第二节　从"户"到公民

一、与"家—户主义"论者商榷

关于中国乡村的"户"的客观存在,有些学者也认识到了,并且指出,统治阶级根据需要适时地调整关于"户"的政策和法律。但是,这些学者不能从自治制度下的自治主体的角度来认识"户"的过去、现在和将来,提出了"散、统、分、合"的"农户"发展轨迹,①这种"家—户主义"理论不适用中国村民独立自治的发展道路。

徐勇在《村治变迁中的的权威与秩序》对"散、统、分、合"的"家—户主义"进行了阐述。所谓"散户"阶段是指中国古代农村特点。一家一户分散生产的小农经济是农村经济的基本组织形式。"家"是社会的基本生产和生活单位。即使是缺少土地的农民,人身也是相对自由的,自我生产,自我消费,自给自足。各家之间、各村之间缺乏内在的经济文化联系,即缺乏组织性,农村社会呈"一盘散沙"状态。国家通过"编制户籍",收取税费,维护秩序,治理社会。所以,在中国,一家一户不仅是一个经济概念,而且具有特定的政治社会意义。家是基本生产和生活单元,户是基本的行政单元。古代中国乡村社会奉行的是

---

① 参见徐勇为吴毅《村治变迁中的权威与秩序》(中国社会科学出版社2002年版)一书所作的序。

以家户为本位的"家—户主义",它既不同于中世纪西欧的地方主义,也不同于近代西方的个体主义。这种"家—户主义"具有严密的内向性和强大的再生性,是社会的基点,村庄和国家都是以家户为基点扩展的。尽管这种由一个个细小家庭构成的社会具有一定的互助合作要求,但没有能形成制度化的有机组织整体,因此有着天然的分散性。

所谓"统户"阶段是新民主主义革命和农村人民公社时期的农村特点。在中华民族国家独立和民主共和国建立时期,特殊的历史任务使国家行政权力开始下沉,县以下建立了国家政权。但是,由于内外原因,国民党的统治是以对农民强制剥夺为代价的,这种高成本的统治不仅没有达到整合农民的目的,反而激起农民反抗,中国共产党就是利用这一条件争取到革命胜利的。中国共产党的重大成就就是在历史上第一次将亿万分散的农民组织起来,形成一个整体;革命胜利后,适应农民的互助合作要求,开展集体化运动,最后形成人民公社体制。

人民公社体制的突出特点就是"统",由政社合一、权力高度集中统一的国家—集体组织直接管理农村社会,农民的生产生活完全依靠集体。在这一体制下,家户被统合到国家组织体系内,并被结构化,"家—户主义"为"国家—集体主义"所取代。在当时的乡村社会,实行统一生产,统一劳动,统一分配,一度甚至统一消费。家不再是基本生产单位,农民被紧紧地吸附于国家—集体组织。但是,农民毕竟不同于城市工人,难以同样享受国家固定的生活保障。村庄集体对于农民的生存来说更具有直接意义。而当由国家行政权力支配的村庄集体难以满足农民的生活需要,农民将主要希望寄予可由自家支配的自留地时,便发生了农民对统一性集体的背离。正因为如此,改革首先从农村开始。

第三阶段的典型特征是"分"。农村改革的基本特点就是"分",分田到户是所有权与经营权的分离;在此基础上废除人民公社体制,实行"政社分开";农民有了一定程度的自由和自主权,因此出现了社会分化;乡村财政上的统收统支改为分级包干;农民重新以家为单位,分户经营。"分"的重要社会后果是家重新成为基本生产和生活单位,户成为交纳税费的基本单元。传统的"家—户主义"意识再次萌生。当然,由于土地等生产资料的村庄集体所有制和村成为自治共同体,使农民仍然保持与村庄集体一定的经济、政治和社会联系。这是与传统"家—户主义"的背景所不同的。但是,随着市场经济和村民自治的进入以及农民的自由流动,农民个体的权利意识被唤醒,并冲击着传统的亲缘集体主义纽带,个人本位的个体主义开始萌发。

第四阶段的典型特征是"合"。家户为单位的生产组织难以抵御自然、市场和社会等多重风险,个体主义必然造成乡村社会的离散化,为此,乡村社会将进入一个由分化到整合的阶段。这一阶段要求强化户与户间的合作,增强经济的合作性和地方事务治理的自治性。

但是综观我国农村发展过程,所谓"散、统、分、合"的"家—户主义"并不完全符合历史实际。

我国新民主主义革命时期,共产党依靠的是个体农民,政治和战争动员组织发动的不是"户"单位;"人民公社"时期统一组织起来的不是"户"集体,而是"政治公民"集体。农村经济改革实行的"分田单干"和"包产到户",不是"分"户,而恰恰是造就了"户经济体"。

二、从"户"到公民的几种学说与实践

美国学者迈耶、伯内特、奥格登等在《比较政治学:变化世界中的国家和理论》中指出,家庭概念在发达工业民主制国家已日趋罕见并且变得无足轻重。当然,这种家庭单位遭削弱的过程是极为缓慢而漫长的。在整个 19 世纪,它们在美国占据显赫地位,在第一世界的某些不那么"发达"的地区,如意大利南部,它们至今仍有其重要的位置。它们组成了一种内部架构,仍然阻碍了世界上大部分欠发达地区的现

代化进程。日本虽然已经取得了高度的经济现代化，但其社会仍然保留了相当程度的家族、家族集团或家族附庸，从逻辑上讲，这与西方的自由准则，如法律面前人人平等是格格不入的，因而产生了不良影响。日本很明显是一个现代社会，但其现代化与西方世界的先进国家相比，是沿着不同的途径展开的。

在第三世界国家的社会中，家庭、家族、家族替代的附庸现象依然相当普遍。随着现代化进程的展开，角色分化开始发展，家庭在传统社会里所履行的教育和社会保障功能必然会由一个切实可行、高效的民族国家来承担，因此，从某种意义上说，传统社会中依然非常突出的家族关系与现代民族国家中的公民角色是相矛盾的。

在具有高度弹性的家庭单位瓦解和现代国家出现的过程中，保护人—附庸关系构成了另一种迟滞现代化进程的架构，它依然是大多数第三世界国家社会结构的一个特征。当个人或集团认为家庭关系无法保障其安全和其他基本需求时，他们便将自身依附于一个更强大、更富有，或者说更有影响力的保护人，而后者则向他们提供安全与资源以作为其效劳及效忠的回报，此时附庸主义便出现了。尽管这一关系的基础是讨价还价与相互利益，但这很明显是一种不平等的关系，保护人讨价还价的地位要远为优越。保护人—附庸关系履行了在现代政治体系中应该由政府官员履行的功能。[①]

也有学者把这种保护人—附庸关系现象比附为我国农村中的"公共领域"或"第三领域"，本文不能苟同，中国农村不存在也不可能存在一个能够制衡国家权力与村民权利的中间势力或势力集团。

也有若干社会学者关注对村民之间婚丧嫁娶、重大节日等时候的礼尚往来情况的考察，试图构造一种低层次的保护人—附庸关系。笔

---

① 参见迈耶、伯内特、奥格登著，罗飞等译：《比较政治学：变化世界中的国家和理论》，华夏出版社 2001 年版，第 375—376 页。

者认为在中国这样做或者对这样的做法过度关注都是小题大做,各种形式的"送礼"不可能构成政治、经济和思想文化上的保护人—附庸关系。

近几年我国农村改革发展历史事实证明:党中央国务院直接领导指挥解决三农问题;我国用近二十年的时间解决了乡镇政府对农民的乱收费问题;我国农民没有、也不需要经过任何中间环节直接与国家财政发生关系。中央政府给予农民直接的政策优惠和扶持,没有经过任何中间环节。例如,国家免除村民农业税和建立的各种"直接补贴"政策和制度;家电下乡;种粮补贴、退耕还林补贴、林改补贴、良种补贴、化肥补贴、养猪保险补贴、养猪免疫补贴、购买农机具补贴,等等。

三、"村民—公民"道路的探索

(一)基层民主政治实践

1. 对农民实行社会主义改造

中华人民共和国成立以后,我国国体的本质被叙述为"人民民主专政",其定义是工人阶级领导的以工农联盟为基础的对人民实行民主对敌人实行专政的国家政权。工人阶级和广大农民在不同历史时期都属于"人民"范畴,历经了 20 世纪 50 年代的社会主义改造,提高了农民的思想觉悟。

2. 加强中国共产党的领导,推动基层民主建设

1978 年改革开放以来,我国坚持四项基本原则,特别是加强中国共产党的领导,推动基层民主建设。我国党和政府一贯把三农问题作为头等大事来抓,中国共产党中央委员会连续几年颁布一号文件,领导全国农村、农业和农民工作,以国策统领社会主义新农村建设,把建设社会主义新型农民作为党的中心任务来贯彻执行。

中国共产党在农村基层采取种种措施强化领导、推进民主建设。首先,坚持党的基层组织领导村民自治,尝试党(总)支部书记兼任村

民委员会主任,或兼任农工商(总)经理的制度。其次,以党内的民主生活建设推动基层民主,实行党员选举和村民委员会选举共进的办法,互相促进、互相提高。再次,以党(总)支部会议和村委会联席会议或定期通报等方式加强互相监督和提高决策质量。

3. 实行宪法政治,法律先行,推行基层直接民主政治

1982 年宪法颁布,成立村民自治组织,在农村基层实行村民自治成为宪法内容,新型农民问题成为宪法政治问题。经过几次全国人民代表大会的不懈推动,村民组织法从试行到正式实行,以直接民主选举为主要内容的基层直接民主政治如燎原之火,广大农民群众在实践中总结经验和教训,逐步学习自治并学会自治,这在很大程度上是宪法先行、法律下乡的结果。

实践证明,1949 年以来的民主政治实践为我国新型农民产生做了有益的探索,取得了成功,并依然走在村民—公民社会的形成的路上。

(二)村民—公民社会的形成是一个长期的历史过程

中国农民正在从传统"农户"向村民—公民的身份逐渐转变,具有中国特色的"村民—公民"身份的形成就是真正意义上的村民自治。按照马克思主义的基本观点,"户政社会"为"公民社会"所代替是一个必然过程,表现了长期性、曲折性和综合性。

所谓长期性,是指我国农村自 1949 年开始历经了"人民公社"、"文化大革命"的波折与探索;现在正处于《村民委员会组织法》的法律指导下的村民自治阶段;社会主义新农村的战略发展道路的确定,以人为本、以村民权利为本的乡村自治正在进行中。

所谓曲折性,是指村民的身份历经政治身份的农民或"国家农民",到集体农民,再到承包户经济下的农民,最后到公民农民的复杂多变的过程。

所谓综合性,是指从"户"到"村民—公民"的转变过程中,经济、政治、文化、意识等各个方面起作用,其中,经济因素起决定作用。在

我国,农民历经战乱、贫穷与革命;社会主义改造以后,我国农村土地没有私有化,宅基地、土地、企业均为集体所有;改革开放以来,民营经济以明晰的产权、规范的经营权而得到迅速发展。政治上,我国农村历经集体化运动、人民公社化、村委会直接选举等社会发动;社会保障正沿着国家、集体和个人合作的道路稳步推进。

以上所有的经济、政治、文化、意识等各个因素的发展有时是共同发展,大多数时间是某一因素重点发展;无论怎样发展,只有当我国的政治、经济、文化和思想意识发展达到"公民社会"的标准,科学意义上的乡村自治才能实现。

所以,我国农村现代化和农村民主建设,既不是西方国家的模式,也不是日本模式,更不是其他发展中国家的附庸主义模式;而是一种中国特色的新模式。

第 八 章
乡社合一模式

第一节 农民融入国家政治生活

一、农民翻身得解放

一部中国近代史证明,只有中国共产党能够救中国。清末改革失败了,民族资产阶级和小资产阶级革命也都失败了,在特殊的历史条件下,是中国共产党完成了中国资产阶级应予完成而没有完成的建立民族国家和民主政治的历史任务,取得了新民主主义革命的胜利,中华人民共和国成立了。土地改革,经济独立,政治解放,农民融入国家政治生活。

长期的战争使我国农村满目疮痍,农户破产、农民流离、农村经济一蹶不振。1949 年共产党取得政权以后做的第一件事,就是兑现在革命战争中承诺给农民的土地。

纵观土地改革,人均分配土地,标志着中国 20 世纪中期以后开始的经济与社会结构剧变的起点,其经济意义在于,村民可以不靠国家,不靠家族和"户"经济体,使村民—公民的形成有了一定的经济基础。

有恒业方有恒心,一个简单的道理,拉开了村民—公民社会形成的序幕。

通过土改,农村传统的等级结构被摧毁,昔日村落社会的上等人、发财人如今沦落到了社会的底层,他们不仅在经济上被打垮,而且在道德上被否定,甚至在肉体上被消灭。这是农民千百年来想都不敢想的事情。所以,《村治变迁中的权威与秩序》一书的作者吴毅采访多位在土改中分得了土地的老人时,他们几乎众口一声地认为"土改好"。他们说:"过去,我们没有钱买地,现在,不花钱就分到了土地,这太好了!"他们的感受是世道变了,"过去,当官的喜欢富人,现在,共产党喜欢穷人"。"过去,贫穷是耻辱,现在,贫穷是光荣。""过去,发财人瞧不起我们,现在,他们倒霉了。"这些世世代代辛勤劳作而又致富无门的贫苦农民在心理上得到了极大的满足,他们真真切切地有了翻身的感受。

土地改革拉近了农民对新国家认同的情感距离。吴毅采访双村看到,虽然双村沟壑纵横,民居分散,但这并没有成为减弱政治运动威力的障碍,村里没有广播,宣传队员就站在一个山包上用简易话筒朝另一个山洼里的村民喊话,传递各种信息。开会也从这个时候起成了村庄政治生活的重要形式。这一时期,村里几乎每天都开会,通过各种会议,工作队向村民们宣讲政治形势和国家政策。村里办起了夜校,帮助农民扫盲。青年人被组织起来,成立了宣传队和演剧队,歌颂翻身,歌颂共产党。无疑那是一个让人感到荡气回肠的激情年代。长期以来,游离于政治之外、无组织、生活于社会底层、无人问津、一向为生存奔波的双村人,突然发现自己成了国家的主人,进入了政治的中心,那种激动和由此所焕发出来的热情是惊人的。许多老人都说,刚解放那会儿,事情特别多,一天到晚东奔西忙,但就是不感到累,浑身都充满了劲,"像着了魔似的"。由于金龙村和双村在解放之初是一个村,一些全村性的大会需要村民翻山越岭,到十几里地之外的肖家观去开,会议结束之后,往往天已黑尽,村民们又掌灯点火,沿着崎岖的山路深一脚浅一脚地赶回家,但谁也没有感到疲惫。土改改变了双村的日常话语形式。这一时期,村里有组织的宗族活动被取消了,传统村庄的一些庆典仪式,例如,土地会、七月半过鬼节等,也因为迷信落后的性质被禁止;帮会、赌博、烟毒等长期毒害村民的旧习俗一律在取缔之列;而学习文化、参加政治活动、开会、移风易俗等则成为村庄公共生活的主要内容。新的政治语言在日常生活中占据着越来越重要的位置。"毛主席"、"共产党"、"工作队"、"干部"、"土改"、"开会",乃至于"抗美援朝"、"三反五反"等词汇在村民中使用得越来越频繁,几至成为社区生活中带有支配性和导向性的权威标志语言,一些传统话语如"忌戊"、"打醮"、"搭红线"等逐渐地淡出了村落场域。

吴毅采访双村所看到的变化,是由解放穷人、发动土改的共产党带来的,广大农民由衷地感激共产党,并很快将这种感激转化为对新秩序的忠诚。土地改革的社会动员意义十分明显,它从政治认同、政治话语、政治意识形态等角度将双村纳入到国家对基层社会的一体化整合之中,使村民们认同于共产党确定的国家目标。

大规模组织动员农民参加政治文化生活,使个体农民作为国家政治生活和社会活动的一员,时时刻刻都呼吸到了自由、平等的空气。他们为了一个共同的政治社会目标,诚心实意地融入了新社会之中。

从理论上分析,这是典型的"社会文化"(societal culture)整合。"社会文化"是指一定地域之内的共享公用的一种文化环境,这种语言无论在公共生活还是在私人生活的社会机构中都受到广泛的运用(学校、媒体、政治、经济、政府,等等)。称之为社会文化,是要强调它涉及共同的文化和社会机构,而不涉及共同的宗教信仰、家庭习俗或个人生活方式。在现代西方发达民主国家内的社会文化是多元的,既包括基督徒,也包括穆斯林、犹太教徒以及无神论者;既包括异性恋者,也包括同性恋者;既包括城市职业者也包括农民;既包括保守主义者,也

包括社会主义者。这种多样性是自由主义国家的公民的权利和自由
受到保护后的必然结果,特别是这种保护又与种族的多样性结合在一
起,因此,这种多样性又在语言和制度的凝聚力的作用下受到约束和
保持平衡。在中国,这种凝聚力也并非无中生有,而是国家政策号召
和实施产生的结果,是土地改革、经济独立、政治解放、农民自觉融入
国家政治生活的结果。

二、直接民主造成政治参与过度

在 1949 年之后,我国实行了乡社合一的农业社会主义的发展模
式。我们依靠、启发、教育和引导农民革命和建设的积极性,从经济
上、政治上、社会生活等各个方面提高农民的思想觉悟和社会地位,国
家通过合作化、人民公社化、社会主义教育运动、知识青年上山下乡运
动等措施,试图实现我国的工业社会主义和科学社会主义,把农民改
造成社会主义新公民。

但是,在中国的历史条件下,人的主观能动性超出了客观条件的
限制,从 20 世纪 50 年代起,我国试图以 20 年的时间走完西方发达资
本主义国家 100 年走过的道路,这显然违背了科学规律。"虽然政治
自由依赖于个人自由,但要将这些个人自由成功地嵌入国家结构之中
却非易事。如果我们对自由秩序的热情过高,走得太远,这种热情往
往会变成独裁主义的通行证。没有约束的自由无异于放纵,放纵的结
果使自由蜕变为独裁。所有的权利都是与责任相联的,没有哪项权利
是绝对的。以言论自由为例,其自由必须以不侵犯他人的权利为限,
因此才有必要制定法律,防止诬蔑、诽谤及至煽动暴乱"①。最近有些
西方国家学者对第三世界国家在追求现代化过程中出现的发展与动

---

① 里普森:《政治学的重大问题:政治学导论》,刘晓等译,华夏出版社 2001
年版,第 215 页。

乱问题作了深入探讨。

在政治发展理论的诸流派中，亨廷顿独树一帜，把着眼点投放于政治稳定和政治秩序，把政治秩序视为与民主、自由同等重要，甚至更为重要的东西。面对发展中国家出现的动荡不安，他振臂高呼："人类可以无自由而有秩序，但不能无秩序而有自由。"探求发展中国家政治出现无序的原因，是亨廷顿的主旨。继 R. A. 杜克海姆和 W. 科恩豪泽之后，亨廷顿也十分强调社会剧变的分裂性潜能。他认为，政治动乱的产生，"不是由于缺少现代性，而是由于试图获取现代性"。① 也就是说，一个纯粹传统的社会可能会愚昧贫穷，却可以是稳定的。相反，处在向现代化转变中的传统社会却充满了暴力和动荡。为什么纯粹传统的社会与现代化中的传统社会会产生不同的政治后果呢？亨廷顿从政治制度化和政治参与这两个变量出发，提出了他著名的"执政官主义"（Praetorianism）理论。他把政治参与度高于国家政治制度化的政治体系称之为"执政官"政体。换句话说，当民众参与超过政治制度"输出"的能力时，执政官社会便产生了。亨廷顿把执政官社会描述为："各种社会势力赤裸裸地相互对立……每个集团都使用那些反映各自特殊性质和能力的方法：富人贿赂、学生暴动、工人罢工、暴民游行和军人政变"②。在亨廷顿看来：在一个制度化的脆弱和政治要求过分的社会中，总会面临着"政治腐败"之虞和半无政府状态。

那么，执政官社会产生的原因是什么呢？亨廷顿认为，一个主要原因是，独立后的发展中国家的政治领袖，迷信某种民主制度，而漠视其自身的社会现实。一旦某种民主制度被引进到落后和具有浓厚封建性的社会之中时，便立刻陷入了四面楚歌的困境，从而造成政治参

① 以上内容参见塞缪尔·亨廷顿：《变革社会中的政治秩序》，华夏出版社1988 年版，第41 页。

② 同上书，第91 页。

与扩大与政治制度的"裂缝",政治"裂缝"的出现为野心家肆意干预政治提供了可能,这些野心家肆意干预的行为又填补了国家政治制度脱节形成的政治真空。

第二节 人民公社理论与实践

一、合作组织和人民公社产生

中华人民共和国成立后 3 年时间,随着土改的全面完成,农民参加了各种形式的互助组。1950 年,全国共有互助组 283 多万个,有 1150 多万户,占全农户总数的 11%;1951 年,互助组增加到 423.6 万个,有 1916 万户,占全农户总数的 18%;1952 年,互助组增加到 800 多万个,有 3500 多万户,占全农户总数的 40%。① 其中常年互助组 175.6 万个, 参加农户 1100 万户, 占入组农户总数的 24.2%。② 此后, 互助组的总体规模和数量逐年增加, 直至 1956 年合作社的兴起, 才扭转了这种发展趋势, 并最终被湮没在合作社的"社会主义高潮"之中。

初级社和互助组的发展几乎同步,但直到 1953 年后才以惊人的速度发展。1954 年由 1953 年的 1.4 万个发展到 49 万个,增加了 30 多倍;1955 年发展到 190 万个,增加了 2 倍,参加的农户从前一年的 1692 多万户、占全农户总数的 14.2%,发展到 7545 多万户、占全农户总数的 63.3%。到 1956 年 4 月底,全国基本上实现了这种半社会主义初级形式的农业合作社,入社农户增加到 1.0668 亿户,占全农户总

---

① 参见黄道霞:《五十年来中国农业生产关系的发展及其演变》,《教学与研究》1999 年第 9 期。

② 参见林蕴晖、顾训中:《人民公社狂想曲》,河南人民出版社 1995 年版,第 81 页。

数的90%。① 高级农业生产合作社是从1955到1956年开始发展起来。高级社在1955年下半年已发展到1.7万个,入社农户475万户,占总农户数的4%。1956年6月底,高级社发展到30万个,入社农户7600多万户;到同年底,到达到54万个,入社农户10742.2万户,占总农户数的87.8%。② 据1956年10月28日《人民日报》报道,全国多数省市已经实现了高级形式的农业合作化。

建立人民公社是从1958年夏季开始的,到同年秋天全国已建立2.6万多个人民公社,入社有1.2亿多户,占全国农户总数99%以上。③ 据中共中央农村工作部统计,至1958年9月20日,全国建立人民公社1.5万多个,平均每社4600多户。至9月30日,全国共有人民公社23384个,参加的农户达农户总数的90.4%,平均每社4797户。④

从1950年到1958年,新中国农业生产合作化的组织形式8年4变,从互助组、初级社,到高级社,再到人民公社,农民从土地私有的个体村民到合作经济的合作社,再到集体经济的人民公社,在世界其他国家也需要经过一场革命,但在中国,这场具有所有制和财产所有权易手的转变非常平和迅速,为什么? 主要理由有四点:

第一,当时的党中央急于让农民达到无产阶级的政治水平,达到科学社会主义所要达到的阶级基础标准,急于让中国的空想社会主义转型为科学社会主义,脱离实际,让农民走社会主义道路。

---

① 参见黄道霞:《五十年来中国农业生产关系的发展及其演变》,《教学与研究》1999年第9期。
② 参见刘庆:《建国初期农业合作化运动及其评价》,《当代中国史研究》1995年第4期。
③ 参见黄道霞:《五十年来中国农业生产关系的发展及其演变》,《教学与研究》1999年第9期。
④ 参见当代中国农业合作化编辑室:《建国以来农业合作化史料汇编》,中共党史出版社1992年版,第500—503页。

第二，土地改革后，拥有土地的村民返贫，农村贫富两极分化，不但消灭资产阶级的任务可能落空，而且初步走向政治解放的个体农民面临再次回到被地主和资本剥削的旧社会的危险。

第三，中国共产党领导农民政治上翻身，生产积极性空前提高，对新中国无限忠诚，对党的政策和政府的号召予以积极的响应。

第四，对于刚刚脱离家族、家庭的个体农民来说，随着现代化进程的展开，角色分化开始发展，家庭在传统社会里所履行的教育和社会保障功能必然会由一个切实可行、高效的民族国家来承担，一旦国家宣称有一个能够一步到达共产主义的"天堂组织"——人民公社可以包揽一切，这种可以依赖的组织形式，即各种形式的合作社和后来的人民公社，都会得到村民的衷心拥护并诚心加入。

当时，广大农村村民的兴奋心情在《人民公社之歌》中得到恰如其分的表达：

一梁一檩难盖房，孤雁单飞不成行。单人独马难创业，集体经济有力量。人民公社无限好，移山倒海无阻挡，金线银线总路线，东方升起红太阳。

东方升起红太阳，人民公社放光芒，农业是基础，粮食纲，林牧副渔门路广。五谷丰登六畜旺，高山大海献宝藏，金马银马跃进马，东风得意马蹄忙。

东风得意马蹄忙，公社光芒高万丈。高楼大厦平地起，基石稳固山河壮。金路银路通天路，人民公社幸福长。金路银路通天路，人民公社幸福长。

村民和人民公社的关系在《社员都是向阳花》中得到热情的赞扬：

公社是棵常青藤，社员都是藤上的瓜；瓜儿连着藤，藤儿牵着瓜，藤儿越肥瓜越甜，藤儿越壮瓜越大。

公社的青藤连万家，齐心合力种庄稼；手勤庄稼好，心齐力量大，集体经济大发展，社员心里乐开花。

公社是颗红太阳,社员都是向阳花;花儿朝阳开,花朵磨盘大,不管风吹和雨打,我们永远不离开她。

公社的阳光照万家,千家万户志气大,家家爱公社,人人听党的话,幸福的种子发了芽,幸福的种子发了芽。

值得注意的是,集体合作制、人民公社化冲击"户"结构,血缘关系为公民的政治关系所代替,这是现代化社会转型的基本条件,集体经济和人民公社对此的功不可没。

二、村民自治与人民公社解体

我国各种形式的合作社依次更替和人民公社解体,可以解释为没有构建一个富有激励效应的产权制度。合作化初期阶段的互助组和初级合作社的组织形式保持农户私有产权制度结构,因而有较高的效率;而高级合作社和人民公社的"公有制"破坏了具有激励机制的私有产权制度,其解体是必然的。从1951—1958年,合作组织形式和产权结构发生了四次变化:一是由完成土地改革后的农民个体经济变为农民个体经济基础上的"互助组";二是由"互助组"形式变为土地入股、统一经营的农业"初级合作社"形式;三是由"初级合作社"形式变为"土地归公"(集体所有)的"完全社会主义的高级合作社"形式;四是由"高级合作社"形式变为以"一大二公"、"政社合一"为特征的人民公社形式。① 这种从"纯私"到"纯公"的产权变迁明显背离了新制度经济学的逻辑范式。故而,新中国农业合作制度的变迁只能是一场破坏私有产权的高交易费用的强制性变迁。②

从某种程度而言,这样的解释是有效的,它毕竟证明了产权对合

---

① 参见黄道霞:《五十年来中国农业生产关系的发展及其演变》,《教学与研究》1999年第9期。

② 参见冯开文:《论中国农业合作制度变迁的格局和方向》,《中国农村观察》1999年第3期。

作化效率的重要影响。但这种解释全面吗？除了产权制度以外，中华人民共和国初始阶段以相互信任和合作为特征的村民自治发生异化也是人民公社解体的重要原因。中华人民共和国初始阶段以相互信任和合作为特征的村民自治在外国学者那里被称之为社会资本："社会组织的那些可通过促进协调行动而提高社会效能的特征，比如信任、规范及网络等。"①

作为农业生产合作化最初组织形式的互助组，其规模一直保持在10户以下。初级社的规模在10户到45户不等，高级社在30户到200户不等②人民公社的规模在1700户到5400户不等。③不少地方的人民公社规模更加庞大，远远超出5400户的上限。

号称中国第一个人民公社的河南省遂平县嵖岈山人民公社，跨4个乡，由20个高级社合并而成，总面积18189平方公里，共6566户，30131人。嵖岈山人民公社成立后，遂平县的16个大社立即被合并为10个公社，其中，11000多户的1个，9000户左右的3个，8000户左右的4个，5000户左右的2个。至1958年8月22日，河南全省原有的4200多个农业生产合作社，已并为1172个公社，平均每个公社7000户左右。截至1958年8月底，河南全省已经建成大型的综合性的人民公社1378个，平均每社7200多户。④

从各种合作组织的平均规模来看，互助组显然并没有突破建立在血缘和地缘之上的自然村的范围，初级社规模虽然是互助组的3倍多，但它仍然没有跨越出自然村落的范围，其内部的成员可以保持频

---

① 罗伯特·帕特南：《使民主运转起来：现代意大利的公民传统》，江西人民出版社2001年版，中译本序，第1页。

② 参见麦克法夸尔、费正清编：《剑桥中华人民共和国史1949—1965》，中国社会科学出版社1990年版，第176页。

③ 参见罗平汉：《农村人民公社史》，福建人民出版社2006年版，第20页。

④ 参见同上书，第21、25、55、58页。

繁的面对面的日常互动,为此,互助组和初级社可以被看做是具有"深得人心的相互信任与合作"的合作组织。高级社的规模和互助组、初级社比较起来,猛然间变得庞大,明显地超出了自然村的地域范围,成员之间的接触自然相对稀疏,很难、甚至无法维持和实现互助组与初级社中的面对面的经常性互动,但是它依然可以被视为一种"可以相互信任和合作"的合作组织。而人民公社规模则是乡甚至是县的界域为基础的,它恰恰是要建立一个更大范围的"共同体",而这种"共同体"只能是一种"想象的共同体"。因为,规模的扩大不仅仅导致了个人利益的多元化,更重要的是引发了基于血缘和地缘基础上形成的"深得人心的相互信任与合作"的小团体的异质性和复杂性。"深得人心的相互信任与合作"的共同体首先要严格"我们"的内涵和界域,区分"自己人"和"外人"。新中国农村居民小团体(互助组、初级社)这种强烈的"地域感"铸造了成员之间的"深得人心的相互信任与合作"。"在较小的共同体中,内在性非正式约束在资源配给上一般都很有效。因为在小社会里,人们彼此熟识,互相见面,自发执行能在个体层面上非正式的起作用。人们已经发现,在50—70人的团体中,自治性约束一般都能令人满意的发挥作用。"[1]

高级社和人民公社运行状况和其间的调整也证实了这一点。农业生产合作社的规模过大引发了1956年秋后部分地区的农民闹退社的风潮。针对此种情况,中共中央1957年9月14日作出了《关于整顿农业生产合作社的指示》、《关于做好农业生产合作社管理工作的指示》和《关于农业合作社内部贯彻执行互利政策的指示》,指出,"根据一年多的经验来看,在多数情况下,一村一社是比较适合的。""生产队是合作社的基本生产单位,一般以二十户左右为适宜。"[2]

---

① 柯武刚、史漫飞:《制度经济学》,商务印书馆2004年版,第136—137页。
② 罗平汉:《农村人民公社史》,福建人民出版社2005年版,第18—19页。

1959年3月1日第二次郑州会议上，中央提出对"人民公社"作调整，即"三级所有、队为基础"。1960年秋，中央起草了《中共中央关于农村人民公社当前政策问题的紧急指示信》（简称"十二条"），再次肯定了"三级所有，队为基础"。然而，其中的"队"指的是生产大队。当时的生产大队少则几百户，大则上千户。1961年3月15日的广州会议认为生产队一般以20户为宜，生产大队一般应维持原高级社的规模，公社相当于原来的乡。1962年2月23日，中共中央发出了《关于改变农村人民公社基本核算单位问题的指示》，规定生产队的规模大体上以二三十户为宜。① 1962年9月27日，八届十中全会通过了《农村人民公社工作条例修正案》，明确以生产（小）队为基本核算的单位。至此，农村的经济活动虽然还在"人民公社"这个外壳下进行，但他的实质内容已基本上退到了原来初级社的水平。

从"一县一社"调整为"一乡一社"，再调整为"以大队为核算单位"，又调整为"以生产队为核算单位"，最后调整为"三级所有、队为基础"，这种调整使得"公社基层组织生产队的区划结构与传统农民的居住结构在空间上相互吻合，农民在生产队犹如在自然村落了"。② 同居一村的农民组成了一个生产队，或者生产队把四十来户的农民变成了一个准村落。村民在村落的意义上接受了生产队，生产队在村落的层面上维持了基本的持续和稳定。正因为如此，调整后的"人民公社"才在产出上有所转机，并能够运行到20世纪的80年代初。"公社经历了一个演化的过程，最后公社找到了自然村作为生存的前提。"③

由之可见，从互助组到"人民公社"，这场合作化运动在产权的层

---

① 参见罗平汉：《农村人民公社史》，福建人民出版社2005年版，第130、212、219、253页。

② 张乐天：《告别理想：人民公社制度研究》，东方出版中心1998年版，第7页。

③ 同上书，第40页。

次上经历了从"私"到"公"的进化,在村民自治的角度分析,亦经历了从"深得人心的信任与合作"到"可以信任与合作"再到"抽象性的信任与合作"的转换。这两种变化同步进行,彼此勾连,相互影响,造成了我国各种形式合作社的依次更替和"人民公社"的解体。

第九章
身份制自治

第一节　"人民公社"和农民的关系①

一、人民公社的性质

人民公社是以农民为主体的基层民主自治组织。

人民公社是劳动人民在共产党和人民政府的领导下,自愿联合起来的社会基层组织,它的任务是管理本社范围内的一切工农业生产、交换、文化教育和政治事务。(第一条)

人民公社的宗旨是巩固社会主义制度,并且积极地创造条件,准备逐步过渡到共产主义制度。(第二条)

农村年满十六周岁的公民都可以入社做正式社员。对于过去的地主、富农、反革命分子以及其他被剥夺了政治权利的人,允许他们入社做非正式社员,依照法律取得政治权利的,可以做正式社员。(第三条)

---

① 以下根据 1958 年 9 月 4 日《人民日报》刊登的嵯峨山卫星人民公社试行简章整理。本文尽量使用原文,不随意解释。

人民公社实行公有制。

各个农业合作社合并为公社,根据共产主义大协作的精神,应该将一切公有财产交给公社,多者不退,少者不补。原来的债务,除了用于当年度生产周转的应当各自清理外,其余都转归为公社负责偿还。各个农业合作社社员所交纳的股份基金,仍分记在各人名下,不计利息。各个农业合作社社员的投资,由公社负责偿还。因为迁入和长大到十六周岁而入社的社员不要补交股份基金;迁出和死亡的,也不能抽走股份基金。(第四条)

在已经基本上实现了生产资料公有化的基础上,社员转入公社,应该交出全部自留地,并且将私有的房基、牲畜、林木等生产资料转为全社公有,但可以留下小量的家畜和家禽,仍归个人私有。社员私有的牲畜和林木转为全社公有,应该折价作为本人的投资。

单干户加入公社,除了留下小量的家畜和家禽以外,应该将全部土地、牲畜、林木、大农具等生产资料转归公社所有,这些生产资料,要按照原农业合作社的规定,折价抵交股份基金,多余部分作为本人的投资。(第五条)

社员原有住宅的砖瓦木料,由公社根据需要逐步拆用。新建的住宅归公社所有,社员居住要出租金,租金要相当于维持修理所需要的费用。(第二十条)

二、人民公社组织形式和管理体制

(一)人民公社主要组织

公社按照乡的范围建立,一乡一社。公社设有社员代表大会、管理委员会和监察委员会。实行间接民主选举制度。

公社的最高管理机关是社员代表大会。公社的重大事务,由社员代表大会讨论决定。社员代表大会应当包括各个生产队和各个方面(例如,妇女、青年、老年、文化教育人员、医务人员、科学技术人员、工业人员、商业人员、少数民族等）的代表人物。

社员代表大会选举管理委员会管理社务。管理委员会由社长一人、副社长若干人、委员若干人组成，下设若干部或者委员会（例如，农业、水利、林业、畜牧、工业交通、财政粮食、商业、文化教育、内务劳动、武装保卫、计划、科学研究等），分别掌握有关的工作，各部和委员会的人选，由管理委员会提名，社员代表大会通过。管理委员会可以推选出常务委员，处理日常工作。

社员代表大会选举监察委员会监察社务。监察委员会由主任一人、副主任若干人、委员若干人组成，在工作上接受国家监察机关的领导。

社员代表大会、管理委员会和监察委员会的任期均为两年。对于极不称职的个别人员，在任期未满以前原选举单位可以撤销他的职务。（第十二条）

（二）人民公社管理体制

公社实行集中领导，分级管理。

根据有利生产和便于领导的原则，将全社划分为若干生产大队，每一大队又划分为若干生产队，生产大队是管理生产、进行经济核算的单位。盈亏由社统一负责。生产队是组织劳动的基本单位。在保证完成全社总计划的条件下，生产大队有具体组织生产和基本建设、具体支配生产开支和奖励工资的一定限度的机动权。大队和生产队超额完成了产量计划或者节约了生产开支，公社和大队应当适当地拨给奖励工资。在实现农业机械化的时候，以大队为单位建立拖拉机工作队。工厂矿场、林场、牧场等，规模较大的由公社直接管理，规模较小的可以交给大队管理。小型的机器和设备（例如，缝纫机、沼气池、制造颗粒肥料的设备等）可以交生产队管理。（第十三条）

大队设立社员代表会议，由本大队的社员代表大会组成。大队社员代表会议选举队长一人、副大队长若干人及委员若干人组成大队管理委员会。选举监察主任一人、副主任若干人和委员若干人组成监察委员会。任期均为一年。

生产队由队社员大会选举队长一人、副队长若干人组成队务委员会领导工作。

三、人民公社权力和农民的权利与义务

（一）人民公社权力和责任

人民公社实行乡社合一政权模式。

为了与1955年宪法规定的乡级国家政权相衔接，实行乡社结合、乡社合一的权力结构。乡人民代表大会代表，兼任公社社员代表大会代表，乡人民委员会委员兼任公社管理委员会委员，乡长兼任社长，副乡长兼任副社长，公社管理委员会的办事机构，兼任乡人民委员会的办事机构。（第十一条）

公社实行计划管理，根据国家的经济计划和本社的具体情况，制订长期的建设规划和年度的计划。公社对各生产大队、工厂、矿场、牧场、林场，生产大队对各生产队要分别规定具体的产量计划、技术措施计划、生产开支计划和劳动力使用计划，以便建立严格的生产责任制，合理地执行奖惩制度。

公社制订的生产计划、基本建设计划、产品交售计划、商品流转计划、机器设备采购计划、金融计划的工资计划，必须经过国家计划机关及有关部门审核平衡，然后付诸实施。（第二十三条）

公社实行民主的社团管理。公社、大队、生产队、工厂、矿场、林场、牧场、拖拉机工作队、学校、医院、商店、银行、食堂和民兵组织，都必须建立活泼的、经常的民主生活。（第二十四条）

各个核算单位的财务收支账目和奖励工资的分配清单，必须按时公布。一切管理人员都必须尽可能地参加生产劳动。

公社的管理机构要厉行精简，全部管理人员的工资不得超过全社

工资总数的百分之一,各种会议也应当加以精简,尽量使它不侵占生产劳动的时间。

公社必须建立严格的财务管理制度,各个核算单位都必须及时制订财务收支预算,都必须遵守使用现金的制度和手续,都必须按时清结账目。

一切公共财产都必须有专人负责保管。对于不负责任造成公共财产的损失的,公社应该给以批评或者处分。对于贪污、盗窃、破坏公共财产的,应该严肃处理;对于情节严重的,要请上级司法机关法办。(第二十六条)

公社每年的全部收入,应该按照以下的项目进行分配:

1. 扣除当年度消耗的生产费。

2. 扣除公共财产的折旧。

3. 向国家纳税。

4. 支付社员的口粮。

5. 支付社员的基本工资和奖励工资。

6. 留下公益金,用于教育、卫生、文化及其他福利事业,公益金一般不超过全部收入的百分之五。

7. 其余部分全部作为公积金,用于储备和扩大再生产(包括交通建设),公社应该逐步做到有够用一年至二年的粮食储备和必要的工资基金。

收益分配工作以保证高速度地扩大再生产为原则。(第二十二条)

公社必须实行勤俭办社的原则,要发动社员勤劳生产、充分利用公社本身的力量,克服各种困难。要厉行节约,降低生产成本,反对铺张浪费,各种非生产的设备和建筑,可以从简的应该尽量因陋就简。(第二十五条)

1960 年 11 月 3 日,中央发出关于农村人民公社当前政策问题的紧急指示信，作出了十二条规定。关于人民公社的权力调整的主要内容是：

1. 关于所有制问题。它强调指出，以生产大队为基本核算单位的三级所有制，是现阶段农村人民公社的根本制度。这种制度从 1961 年算起，至少 7 年不变。公社和公社的派出机关，对生产大队的生产经营活动，不要乱加干涉；公社不能用削弱队有经济的办法来发展社有经济。在以生产大队为基本核算单位的前提下，应当坚持生产队的小部分所有制，要把劳力、土地、耕畜、农具固定给生产队使用，发挥它们组织生产的积极作用。

2. 关于彻底纠正一平二调错误的问题。它规定：成立人民公社以来，平调社、队和社员个人的各种财物，必须在 1960 年内，至迟在 1961 年春耕以前，全部退赔偿付清楚。

3. 关于保证农业生产劳动力问题。它除了重申必须保证农忙季节有百分之八十的农村劳动力用于农业生产第一线之外，还明确规定公社和生产大队两级占用的劳动力不能超过农村劳动力总数的百分之五，其余百分之九十五左右都归生产队支配。

4. 关于收入分配和社员生活问题。它强调指出，集体扣留的积累比例不能过大，分配给社员消费的部分必须占到可分配的总收入的百分之六十五左右。要尽力做到百分之九十的社员能够增加收入。

（二）农民的权利和义务

正式社员除了有精神病的以外，都有选举权、被选举权、表决权和监督社务的权利。非正式社员在社内没有选举权、被选举权和表决权，但在经济上可以和正式社员享受一样的待遇。

发动群众运用大字报进行批评、自我批评、表扬和建议，以便不断地克服工作当中的各种缺点。（第二十四条）

公社实行全民武装。适龄的男性青壮年和复员退伍军人应该编成民兵，经常进行军事训练，并且担负国家所分配的任务，民兵在受训和执行任务期间,工资照发。

公社要负责动员兵员和安排复员军人的工作。烈士家属、残废军人和在役军人,他们的家庭缺乏劳力的,由公社给予适当的优待。(第十条)

公社在收入稳定、资金充足、社员能够自觉地巩固劳动纪律的情况下,实行工资制。按照每个劳动力所参加工作的繁重和复杂程度,以及本人的体力强弱技术高低和劳动态度好坏,由群众评定他们的工资等级按月发给不同的一定的工资,有特殊技术的,可以另加技术津贴。逐月所发的工资可以有多有少。在公社收入较和社员需要较大的月份。工资可以多发。其余的月份可少发。遇到特大的灾害,可以酌情少发工资。

在实行工资制以后。应当定期评比各个单位和各个人的劳动情况,对于工作积极、完成任务很好的,应该发给奖励工资;对于工作消极、没有完成任务的,可以扣发工资,作为处罚全社全年的奖励工资,最多可以占到基本工资总额的四分之一。奖励工资分为三部分,分别由公社、大队和生产队掌握。分配工作任务和评比劳动情况要以平均先进定额为依据。

实行工资制以后,旷工照扣工资。但每人每月可以请假两天,妇女可以请假三天,工资照发,妇女生孩子可以休假一个月,工资按半数发给。因公负伤的,在休养期间工资照发。因为久病旷工影响生活的,用公益金给予补助。在条件还不完全成熟的时候,可以先实行计件工资制,规定每个劳动日的价值,每月按照社员实做劳动日多少,发给一部分或全部劳动报酬。(第十四条)

在粮食生产高度发展、全体社员一致同意的条件下,实行粮食供给制。全体社员,无论家中劳动力多少,都可以按照国家规定的粮食供应标准,按家庭人口得到免费的粮食供应。实行粮食供给制,必须使家中劳动力较多的社员,仍然比过去增加收入。

对于个别不好好劳动并且屡劝不改的懒汉，经过社员会议，可以监督他们从事劳动，加以改造。（第十五条）

实行工资制和粮食供给制的基础是全体社员"各尽所能"。社员都有遵守社章，执行社内的决议的义务。每个社员都应该自觉地遵守以下的劳动纪律：

1. 积极参加劳动；

2. 爱护公共财物；

3. 保证工作质量；

4. 服从指挥调动；

5. 自动进行协作。（第十六条）

四、人民公社主要任务和工作

（一）主要任务

必须鼓足干劲、力争上游、多快好省地发展农业、工业生产和文化教育事业，实现技术革命和文化革命，逐步缩小乡村和城市的差别、体力劳动和脑力劳动的差别。

在社会的产品很丰富和人民有高度觉悟的条件下，逐步从"各尽所能，按劳取酬"过渡到"各尽所能，各取所需"。

公社要逐步把社员培养成为有文化、有技术、有全面才能的劳动者。（第九条）

公社实行与劳动密切结合的普遍义务教育。要普遍地设立小学和业余的补习学校，逐步做到所有的学龄儿童都能够入学，所有的青壮年都能够补习到高小程度。要逐步做到每一个大队建立一个业余农业中学，使所有的青壮年都能够补习到高中程度。在条件具备的时候，建立适合公社需要的专科学校或者大学。在将来生产高度发展的时候，可以适当地减少社员劳动的时间，增加他们学习的时间。

公社要鼓励和帮助社员进行广泛的科学研究工作，首先是进行培

171

养良种、改良土壤、栽培林木、繁殖牲畜、消灭病虫害、改进耕作技术和改良工具的研究和试验。

公社要加强政治工作,加强共产主义的思想教育,依靠贫农、下中农的积极分子开展共产主义的劳动竞赛和劳动评比,逐步使"各尽所能"成为每个社员的自觉行动。

(二)主要工作

兴修水利、增加肥料、改良土壤、普及良种、繁殖耕畜、防治病虫害。合理地密植、深耕细作,保证农业生产的继续高涨,公社必须积极地改良农具,尽快地实现农业机械化和农村电力化。(第六条)

发展工业,首先是建立开采矿产、冶炼钢铁、制造滚珠轴承、加工农产品、制造农具、制造肥料、制造建筑材料、修理机器、水力发电、利用沼气以及其他的工厂和矿场。

有计划地兴修道路,疏浚河道,改善交通工具,安装电话,逐步建立现代化的交通网。每个大队要设一个至两个邮递员,工资供给由公社负责,为社员服务不另收费。

建立供销部,它是国营商业的基层机构。供销部的资金由上级国营商业机关拨给,工作人员的工资供给由公社负责。供销部的盈余应当上缴给国营商业机关,但公社可以提取一定的比例。公社必须保证供销部完成国家的统购、统一收购任务,执行上级国营商业机关的计划和制度,同时有权对供销部进行具体的业务领导。(第七条)

供销部要在各大队建立分部,并且在各生产队的公共食堂建立门市部,在开饭的时间营业,做到普遍地便利群众。供销分部单独核算,盈亏由供销部统一负责。供销分部的资金,先由社员过去所交纳的供销社股金抵充,如果不够再由供销部设法补足。这些股金不再分红。供销部参加县供销合作社为社员。

建立信用部,信用部是人民银行的营业所。信用部的资金,由上级人民银行拨给,工作人员的工资供给,由公社负责。信用部的盈余应该上缴给上级人民银行,但公社可以提取一定的比例。公社必须保证信用部执行上级人民银行的计划和制度,同时有权对信用部进行具体的业务领导。(第八条)

信用部应当在各大队建立分部,并且在各生产队设立服务站,做到普遍地便利群众。信用分部单独核算,盈亏由信用部统一负责。信用分部的资金,先由社员过去所交纳的信用社股金抵充,如果不够再由信用部设法补足。

信用部和各个分部是公社和各个大队的金库,成宗的现金出纳,都应当经过信用部和各个分部办理。信用部办理公社与其他经济单位之间,以及公社内部各核算单位之间的非现金结算,对社员不实行非现金结算。

组织公共食堂、托儿所和缝纫小组,使妇女从家务劳动中解放出来。为了便于管理,公共食堂和托儿所一般地以生产队为单位建立。不愿意参加食堂和托儿所的,听其自便。参加食堂的,也可以自己另备小菜。公共食堂、托儿所和缝纫小组工作人员的工资供给,由公社负责。他们为社员服务所收的费用,按照不赔不赚的原则规定。公共食堂要经营菜地,喂猪喂鸡,不断地改善伙食。(第十七条)

逐步建立和健全医疗机构,逐步做到:社有中心医院,能够收容一般重病号,大队有门诊所,能够诊治轻病号;生产队有保健员、接生员,能够进行预防疾病、看护病人和为产妇接生的工作;在有条件的时候,公社要建立疗养院。(第十八条)

实行合作医疗。社员按照家庭人口多少,每年交纳一定数目的合作医疗费,就诊不另交费。中心医院对无法治疗的特殊重病号,应该介绍到适当的医院治疗,并负责开支旅费和医药费。但对衰老病和慢性病的人暂时不作介绍。在经济充足的时候,公社实行公费医疗。

对于缺乏或丧失劳动能力,生活没有依靠的老、弱、孤寡、残废的社员,要在生产上和生活上负责加以安排和照顾,使他们的生活得到必要的保证。公社要组织幸福院收容没有儿女的老年人,组织他们参加轻微的劳动,给予必要的供给,使他们愉快地度过晚年。(第十九条)

建立公墓。在生产和建设需要的时候,经过坟主同意,可以迁移现有的坟墓。

逐步改善社员的居住条件。对全社居民点的安排和住宅的建设,作出通盘的、长期的规划,并且逐步付诸实施,根据有利生产和便于领导的原则,小的居民点可以适当地、逐步地合并。按照规划新建住宅,由公社统一备料派工。(第二十条)

开展群众性的文化娱乐和体育活动,通过这些活动培养身心健全的共产主义公民。要逐步做到社有图书馆、剧场和电影放映队,大队有俱乐部、业余剧团、歌咏团和球队。生产队有小型的书报阅览室和收听广播的设备。(第二十一条)

笔者1955年出生,1978年上大学,在人民公社的氛围中成长,亲历了人民公社制度下的农民生活。

青岛市崂山县李村人民公社是1958年由李村乡、河西乡、王埠乡和下河乡组成,笔者所属下河乡由六个下河村——王家下河村、于家下河村、刘家下河村、尤家下河村、姜家下河村、毛公地村,和五个上流村——王家上流村、杨家上流村、毕家上流村、臧家上流村、戴家上流村组成。

1974—1978年笔者在李村人民公社任公社管理委员会办公室交通员时,李村人民公社共有52个大队。当时公社的办公条件非常简朴,公社党委书记兼社长都是骑自行车上下班,办公室唯一一辆自行车是下队发送通知用的。笔者是交通员兼守门员、杂务员,因是民办教师编制,公社不承担笔者的工资补贴。

当时人民公社有很大权威,1976—1978年农业学习大寨,公社调动52个大队的人员,整治了李村河,建造了毕家水库、书院水库,成片开发了河西片、王埠片、五里岗的土地。现在的农业水利基础设施基本上都是人民公社时期建成的。

笔者从幼儿园到高中都是在农村,幼儿园免费、小学初中也是免除学杂费,在崂山一中上高中时,得益于"五七指示"的贯彻,学校办工厂,上学免费。学校学习期间贯彻了毛泽东的学制改革方针,小学 5 年,初中 2 年,高中亦 2 年。

高中期间,笔者利用星期六星期天参加农业劳动。每天早晨出工 2 个小时,上午下午各 4 个小时,夏收和秋收期间劳动强度大,收麦时早晨两点就要出工。笔者是高中生,属弱劳力,每天 8 个工分,每个工分平均大约 5 分钱,当时农民的主粮——地瓜每斤 2 分钱,笔者的业余劳动也能养活 2 口人。

笔者 1974 年高中毕业的第二年,被选为民办教师,当时学生很多,有的在村里的祠堂上课,笔者的小学一到二年级,也是在祠堂上课的。祠堂改为教室,家族宗法遭受重创,血缘关系在农村社会关系中渐趋浅薄。

当时大队的政治生活非常活跃,尤其民兵连积极,集训、政治学习、武术比赛、秧歌队等公共活动踊跃。

第二节　身份制的农村户口

一、新中国的户口制度

"户",《辞源》解释为:"住户,一家为一户。"《易·讼》:"人三百户,无眚。"《荀子·议兵》:"中试则复其户,利其田宅。","户籍:簿册"。《管子·禁藏》:"户籍结田者,所以知贫富之不訾也。注:'谓每户制籍,每田结其多少,则贫富不訾限者可知也。'"中国古代户籍,也有"丁籍(册)"、"黄籍"或"籍账"之类的名称,依据"户"、"口",以制

"籍"造"册",从而确定家户人数和田地情况,用以征收赋税,调派劳役。

本书认为,中国古代特别是近代转型时期的农村户口制度,农村户口和家族制度、乡里及保甲制度相结合,是专制国家的基层单位,是专制国家的基础,专制国家统治阶级及其乡村各种各样的代理人对农村、农民进行政治压迫、经济剥削、文化统治、思想钳制的工具。

1949 年以后的中国户籍制度,最先在城市管理中得以酝酿,然后逐渐形成比较系统的、普遍的制度。它的主要内容包括户口登记,以及对各类户口的迁徙、居住、获取资源和福利的权利的规定等。

依据 1958 年 1 月 9 日全国人民代表大会常务委员会第 91 次会议通过的《中华人民共和国户口登记条例》(以下简称《户口登记条例》)第一条,明确规定了户口登记的原则和宗旨是为了维持社会秩序,保护公民的权利和利益,服务于社会主义建设。

《户口登记条例》规定,中华人民共和国公民、现役军人、居留在中华人民共和国的外国人和无国籍的人都要依法户口登记。

户口登记主管机关是各级公安机关;实行公安机关派出所和乡镇政府是户口管辖和登记机关的双重管理制度。城市和设有公安派出所的镇,以派出所管辖区为户口管辖区;乡和不设公安派出所的镇,以乡、镇管辖区为户口管辖区。乡、镇人民委员会和公安派出所为户口登记机关。

户口分为集体户、军人户、专业户包括农业户。

户口登记机关应当设立户口登记簿。城市、水上和设有公安派出所的镇,应当每户发给一本户口簿。农村以合作社为单位发给户口簿;合作社以外的户口不发给户口簿。

户口登记簿和户口簿登记的事项,具有证明公民身份的效力。

我国 1955 年宪法载有公民有自由迁徙的权利,根据 1958 年户口登记条例的宗旨与原则,以上规定较为可行,至今依然有效。

以户口的方式记述个人的身份事实，作为一种形式，在中国已有悠久的历史，从周王的"料民"，到汉代的"编户齐民"，乃至明朝的"户帖"和"黄籍"，都可看做是国家掌握个人身份情况的重要方式。20世纪50年代开始的新中国的户籍制度，在形式上继承了历史传统的做法，即通过户籍或户口登记的方法来掌握公民的身份情况。

但是，我国的户口登记条例有严重的缺陷，那就是公民身份与"户"混为一谈。

《户口登记条例》第五条规定，"户口登记以户为单位。同主管人共同居住一处的立为一户，以主管人为户主。"前文讲过，户是指人们居住在一起，共同生活或经营的社会单位之一，户大多是以一个家庭为基础，其中也可能包括非亲属成员或收养成员；另外户也可由组织单位来替代。从户籍登记的方式中，我们不难看出这样的户籍身份所具有的基本特点：

首先，户，包括家庭和单位，是第一位的，先立户，然后才到口；因此，个人属于第二位，依附于户。由此看来，户口身份把家庭或组织看做比个人更重。个人身份不过是家庭或组织身份的一部分，个人身份不具有完全独立性，在很大程度上依附于一个群体或组织。如个人的户口属性首先是随父母的户口属性，一般随母亲的户口属性而定，个人只有通过巨大努力，进入另外一种性质的单位或组织之后，才可能转变自己的户籍身份。

其次，个人的户籍身份具有一定的世袭性，而流动性相对较小。由于个人户籍身份依附于户，因此，户的基本特征可以直接传递给户内成员，并在一定程度上或一段时期内决定成员的身份。根据条例第六条，公民应当在经常居住的地方登记为常住户口，一个公民只能在一个地方登记为常住户口。这条规定无可厚非，但是一旦居所经常变化的公民和一般不会发生居所变化的"户"捆在一起，这样的户口登记条例对公民的自由迁徙和身份转换的制度限制是显而易见的。

二、农村户口所体现的身份制度

户口登记以及人口统计中对"农业户口"单列一类,与"非农业户口"区分开来,这种城市与农村的划分,加上户口与粮食、住房、医疗、教育机会以及其他社会经济利益挂钩,使得户口制成为促成中国社会"空间等级结构"的重要因素,使得不同类型的户口、不同地区的户口以及不同规模的城市户口之间,出现权利、收入、地位和社会声望的等级差别,出现特权与被隔离的现象。

我们过去一直强调中国在社会主义初级阶段依然存在着"三大差别",即城乡差别、工农差别和脑力劳动与体力劳动差别,这些社会差别实际上都和非农业户口与农业户口之间的差别有着一定的关系。因为在户籍制度的安排中,城镇居民也就是具有非农业户口的人,农村居民的户口属性则是农业户口;工人、干部和脑力劳动者基本都是非农业户口,而从事体力劳动者,大多数是农民,工人只占一小部分。可见,户口差别,或者说社会差别在户口这一维度上的表现,已经是一种社会事实。这种差别的事实,可能是中国社会所特有的各种各样的身份制度为身份的转换设置了种种障碍。例如,1949 年后的中国分层体制,身份制就是其中的核心内容之一。

身份制包括了户籍身份、阶级身份、所有制身份的划分,身份的划分与单位的行政级别结合起来,构成了个人身份的级别地位。[1]

在身份的划分方面,一是按照职业原则将居民分为三种身份:干部、工人和农民;二是根据户口将居民分成农业户口和非农业户口两类;三是根据个人就业单位的所有制性质分为国营、集体和个体;四是根据家庭的成分将个人的阶级身份分为贫农、中农、富农和地主以及

---

[1] 参见郑杭生:《当代中国社会结构和社会关系研究》,首都师范大学出版社 1997 年版。

工人和资产阶级。在各种身份之间，建立起了较为森严的边界和壁垒。而这些边界，实际就是身份转换和阶层、群体的准入条件，同时也是相互转换和流动的障碍。这些界限把不同社会身份的人隔离开来，使人与人之间形成一种身份层级结构。社会身份差异的强化，导致了社会结构的等级化，个人与个人之间的差异，演化成群体与群体之间的差别，不同的群体不仅是身份特点不同，而且更重要的是，群体与群体之间的权利和地位存在高低之别。

那么，户籍身份与公民身份之间有何区别和联系，户籍制度创新和变迁与公民文化和公民社会建设是否具有可能性？户籍制度的最基本特征就是通过对个人的户籍身份的界定和分类来建构和维护社会秩序，户籍身份首先是与个人的出身联系在一起，并首先表现为一种世袭的社会身份，且其中所包含的价值存在一定的等级和差别。户籍身份首先是家庭或父母身份的直接延续，在个人的人生发展过程中，一部分人通过社会流动来改变从家庭中所继承的户籍身份，而获得另一种或与父母不同的户籍身份。如农村的学生通过升学、转干或招工而转为城镇户口，一个人从某一城市迁移到另一城市，都是个人户籍身份的变更。户籍身份的特点在于强调家庭出身、地缘和社会地位的差别，譬如，所有的国家干部，即便生活和居住在农村，都是城镇户口，而无一属于农业户口。

由此可见，户口身份的分类，不仅是职业和居住地的划分，而且还包含了地位和声望不等的价值倾向。新中国的户籍制虽然经历不同历史阶段，在种种社会事件或运动中，扮演了多重角色，但是，由于它带有强烈的身份特征，以致事与愿违，却成为了国家进行社会控制的一种首选工具。

陆益龙在《户籍制度——控制与社会差别》中认为，公民身份同样也具有建构和维持社会秩序的功能。公民身份的价值倾向是：社会中的每个公民都享有与其他公民同等的权利，每个公民都要履行公民基本的义务。因此，公民身份和公民意识的确立，实则是确定了社会成员的一般行为准则和关系准则以及伦理规范。公民身份表达的是：个人作为社会的主体，其基本权利义务是独立的、平等的、合乎理性的。公民社会的基本原则是身份的平等和自主选择的自由，公民社会通过正义的法律和市场机制来建构和维护社会秩序。因此，户籍身份制还是公民身份制的路径选择问题，不是要不要秩序的选择问题，而是平等与非平等原则的选择问题。① 农村户口登记实行公民身份证制度的改革势在必行。

近几年，青岛市等大中城市放弃了城乡户口登记的差别，实行统一的居民户籍登记，但是，城乡户籍身份的养老保险、子女上学、社会保障等一系列的不平等愈加显现，这种公民身份平等的伟大工程解决还有待时日。

---

① 参见陆益龙：《户籍制度——控制与社会差别》，商务印书馆 2003 年版，第 9 页。

第 三 编

法律指导型向协商政治型自治转变

第 十 章
法律指导型自治

第一节 法律指导型自治的形成和发展过程

据民政部网站公布,我国现有 25712 个乡(包括 1517 个民族乡)、9216 个镇,300 多万乡镇干部,村民委员会委员以上人员 358 万,有 832987 个村民委员会依法自治。村民自治这一事物与包产到户和乡镇企业被称为党的十一届三中全会以后的三大工程。

20 世纪 80 年代,我国"人民公社"制度解体后,村民自治开始了法律发起阶段(1982—1987 年)。

1980 年我国第一个村民自治组织在广西宜州市屏南乡果作村出现。1981 年中共中央《关于建国以来党的若干历史问题的决议》提出,在基层政权和基层社会生活中逐步实现人民的直接民主。1982 年《宪法》第一百一十一条规定,在农村按居民居住地区设立群众性自治组织,农村村民自治的法律实践由此开始。

1987 年 11 月 23 日,六届全国人大第二十三次会议通过了《中华人民共和国村民委员会组织法(试行)》,当时,对该项法律有很高的期望。全国人大常委会委员长彭真在推动该法规通过时表示："有了村民委员会，农民群众按照民主集中制的原则，实行直接民主，要办什么，不办什么，先办什么，后办什么，都由群众自己依法决定，这是最广泛的民主实践。他们把一个村的事情管好了，逐渐就会管一个乡的事情，把一个乡的事情管好了，逐渐就会管一个县的事情，逐步锻炼、提高议政能力。8 亿农民实行自治，自我管理，自我教育，自我服务，真正当家做主，是一件很了不起的事情，历史上从来没有过。"希望民主化能经历一个自下而上、从村到乡、从乡到县，再推向省，直至全国的逐步推进的过程。从 1987 年起，从直接民主政治的层面来讲，村民自治没有取得实质性的进展，在摸索、徘徊中前进。这一现象直到 1998 年 11 月 4 日，九届全国人大第五次会议通过《村民委员会组织法》才得以结束。

从 1987 年开始，我国乡镇政权的权力急剧扩张，实行了乡镇—村公所—村委会的管理层次。广西村委会从 14737 扩大到 7 万多个，每一个村民委员会平均仅有 500 余人。

1990 年"莱西会议"、1992 年"章丘会议"和 1998 年"许昌会议"等重要会议，先后对村民自治进行了有益的探索和实践。

值得着重提出的是，1990 年中共中央 9 号文件中肯定了辽宁省沈阳市有关村民自治的规模试点。1993 年中共中央 7 号文件规定，"为减少管理层次，乡镇不再设置派出机构和村公所"，这一活动直至 1995 年才最后完成。

从 1998 年起，我国村民自治以基本法的形式进入了第三阶段。

在这一阶段，宪法规定的国家基本政治制度得到"巩固和改善"，乡镇政权的权力与村民自治权利关系平衡发展，以村民自治为主要内容的基层民主"扩大"了。

首先，人民群众对基层民主有直接认同感。村民认识到自己政治经济和社会地位的提高是党的政策和国家法律带来的福祉。通过基层民主,自己的事情自己管,自己的事自己办。基层民主搞好了,人民群众就能真正感受到自己是单位的主人、社区的主人、国家的主人。其次,基层民主是培育人民民主能力的大学校。区别于上层的代议制民主,基层民主是以人人参与为显著特点的。人民群众在直接参与基层各项事务的决策、管理、监督的过程中,逐渐会了解什么是民主、怎样做才是民主,逐渐养成民主的习惯和能力。这种以培育大众民主能力为己任的基层民主,可以说是我国社会主义民主政治发展的坚实基础。可以设想,如果没有亿万人民群众民主观念、民主能力、民主素质的增强,社会主义民主政治建设难有一个大的发展。再次,基层民主政治建设的"成本"最小,成效却是显著的。与上层民主政治涉及面广、牵扯矛盾复杂有所不同,基层民主政治涉及面小,主要是一个单位、一个组织或社区内部的事情。社会中许多矛盾和问题,往往是一个单位或组织内部产生的,人民群众也更关注自己身边的事情。因此,把每一个基层单位或社区的民主政治建设搞好,整个国家的安定团结就有了根基。即使由于某种原因,某一单位或社区在民主政治建设上走了弯路,出了问题,也容易调控,不至于出现大范围的社会动荡。① 党的十五大强调在村民自治中要做到"四个民主":民主选举、民主决策、民主管理、民主监督。这是对村民自治内容的最终概括。

从《村委会组织法》实施以来,村民自治的直接民主的实践的确有上述的三点好处。但是,在乡镇基层工作的人们都知道,这种依法推进的农村直接选举成就的村民自治一届比一届难搞,三年一次的选举方式花样翻新,海选杂以贿选、黑选层出不穷;管理不善、监督不力等问题日益凸显。针对这些问题,中央适时调整政策,在党的十六大报告中增加了基层民主建设的"三化",即制度化、规范化和程序化。开

---

① 参见詹成付:《用民主的办法解决村民自治中存在的问题》,载田永胜主编《中国之重》,光明日报出版社 2005 年版,第 123 页。

展村民自治工作初期,理论上,人们确定了民主建设的立即起点是民主选举,实践中,人们也特别注重民主选举。但实践证明,选举后的村民自治过程更需重视:包括决策、管理和监督的制度建设已经提到日程,达到了非抓不行的严重程度。因此,人们普遍把民主选举、民主决策、民主管理、民主监督和制度化、规范化和程序化综合起来认识。

2004 年中共中央办公厅、国务院办公厅发布了 17 号文件《关于健全和完善村务公开和民主管理制度的意见》,澄清和纠正了村民自治中的许多片面认识和错误做法。这是党的十六大后中央下发的全面部署基层民主的第一个重要文件。

2004 年中央 17 号文件对与村民自治具有里程碑的重要的意义。它全面阐述了乡镇政权权力和村民自治权利的关系,论证了农村基层党组织和村民自治组织的关系,提到了民主选举、民主决策、民主管理和民主监督的制度建设问题,是今后做好村民自治的指导思想和政策依据。

在党的十七大报告中,强调乡村村民自治是社会主义民主的一部分,强调了乡村村民自治是社会主义民主政治的"基础性工程",这种政策具有里程碑的重要意义。

第二节　法律指导型自治的性质和特点

一、法律指导型自治的性质

当前我国农村自治的性质可概括为:村民或农户依照我国法律和政策进行自我选举、自我决策、自我管理和自我监督的基层直接民主形式或制度。

从农村村民自治的主体来看,从 1982 年宪法之后,经历了村民和农户并重、以农户为主、逐渐向以村民为主过渡这样一个演变过程。

我国《村委会组织法》第十七条第二款规定:村委会选举"由本村三分之二以上的户的代表参加"。

有了这一条规定后,我国村务实践中,以"户"为选举单位的选举渐成风气,全国村委会直选实践的典型案例都是以"户"为单位的。

我国第一个村民委员会,广西壮族自治区宜山县屏南乡果作村村民委员会于1980年2月5日诞生。新年刚过,曾担任生产队长18年之久的韦焕能将邻近的五位队长叫到自己家里说:大队的事没有人管只能自己管,属自己的事,自己不管,还能傻乎乎地等别人管?但要管这些事总得有一个组织,有一个名义,有人牵头去办。地已经包了,生产队不存在了,队长也就没有名分了,再出头管事名不正,言不顺。那么这个组织叫什么呢,大队叫管委会,我们就叫个村委会。这个称呼既符合村里实际,又符合我们的身份。韦焕能等人最后商定,村委会成员由村民来选,候选人是原来的6个生产队队长和一位村民。1980年2月5日,韦焕能通知原6个生产队的社员开会,在村里一棵五人合抱的大樟树下,由每户出一名代表,选举村民委员会。全村共有125户,实到85户,最后以无记名投票的方式选出了。5位村委会成员,按得票多少确立了他们在村委会中的职务。韦焕能得全票85票,为村委会主任;副主任是韦有全、韦定陆,委员为覃立轩和韦鹏舞(分别兼任会计和出纳)。1980年7月14日,以韦焕能为代表的村委会又与村民一起制定了村规民约和封山公约,这是迄今为止保存下来的第一份村民自治文献。①

1982年春,河南省许昌市石桥杨村第一个建立村民代表会,当时称"群众代表会",具体办法是在党支部的领导下,由相邻相近的若干

---

① 参见米有录:《静悄悄的革命从这里开始——寻访中国第一个村委会》,载米有录、王爱平主编:《静悄悄的革命——中国村民自治的历程》,中国社会科学出版社1999年版,第208—215页。

户选出一名代表参会,共选出户代表 50—60 人。在代表的参与下,一向被视为老大难的宅基地问题得以顺利解决。后来,又用同样办法完成了集资修建教学楼(1983)和兴办集市(1984)等公共事务。

全国第一个"海选"村民委员会的是吉林省梨树县梨树乡北老壕村。北老壕村有 11 个村民小组,共 630 户人家、2476 人。1986 年 12 月 15 日,由县委、县民政局、乡党委和乡政府组成的"北老壕村委会整顿补课试点小组"来到北老壕村,开始进行试改。首先选举村民代表,每 10 户左右选 1 名,全村共有 46 名;其次成立村委会选举领导小组;再次召开村民代表会议,讨论选举事宜。12 月 23 日晚,北老壕村开始由户代表推举村委会成员候选人,有 13 人入选。25 日又进行第二轮无记名投票,前 9 名得票多者参加下一轮选举。当天晚上,村民代表会议又进行了第三轮有职务无记名的投票选举,产生了北老壕村新的村委会。

"户"参与乡村自治具有普遍性。1992 年青海省大通县的换届选举中,有 66% 的村委会是由户代表选举产生的;山西省临汾县 1994 年的选举办法规定全县 5% 以下的村由户代表选举产生。

不仅村民委员会选举以"户"为单位,选举乡村党支部也是以"户"为单位进行推选。1992 年 3 月 15 日,河曲县委组织部制定发布了《关于推行"两票制"建设农村党支部的实施方案》和《关于推行"两票制"建设农村党支部的选举办法》,其中明确规定选举以"户"为单位进行。文件规定的程序是:

一是由全体村民(一般以户为单位,每户一个代表)在对全体党员和支部成员进行民主评议后,按本支部成员的职数规定和任职条件,以投信任票的形式,推荐出书记、副书记和委员的初步候选人(推荐结果要当场公布);乡(镇)党委根据得票多少,分别提名书记、副书记和委员候选人,经党员大会讨论后,确定为正式候选人。

二是由全体村民(一般以户为单位,每户一个代表)在对全体党员进行民主评议以后，按本支部成员的职数规定和住职条件，以投票形式推荐了等于或多于规定职数20%的支部委员候选人，经党员大会讨论通过后确定为正式候选人，实行差额预选，在预选的基础上，乡镇党委提名书记、副书记和委员候选人，再提交党员大会讨论通过，作为正式候选人。

从村民自治的内容看，村民自治的选举、决策、管理和监督权利都是法律赋予和规定的。从村民自治的形式看，1982年以后确定的民主形式是直接民主。村民自治的主要制度有两部分构成。一是法律，即1982年《宪法》和1998年《村委会组织法》。二是党和国家的政策，即《中共中央办公厅、国务院办公厅关于在农村普遍实行村务公开和民主管理制度的通知》和2004年中共中央办公厅和国务院办公厅《关于健全和完善村务公开和民主管理制度的意见》。民政部是我国主管村民自治的主管机关，每年颁布实施换届选举的行政规章，例如，《关于做好2005年村民委员会换届选举工作的通知》。

二、法律指导型自治的特点

(一)法律性

之所以把1982年之后的村民自治称之为"法律指导型"，其主要原因是当今进行的村民自治，无论是发动、实施过程，还是制度、程序构建，都体现了法律性。所谓"法律指导型"是指我国某项改革的推动或某种制度的确立是以国家法律架构的。夏勇在《中国乡民公法权利的生长过程》一文中指出，要以立法和移植法律"整合公法权利生长的体制构造"。

从1978年到现在，中国立法数量飞速增长。中国乡村从1986年开始已经持续了8年之久的由政府推动和组织的"普及法律常识"（简称"普法"）运动。绝大部分地区的乡民都在不同程度上经受了一次法制宣传和教育。"法律入村进户"成为县、乡、村干部的口头禅。许多地方出现了"依法治省"、"依法治县"、"依法治乡"、"依法治村"、"依法治店"之类的标语。在河南的一个名为"殷沟"的贫穷山村访谈时，有两个场景给到来采访的夏勇先生留下极深的印象。一是村委会"办公室"墙头尚有"强化无产阶级专政"的斑驳字样，屋内安着一个扎着红布的扩音器，村支书招呼我们坐下后，便对着扩音器大声通知另一位村干部"快快来"。于是，村头高挂的高音喇叭便响起"快快来"，其声久久萦绕。二是一间破旧的黄色土墙屋门口赫然挂着"殷沟村法律培训中心"的牌匾。前一场景令人想起过去大队书记发号施令的情景，回味乡村操作权威的凛凛威风；后一场景则不由得让人生发出一种真真切切的"法律移植"的感慨。尤为耐人寻味的是，据村支书殷某介绍，这个作为"法律培训中心"的土墙屋历来是村民的公共活动场所。自"法律培训中心"开设后，村民从 16 岁到 60 岁的人都要参加"普法教育学习班"，全村达到这个年龄标准的人数有 450 人，现已办了 5 期学习班，大体上半年一次，时间按农闲农忙定。第一课是宪法，第二课是婚姻法，第三课是土地法。当问及村民是否愿意学习法律时，村支书不假思索地说："过去不学文件跟不上形势，现在不学法律就要吃亏。"

毫无疑问，立法普法和法律移植为乡村农民提供认识自己、认识自己与他人、自己与社会关系提供了条件。第一，农民知道了自己是谁。过去，社会角色政治化，一个人要么被看做阶级事业的一颗螺丝钉，看做团队行为的一部分，要么就被视为异己，当做敌人。这样，冠在乡民身上的是以阶级成分、团队队员、政治面貌为依托的"公身份"，称"社员"、"贫下中农"、"党员"、"团员"、"积极分子"，而且"身是国家的，命是党给的"。法律还了乡民的"白身"。乡民正是从这种"身份还原"中获得了初步的国家公民的身份平等。第二，农民知道了自己有哪些权利和义务。以权利和自由为例，有平等权、选举权与被选举权、人身权、人格尊严不受侵犯权、住宅不受侵犯权、通信自由权和通信秘密权、对国家机关及其工作人员提出批评、建议、申诉、控告或检举权、劳动权、受教育权、社会保障权、获得帮助权、休息权等；有言论、出版、集会、结社、游行、示威的自由，有宗教信仰的自由，包括信教和不信教的自由。第三，农民知道了司法补救、寻求争议的途径。"秋菊打官司"的乡村行政诉讼，可以作为展示乡村公法权利生长的一个窗口，从中，我们既可以看到乡民对公权者行使主张权、权力权的情景，也可以看到乡民对公权者享有自主权、豁免权的情景。夏勇在伊川县北府店村"综合治理室"收集到近两年来"失范"村民给村干部写的"检讨"、"思想汇报"三十余份，发现几乎每一份都先承认自己犯了法，然后都写上诸如"如再不悔改，就请交给法律部门处理"或"愿意接受法律处罚"之类的语句，显然，他们检讨自己所犯的错误的参照坐标主要是法律。

法律架构对乡村公民社会的建设的积极作用是我们所期望的，但它毕竟是有限的。这是因为，第一，法律关系是社会关系的一部分，遵守法律在公民一般道德中与诚信并列，在公民道德中占很小份额。以法律判断是非，是社会关系调整的最后手段，对建设一个和谐稳定发展的社会目标而言，法律是最低的底线。第二，法律制度是国家政治制度的一部分，比较社会制度的建设，法律突显了保护公民的个人权利，对于国家法治和法制建设的宏伟目标和全民认同只是具有个别意义。第三，法文化是社会文化中的一部分，在我国传统文化的国情下，法文化担当社会转型的使命任务，未免太重了些，秦朝法家治国的历史覆辙值得注意。

1998年，我国的法制建设已经取得了显著的成效，但很多农民依然不清楚应该如何行使自治权。这与个别地方对《村委会组织法》宣传不到位有很大的关系。

法律对建设一个公民社会作用是有限的，但是，法律对解除中国村民身上的束缚，从而为公民社会的建立创造有利的法制环境在作用是独一无二的。在法律上要废除已经过时了的"户选举"和"户经济"的法律概念和法律制度,对于当今村民自治走向良性循环,尤其重要。

(二)群众性

"群众性"是1982年宪法为村民自治确定的性质特征。"群众性"从两个方面体现了当今村民自治的本质,第一,从"农民的视角"利用和对抗乡镇政权权力;第二,村民群众自己为取得公共权利的管理权和公共资源的支配权可以发挥最大的聪明才智,创造出许多精巧的竞选设计和经营法案。而且,这些设计和方案,只要它不违背法律,按照法治国家基本原则要求,乡镇政权权力就得承认村民自治的事实。

关于在村民自治工作中对贯彻"群众性"的基本原则,乡镇政权权力能够理解,因为经过近几年的乡镇管理职能的改革,建设学习型、服务型乡镇已经深入人心;由于法治国家作为治国方略的提出,乡镇机关工作人员的工作作风和生活作风大有提升;特别是这几年群众上访的原因之一是乡镇干部干涉村民自治事务,经过"三个代表"重要思想的学习和保持共产党员先进性教育的成功落实,国家工作人员能够自觉在本职工作上提高创新意识和服务意识;其严格的工作责任制也不允许他们干涉村民自治事务。如此一来,乡镇政权权力在对待村民自治的工作出现这样的态度,即便是对村民有好处的事情,也要在规定上留下执行余地。

例如,村党支部和村委会两套人员互相兼职,这是国家和学者都认为较好的解决共产党领导的执政体制,2005年民政部颁布的《关于做好2005年村民委员会换届选举工作的通知》,明确予以肯定并鼓励执行;同时强调要征得村民同意,不能搞"一刀切"。实践中的教训是,如果不给村民以执行这种变通的具体裁量标准,村民只好以是否有利于自身为标准了。

再如,鼓励优秀大学毕业生到符合条件的农村基层兼职,其中一个对毕业大学生和农村发展都有利的去向,那就是让毕业大学生到符合条件的农村村委会兼职。农村和社会舆论立刻便有了反映,那就是一定要考虑村民是否同意,这一做法是否符合村民委员会自治法的规定。

村民自治的群众性在农村的贯彻落实,则与乡镇国家机关大大不同。群众满意不满意是以他们自己的标准来衡量的。只要法律没有规定,村民的所有行为都是合法的,民政部最近出台的一些办法都是这样的思路。

第三节　法律指导型自治的意义

一、政治社会的充分动员

国家通过大规模组织村民参加政治社会运动和社会文化生活,使个体村民感受到他能够作为国家各项工作和生活的成员,使他们感到他们是国家、村庄或社区的一分子,为共同的政治经济和社会发展目标生活工作。

政治社会的充分动员,是村民自治的必备的政治社会环境条件,理论上讲,这是村民—公民社会形成的主要标志。

在中国,现阶段的法律指导型村民自治之前,村民已经经历过土地改革、人民公社等阶段,积累了重要经验和教训。

当今的村民自治中的直接选举,又是一场政治社会的充分动员,据民政部统计,历年来村民参选人数达到90%以上,在外打工的民工千方百计回到本村参加选举,有的在外经营的民营企业主不惜乘飞机回到村庄参与投票。对于一些花钱买选票的情况,有人以"贿选"定性,也有人以"人情往来"定性,抛开价值判断,这种现象在一定层面上反映出现阶段村民重视自己的民主权利,为此他们不惜以一定的价值与外界社会进行的他认为的等值交换，并以此表达自己的社会政治诉求。

二、村民—公民身份初步确认

1949 年以来，中国有城镇户口和农村户口之分。这种以户口的严格区别划分城乡界限的现象在计划经济时期的中国是正常的，但这不是公民社会的常态。

关于公民身份理论西方政治学家也有不同认识。马歇尔把公民身份分为三个部分或三个阶段：市民的（civil）、政治的和社会的公民身份。他认为，"市民的"公民身份是由确保个人自由的必要权利所构成，这些权利包括言论、思想和信仰的自由、财产权、缔结协约和获得公正的权利；"政治的"公民身份是指个人参与政治实践活动的权利，其相应的制度是议会和地方政府的代表大会制度；"社会的"公民身份是指公民享有基本的经济福利和社会安全的权利，乃至享有社会一般水平的体面生活的权利，它与教育体制和社会服务相关的制度密切相连。[①] 与马歇尔不同，吉登斯认为：与其把公民身份权利的三个范畴看成公民身份权利的整体发展的三个阶段，还不如把它们理解为斗争或冲突的三个舞台。这三个舞台中，每一个都与不同类型的监控相联结，而在舞台上，监控既是上层群体的权力之必要条件，也是用以操作控制辩证法的轴心之必要条件。[②]

不管是哪种学说，村民自治是宪法政治，其社会基础是公民社会的形成。我国的农村户口在国家的控制下，由于市场经济和村民直接选举的冲击，逐步瓦解，村民—公民身份逐步清晰。中国自 1992 年实

---

① 参见 T. H. Marsha U. Class，Citizenship and Social Development，pp. 78 – 79. Chicago University Press. 1977。

② 参见吉登斯著、李康等译：《社会的构成》，三联书店出版社 1998 年版，第249—250 页。

行社会主义市场经济以来,出现了城镇暂住户口,这是我国的户口制度发生质的变化。

三、经济基础初步奠定

法律指导型村民自治进行了二十多年,我国政府在农村推动社会主义市场经济,村民自治的经济基础初步建立。这里有两个原因,一是村民"脱贫致富";二是村民同其他劳动者一道享受"国民待遇"。

1949年,中华人民共和国成立,人民民主专政政权建立,虽然是一穷二白的条件下,但农民翻身得解放,表现了强烈的政治热情。这是公民社会形成的基本条件。

但是,贫穷不能带来民主社会。农民本来家底子薄,1952年,全国农村人均收入29元;土地改革给农民带来积极性,1954年增加到64元,1978年才达到134元。[①] 1978年的农民"户"的情况如何呢?据农村住户抽样调查材料,1978年每个农户平均拥有估价不超过500元的住房(3.64间,使用面积以58.38平方米计)、32元储蓄和不超过30公斤的余粮。此外还有数量微不足道的一点农具以及0.5—0.7亩归集体所有、由农户使用的自留地。到1985年,每个农户平均已拥有生产性固定资产793元,估价为2380元的私人住房(5.1间),年末人均手持现金81.6元,人均储蓄存款31元,每户还有余粮(人均年度粮食收入减去年度粮食开支)128公斤(折价64元)。加总起来,每个农户平均拥有3813元完全归其所有的财产。[②]

我国农民用占世界的7%的耕地养活了世界22%人口;不但占全国总人口的80%农村人口得以自食其力,还供养全国人口的85.2%。

[①] 参见杜润生:《中国农村制度变迁》,四川人民出版社2003年版,第59、106页。

[②] 参见《改革面临制度创新》,上海三联书店出版社1988年版,第70—71页。

据统计,1980年工业产值在工农业总产值中的比重已近70%,巨大的剪刀差把不成比例的资金用到了国家的其他建设上。[1] 在这样的经济状况下,怎么能够具备公民社会形成经济基础?

温家宝总理2005年的政府工作报告中,承诺2006年在全国取消农业税。中国的农民终于盼到了"国民待遇",农村的民主政治终于找到了经济基础。

市场经济培育的第二项工作是"市场规制"。夏勇先生已经认识到,"权利在规范里生长,未必意味着权利在社会里生长。同时权利的生长来讲,法律的整合作用从来就是有限的。尤其是在法律的整合作用主要借助'移植'、'灌输'来实现的背景下。所以,我们还必须关注对乡村公法权利的生长起整合作用的更深刻的社会因素,这就是市场"。[2] 农村经济改革的过程,就是一个逐渐走向市场的过程。国内商品市场和国际商品市场的开放,农民逐步成为相对独立的商品生产者。在农村,工业、建筑业、运输业、商业服务业等非农产业的发展改变了乡村单一的经济成分,扩大了乡村的市场;在商品流通方面,开放了乡村集贸市场和小集市;在劳动力市场,农民外出打工形成农民工大潮。

从社会学的角度看,市场并非单一的交易场所,它是一种以物质、货币、人力、信息形式出现的社会关系。市场经济作为一种经济机制,同时也作为一种社会机制,具有容纳、确认和协调乃至重塑乡村社会各种社会关系的功能。

农民在市场上,必须了解、适用并学习如下规制:(1)独立主体的自主自愿。在市场关系中,不存在封建的人身依附,也不存在计划经

---

① 参见杜润生:《中国农村制度变迁》,四川人民出版社2003年版,第83页。

② 参见夏勇:《中国民权哲学》,三联书店出版社2004年版,第276—277页。

济下的"拉郎配"。每个主体都是自由的,他们受各自利益的驱使而相互交换,形成各种各样的权利义务关系网络。(2)平等主体之间的权利与义务对等。在市场经济中,等价交换是市场关系的重要基础,血缘身份、官阶、行政级别是不应该起作用的。(3)法律作为终极根据的权利救济和正义伸张手段。在市场经济中,自主自愿的活动和平等的权利义务皆要求通过普遍一致的规范即法律来表现,并依靠法律来保障;同时,也只有法律才能对社会关系进行强制性调整。

四、乡镇政权权力职能转变,村民得实惠

(一)精简机构,转变职能

乡镇机构"麻雀虽小,五脏俱全":进入 20 世纪 80 年代,乡镇的"五大班子"普遍建立;上面有什么机构,乡镇一般都有,甚至没有林业的地方也有林业站、没有水产的地方也有水产站,等等。据统计,2003年全国乡镇 3.8 万个,其中镇 2 万个、乡 1.8 万个,财政供养人员约1280 万人,每个乡镇平均 300 多人。地处中部地区的河南省鄢陵县1996 年时乡镇机关和事业单位机构数总共为 487 个(其中行政单位12 个),1997 年进行大幅度精简,仍保留了 182 个,到 2001 年仍有 158个(其中全额供给事业单位 120 个);1996 年乡镇机关和事业单位编制数 6130 人,其中行政机关、全额和差额事业单位分别为 540 人、4930 人和 677 人,1997 年编制数不减反增到 6696 人,其中基本是全额事业单位编制增加,到 2001 年全额事业单位编制进一步增加 429 人。此外,2001 年全额和差额事业单位还分别超编 248 人和 229 人。[1]

乡镇党委、政府、经济实体是"三块牌子一个门,说话算数一个人"。乡镇集体经济组织名为"集体",实际上是乡镇一级管理经济事

---

① 参见陈锡文主编:《中国县乡财政与农民增收问题研究》,山西经济出版社 2003 年版,第 278—280 页。

务的"二政府",由于它管的是"经济",有"财权",其"一把手"又大多由乡镇党委书记或副书记兼任,它在乡一级的实际"地位"往往还高于乡镇政府。从而造成乡镇政府对村民自治进行指导的机制和作用形同虚设。

当今,乡镇政权权力可在决策、管理、监督机制等方面进行改革,精简人员,原来的委员会和办公室基本上改为"服务站",乡镇经济企业实行公司治理,与党政管理脱钩。

乡镇干部切实体会到,当今的农村政治体制和管理体制改革改到自己的饭碗上了。第一次改革是"打土豪分田地",万众一心,摧枯拉朽;第二次实行土地"两权分离",探索集体经济的新的实现形式,把乡村干部手中所谓的"一把米"(调控权)拿掉了;而第三次改革从某种意义上说,是把"命"革到自己头上,减人减事减支出,财政出现较大收支缺口,并且改革还要靠他们来执行、来推动。他们从观念到行为都有了质的变化。

(二)从"三要"到"代理"

有人概括乡镇主要工作是"三要"。"要钱"(收取税费)、"要粮"(完成定购)、"要命"(计划生育)。现在,粮食市场已放开,定购已取消,"要粮"已基本不存在了,今后即使粮食紧张也不应当再实行计划指令而应当采取市场经济的办法;"要命"尽管工作还在干,但比起20世纪80年代,"计划生育"显然也已基本步入正轨;这次农业税取消了,"要钱"的事也基本不存在了。在这种情况下,农村乡镇到底还有多少事可干? 青岛市莱西市最近的农村改革实践为我们作出了答案,他们实施了市—乡镇—村委会三级村民事务代理制。

莱西市人民政府为落实"三个代表"重要思想,以"人民满意不满意为标准",从基层工作的实处保持共产党员的先进性,落实科学发展观,提高共产党在基层工作的执政能力,在市、乡镇(包括街道办事处)和村委会三级建立为村民服务的"村民事务代理"制度,市政府有办事大厅,乡镇政府(街道办事处)有办公室,村委会有专职代理员。

从理论上讲,莱西市政府的做法是对我国乡镇公共权力与村民事务的关系的正确阐释,中国具有的政治理论特征,所谓脱离乡镇政权权力,脱离村民的具体私人事务的"公共领域"或"第三部门"是不存在的。要么国家权力通过它的代理人压迫群众,要么国家权力通过其代理人服务群众,这种国家与公民的"同质性",区别于西方发达国家和其他发展中国家的国情。

(三)减轻村民负担,培育村民自治的经济基础

有人对农民人均负担水平进行了统计:合理负担(农业税、牧业税、农业特产税、耕地占用税、契税和屠宰税、乡镇企业税收)和三提(村提留:公积金、公益金和管理费)五统(乡统筹:乡村两级办学、计划生育、优抚、民兵训练、修建乡村道路)、教育集资、教育附加、两工(农村义务工和劳动积累工)为507.99元,各种"三乱"(乱收费、乱罚款和各种摊派)为100元,人情及其他支出为200元,比较社会负担为100元,生产费用支出为80元,总共1037元。

清华大学教授秦晖1994年在调查6省8县19个社区224户的负担水平时,也认识到这个问题,其中91户提供数据计算,各种负担占收入的比例是43.4%。① 2004年中共中央1号文件已经明确,当年农业税税率总体上降低1个百分点。由于粮食供求出现持续紧张态势,决策层很快又决定,在普降1个点基础上,13个粮食主产省(区)中的黑龙江和吉林两省进行免征农业税的试点,其他11个主产省农业税税率降低3个百分点,并宣布5年内取消农业税。同时还明确,有条件的地方可以多降税率以至取消农业税。对因减免农业税而出现的收支缺口,中央财政按"1850"的比例进行转移支付,即除山东、江苏、

---

① 参见唐仁健:《皇粮国税的终结》,中国财政经济出版社2005年版,第64页。

辽宁以外的 10 个粮食主产省按 100％补贴，这 3 个省按 50％补贴，沿海发达省区不补，其余补 80％（主要是西部省区）。

2006 年，我国取消农业税。我国补农、利农的时代到来了。安徽省绩溪县龙川"胡氏祠堂"有一口据说是民国时期的大钟，上面铸有"国泰民安"四个字。有意思的是，其中"国"字里的"玉"少了那一"点"，而"民"字向上的"口"部里多伸出了一点。解说人员说其意思是"国家如果少要一点，人民就能多得一点"。这种"拆字变体"在皖南很流行，而解说人员的"说文解字"则简明而生动地点透了国家与人民在收入分配上此消彼长的密切关系。补农、利农，村民富裕了，村民自治的经济基础也就可靠了。

第十一章
乡镇政权权力与村民自治权利的
法律实践

第一节 乡镇政权权力改革回顾

一、乡镇政权权力的演变

我国 1998 年《村委会组织法》第一条规定,本法制定的宗旨是"保障农村村民实行自治";第三条规定,中国共产党的农村基层组织以党章规定发挥领导核心作用;依照宪法和法律支持和保障村民开展自治活动,直接行使民主权利。第四条规定,乡、民族乡、镇的人民政府对村民委员会的工作给予指导、支持和帮助,但是不得干预依法属于村民自治范围内的事项。

这种规定符合自我国近代以来的乡镇政权权力的发展趋势,但是,不能解决当今农村社会的主要矛盾。

我们首先回顾乡镇政权权力演变过程。清末和北洋政府时期,以乡镇自治之名,行专制国家统治之实。蒋介石执政后,一改过去的"王权止于县政"的传统,乡镇几经周折,终成国家政权序列的一级政权。

1928 年 9 月的《县组织法》规定,县以下机构分为区—村(里)—闾—邻四级。1929 年 6 月公布《重订县组织法》,改村为乡,改里为镇。1934 年又通过《改进地方自治原则》,确定县为一级,乡镇村为一级,多个小村集为乡,百户以上集市者为镇(抗战前就这么明确),保留的村设村公所。1939 年国民党召开"五大",承认过去 12 年实行的地方自治失败,认为地方自治变成了"土劣自治",于是重新颁布《县各级组织纲要》,推行"新县制",明确乡镇是县以下唯一层级的国家政权机构;对乡镇规模重新做了规定,每乡镇以十保为原则,不得少于六保、多于十五保;政权机构名称叫乡镇公所,下设民政、警卫、经济、文化 4 股及国民兵队,各设主任 1 人、干事若干人,民政股、经济股、文化股各主任均由正副乡镇长及中心学校教员分别兼任,警卫股主任由乡镇国民兵队队副兼任,而乡镇长兼任中心学校校长与国民兵队队长,实行所谓政治、教育、军事"三位一体"的管理。后世有学者归纳为"管"、"教"、"养"、"卫"四个字。管,即查户口,监视农民言行等;教,即灌输各种反动思想;养,即摊派各种苛捐杂税,养活国民党统治者和庞大的军队;卫,即加强治安,防盗防"匪"防"共"。①

　　国民党政府在县以下设置政权机构的同时,把国民党党组织的机构也延伸到了乡一级,一般叫区党部,直属县党部领导,下设区分部,区党部书记在有些地方由乡镇长兼任。这首开了"党政合一"之先例。

　　1949 年之后,中国共产党和人民解放军建立人民政府,在县以下设区、乡(镇)两级建制,并一直延续到农业合作化运动后期。乡镇设乡镇长、副乡镇长和指导员等,下设民政、财粮、生产(建设)、治安、文教等股,每股设股长 1 人,办事员 1—2 人,还有文书、会计、交通员等,

---

同时,对乡以下着手废除保甲制,改设村组,行政村与原来保的范围相同,自然村设村民小组。从 1957 年起,曾一度撤区并乡。

1958—1983 年,人民公社与宪法上的乡镇政府合二为一,人民公社既是"我国社会主义社会结构的工农商学兵相结合的基层单位,同时又是社会主义政权组织的基层单位"①,人民公社实行党的高度一元化领导。

1983 年,中共中央、国务院专门发出了《关于实行政社分开建立乡政府的通知》。政社分设后,乡镇国家政权机关为乡镇人民代表大会和乡镇人民政府。与之平行的机构还有乡镇党委和乡镇集体经济组织。90 年代以前,乡镇集体经济组织大多叫经济联合社,之后,又大多叫农工商总公司。近几年,尽管乡镇建制、机构、职能、人员等随着整个机构的改革,各地也都程度不同地进行了一些调整,但总的看,乡镇行政体制的大格局、大框架没有实质性变化。

到 20 世纪 80 年代中后期,为使乡镇政府成为真正的一级政府,各地逐步建立了乡镇财政。但乡镇财政虽不是一级完整的财政,它与上级财政总的是一种"分成"或"包干"的财政关系。在这一时期,乡镇自我膨胀,自我复制,不但机构庞大、臃肿,而且把较大的村编制为行政村或村公所,形成了乡镇—村公所—村委会的行政管理体制。全国乡镇财政供养人员平均约 300 多人。湖北襄阳县,人口 130 万,1996 年县直行政事业收费项目共有 550 项,1999 年收费项目达 1000 多项,收费 6140 万元,占全县财政收入的 30%。② 县乡欠发干部教师工资多达 1028 个县、202 亿元。目前全国乡村负债总额已达 3600 亿元以上,乡均 408 万元。乡镇干部夹在国家和村民中间,是风箱的老

---

① 《中共党史文献选编》(社会主义革命和建设时期),中共中央党校出版社 1992 年版,第 231 页。

② 参见陈锡文主编:《中国县乡财政与农民增收问题研究》,山西经济出版社 2003 年版,第 186 页。

鼠,两头受气。① 1993 年中共中央 7 号文件规定,乡镇不再设置派出机构村公所。进入 21 世纪后,乡镇政府消肿、减人、转变职能、执政为民等一系列改革取得实效。

1998 年实行《村委会组织法》之后,乡镇权力不得干预村民依法自治,乡镇政权权力与村民自治权利的关系问题也随之提到日程。

二、乡镇政权权力设置的学术观点

概括起来,主要有三派观点。一是强化派。认为取消乡镇政府是不可设想的,"正是 19 世纪末以来中国地方社会从传统向近代的转型,使得在县以下建立乡镇一级国家或自治行政成为历史的必然。……今天,乡镇行政虽然存在诸多弊端,然而言改革则可,若言废除乡镇一级行政,则"虽圣人复起而不能行也",②弱化也不应该,而应当进一步强化。现在乡镇政府之所以不能很好发挥作用,关键在于乡镇政府的功能不全,应当强化乡镇政府,把该放的机构放下去,该给的权力给下去,实行"乡治、村政、社有",也就是将村级组织的行政功能扩大并制度化,在村一级建立行政化体制。

强化乡镇必须在现有乡镇政治体制内进行改革。自 1998 年开始,四川、广东、山西和河南等地农村相继进行了乡镇长选举改革的试验,目前主要形成了六种模式,即直选、公推公选、三轮两票、乡镇人大代表直接提名选举、对镇级主要领导干部进行信任投票和海推直选。应该说,在一定意义上,这些改革通过建立规范化、程序化、公开化和定量的民意表达和政治选择机制,提供了新的思路,同时为传统的干部选拔制度向现代政治选举制度的转变提供了一个合理的渐进发展

---

① 唐仁键:《皇粮国税的终结》,中国财政经济出版社 2005 年版,第 179 页注。

② 董增刚:《乡镇建镇的历史思考》,载《社会科学论坛》2002 年第 3 期。

的中间环节,具有一定的制度创新的意义。

二是取消派。认为中国历史上绝大多数时期在县以下是不设治的,当今世界各国绝大多数也只是三级政府,我国现行乡镇政权自身也存在诸多制度性、根本性缺陷,多年来农民负担重主要就重在养了这一级政权,因此,主张修改"宪法",重构我国行政建制和管理体系,完全取消乡镇一级政权。如贺雪峰、徐勇等先生就提出,我国乡村管理体制应当实行"县政—乡派—村治"的模式,用乡公所(县的派出机构)替代乡政府。

三是弱化派。认为乡镇政府不是取消的问题,而是弱化的问题。

这派观点又有两个分支:一个是"消极弱化",即不该给乡政府的"权"(如工商、税务、银行等)就是不给,就是让乡政府不要发挥太多功能,而只起个"上传下达"、"通风报信"的作用。对此,我国目前的乡镇管理和决策体制改革做的就是这件事。

另一个是"积极弱化",积极弱化又有三种观点。

一是于建嵘、项继权等很多学者赞成的推行"乡镇自治",由民众直选政府,这既可避免乡镇政府自身滥用权力,克服机构膨胀、人员超编、滥收滥支等痼疾,又可抵制来自上级和外部的各种不合理的要求和决策,解决乡镇政府究竟为谁干事的"角色错位"问题。

二是唐仁健先生提出的分三步走,最终建立直选的"乡镇自治"。他认为,乡镇一级政府长远看、总体上没有必要,但现在和今后一段时期还不能"完全"取消。具体说,可分"三步走"。第一步:继续撤乡并镇;第二步:完全取消乡和撤并部分镇;第三步,适时直选的乡镇自治。①

三是十一五期间,修改现行的村民委员会组织法,实行间接民主

---

① 唐仁键:《皇粮国税的终结》,中国财政经济出版社 2005 年版,第 182—185 页。

制度的村民自治法。继续乡镇管理和决策体制改革，理顺乡镇政权权利和村民自治权利关系，把党对三农的政策法制化。在"十二五"期间，推行合适民主制度形式的乡镇自治法。这也是本书的观点。

第二节　乡镇政权权力与村民自治权利的
矛盾不是农村的主要矛盾

一、当今农村的基本问题不是基层直接民主建设

当今农村的基本问题是发展问题。

从历史看，中国社会主义的革命和建设对农村、农民的欠账太多。许嘉璐在《中国之重》一书的序言中说："我们姑且抛开国家发展需要解决'三农'问题这一点，单就80多年来中国的历史看，可以毫不夸张地说，主要是农民建成了今天的中国。武装斗争时期，农民用勉强糊口的粮食乃至生命养育了人民军队，社会主义建设时期农民用物资、劳力和货币直接地或间接地支持城市建设、工业化建设。没有农民几十年来的奉献，就没有现在的中国。现在我国东西部差距、城乡差距的拉大，更显出农民生产条件之差，生活之艰苦。另一方面，参照西方工业化的规律，当社会进入工业化中期时，城乡就必须协调发展。在西方，兼顾农村，是被迫的，被动的，是为工业资本获得稳定高额利润所驱使的；在我国，重视'三农'，城市支持农村，工业支持农业，则是自愿的，主动的，是为最广大人民利益和国家的前途着想的。重视'三农'，绝不是施舍，不是恩赐，而是城乡携手并进，是城市和工业对农村农业的'反哺'——这个词儿意味着回报——是对几十年来农民为中华民族所做的一切的肯定和报答。"

从发展看，许嘉璐指出，"换一个角度想一想，如果'三农'问题不能尽快地逐步地妥善地解决，后果是极其可怕的：我国的现代化建设

将难以持续,甚至可能停滞、滑坡。这是因为,城乡差距的不断扩大,在'人往高处走'规律的催动下,城市将不堪其负,治安恶化和社会动荡不可避免,城市所赖以生存发展的资源、能源将难以为继,工业产品由于广大农村市场没有真正形成而过剩,一旦遇到世界的或国内的经济风波,连个回旋的余地都没有。而这种情景的背后则必然是城乡绝大多数人生活水平下降,建设社会主义现代化强国、中华民族振兴的理想不知道将延迟多少年"。

最后他结论到:"让农民富起来"是所有关键性问题从四面八方都连到的这样一个核心。

当今农村的根本问题是发展,是让农民富裕起来,是实现党的十六届五中全会提出的"建设社会主义新农村"的设想。

回顾中国共产党对农村、农业和农民问题的基本政策,一直是沿着农村发展的基本思路进行。自20世纪80年代初至今,中央对农政策主要文件包括:1982年1月,中央1号文件提出包产到户的承包经营,1983年1月,2号文件《当前农村经济政策的若干问题》,从理论上阐述农村经济改革问题;1984年《关于八四年农村工作的通知》;1985年1月《关于进一步活跃农村经济的十项政策》;1986年1月《关于一九八六年农村工作的部署》;2004年1月《中共中央国务院关于促进农民增加收入若干政策的意见》;2005年《中共中央国务院关于进一步加强农村工作提高农村综合生产能力若干政策的意见》。

党中央当今对农政策坚定不移,那就是:积极推进城乡统筹发展,推进现代农业建设,全面深化农村改革,大力发展公共事业,千方百计增加农民收入,建设一个"生产发展,生活富裕,乡风文明,村容整洁,管理民主"的社会主义新农村。

改革开放以来,党中央、国务院为"三农"采取过许多措施,从推行联产承包制、扶贫攻坚,到最近几年西部开发、减免农业税。今后要在已有的很好的基础上再向前跨步,可能需要花更大的力气,更需要新的思路、新的举措,需要跳出"农"字的圈子研究"农"的问题。当今农民、农村、农业的问题很多,诸如:粮食问题;土地问题;税费改革问题;户籍制度改革问题;城市化问题;村民自治问题;制度创新;农村劳动力转移;公共服务问题,农村金融问题;提高农业竞争力;农民增收;城乡统筹;农村教育;等等。

以农村村民自治为中心的民主建设在其中占有多大的地位呢?

中国社会科学院农村发展研究所研究员党国英认为,土地承包之后,许多地方发现公共事务不好办,于是,有些地方就开始搞选举。本来农民就懂得选举,严格地讲,村民自治不是党和政府的发明,有些地方做这件事情水到渠成,后来才得到领导人的肯定。由于村民选举不涉及政权建设,就归口到民政部,好像是社会管理的事情。本来是基本的政治制度,民政部未必要管。但是没有这么一个机构,只好归到民政部。

笔者曾在《村民自治是民主政治的起点吗?》一文中提到,目前的情况看,村民选举中出现的走过场、容易被操纵等情况比较多,农民不满意,村民选举的效果被大打折扣。

在一个熟人社会,谁能干、谁不能干,大家心中都清楚,选举的意义原本就不大。只有在陌生人构成的社会,人们彼此之间不了解,通过竞选活动使选民去了解不同政治家的立场,才使选举有了意义。

从微观方面看,村民只选举村委会成员,而不是党支部书记。但实际上,在绝大多数地方,党支部书记是管事的,所以,村民们觉得选出的人不能代表他们说话,就对选举没有信心。村委会主任没有权,这是非常现实的问题。为了克服这种弊端,有些地方想出了"两委合一"的办法。但是,"两委合一"也导致一些问题,例如,有的地方用党支部替代村委会。后来,又想出一些办法,如"两票制"。此外,尽管有些地方的村委会主任也有权管事,这是因为村支书比较弱,上级也没有干预村主任的工作。

笔者认为乡村民主政治有几大困难：首先，民主政治要搞，但是村官权力要小。现在，村委会干部的权力太大，诱惑也太大。因此，笔者强调私人财产的改革要先行一步。村民选举为什么会出现贿选？选上之后，为什么效果不好？这都与权力太大有关。2002 年，我们强调民主选举；2004 年，我们又进一步强调民主监督、民主决策、民主管理。有些学者由此又非常乐观，认为村民选举没有搞好，就是因为后三者没有搞好，现在，我们只要搞好后三者，就可以确保村民选举的成果。

这是一种浪漫主义。政治学、社会学容易忽视政治活动的成本。2002 年的关于选举的中央文件没有很好落实，2004 年提出民主监督、民主决策和民主管理就不容易落实，因为任何时候都不能靠大民主的办法去监督官员。民主是专业化的政治，一定是少数政治家的专业活动，由他们提供公共服务。

讲村务公开，也有这方面的问题。其实，官员是很容易隐蔽信息的，要一般民众监督他们很难。如果能够选出好的政治家，那么，村务公开不公开，老百姓都比较放心，因为选出来的政治家会相互监督。我们对一些公务员比较放心，不是因为靠道德，而是靠制度、竞争。民主决策、民主管理也是少数人的管理，不能是大家都去管理。关键是民主选举要做好、做扎实，其他问题都不大。现在，我们第一个方面的工作没有做好，就要求另外三个方面的工作要做好。有人认为前些年的村民自治之所以没有做好，就是因为规定得不细致，所以 2004 年出台的文件就规定得相当细致。另外，搞村民自治的人的观点有非常大的差异。笔者认为问题的要害不是程序的问题，根本的是自身的问题没有解决，程序是有用的，但更重要的是认真去选举。

我们的村干部现在管了许多私人事务，包括对土地的过多控制。把村干部支配土地的权力剥夺掉是最基本的条件。搞好两委关系，涉及我们是真民主还是假民主，涉及村民自治的真正目的所在。笔者认为，竞争是真正体现民主的东西，民主不是老百姓都关心政治，而是少数政治家专业化的事情。

政治上的竞争可以培养村民自治中的职业政治家。没有竞争就没有民主,靠党内自己监督自己是不够的。虽然农村的公共事务比较少,但是,仍然要通过鼓励竞争来培养农村的职业政治家。没有竞争就没有民主可言。

村里领导处理的是一部分公共事务。简单才能自治。权力太大,上级想控制,这样就容易形成恶性循环。现在村官的利益在减少,所以税费改革有利于村民自治。

北京大学国际关系学院教授潘维博士甚至更为激烈地认为:问题在于让执政党放弃组织农民,让"农民自治"是否应当成为主流思路?那是一条让中国走回一盘散沙的道路。正确的思路是提高执政党的执政能力、恢复"以民为本"的思路。真正的问题不是要不要基层政权,而是基层官员及其上级官员们做什么。过去的官员不是做鱼肉人民的事情,而是在兢兢业业做组织农民的事情。现在,不能因为部分官员的腐败就放弃组织农民,凡是党和政府组织最薄弱的地方,恰恰是最混乱的地方。那些折腾"基层民主"最热闹的地方,也是问题最多的地方。在市场时代,在工业时代,小农会凋敝,农村会破落,农业会脆弱。这是理解农村问题的基本理论。①

二、乡镇政权权力法律上受制于村民自治权利之不可行

(一)国家层面的法治与乡镇层面的法治不可偏废

我国宪法规定,国家层面的法治主要内容有:坚持中国共产党的领导;人民代表大会制度;多党合作政治协商制度;民族区域和特别行政区自治制度等。

---

① 潘维:《组织农民建造新城市》,载田永胜编:《中国之重》,光明日报出版社 2005 年版,第 110—111 页。

在乡镇基层民主方面,则是更多地强调直接选举和村民自治。我国宪法和村民委员会组织法更多的强调乡镇政权对村民自治的指导作用,乡镇政权权力受制于村民自治权利。

我们认为,国家层面的法治和乡镇基层的法治不可隔离,更不能偏废。

首先,国家权力设置、行使与制约是统一的,这是宪法政治国家体制的必然要求,绝不能以宪法有直接选举和间接选举的不同规定而忽视或漠视中国共产党领导、人民代表大会制度和政治协商制度。

其次,我们要分析封建专制时代"王权止于县政"的历史遗产,封建国家有它的一套统治乡镇和农村的制度措施和办法,我们企图以"村民自治"废除乡镇政权建设,扔掉农村、农业和农民这个包袱是错误的,是要承担历史责任的。

最后,我们要吸取"文化大革命"中以群众斗争制约权力的做法,群众的积极性发动起来,群众的利益和要求表达出来,要在国家宪法政治规定的权力和法律维持的秩序下得以现实,群众性自治与宪法政治是一个整体与部分,大制度与小规则的关系。

(二)我国法律执行与党的政策落实不可偏废

我国革命与建设的基本问题是三农问题,从 1982 年以来,中国共产党中央委员会连续有七个"1 号文件"出台,党的政策一直以头等大事对待和解决三农问题。与党的政策相比,与我国村民委员会组织法规定的乡镇政权受制于村民自治权利的硬性规定有较大差距。在我国,中国共产党是执政党,党的政策是我国立法、执法和司法工作的指导思想和基本原则。在农村,村民自治工作必须坚持中国共产党领导,必须服从党在农村发展的基本路线、方针和政策。

脱离中国共产党领导的,以乡镇政权权力被村民自治权利制约为出发点的,任何精巧的村民自治制度设计都是错误的。

（三）农村法律制度建设与保护村民自治积极性不可偏废

前文讲过，我国农民经过土地改革、集体经济合作化、"人民公社"化，特别是近几年的村民委员会直接选举，农民政治参与的积极性充分地调动起来了，这是公民社会形成的必备条件，也是马歇尔公民社会理论形成的第一阶段。

但是，由于我国民主法治制度起步较晚，农村法律制度更是立法滞后，加上历经动乱，我国乡镇政权权力在农民中没有威信，所谓乡官与村官"官官相护"的心理严重。当今符合中国国情的制度规范、容纳村民日益高涨的自治积极性。

所有这一切，导致农村法律制度建设与村民自治积极性不协调、不相称。这种现象在发展中国家是致命的，是导致社会动乱的根源之一。

按照塞缪尔·亨廷顿的理论，一个纯粹传统的社会可能会愚昧贫穷，却可以是稳定的。相反，处在向现代化转变中的传统社会却充满了暴力和动荡。为什么纯粹传统的社会与现代化中的传统社会会产生不同的政治后果呢？亨廷顿从政治制度化和政治参与这两个变量出发，提出了他著名的"执政官主义"（Praetorianism）理论。他把政治参与与低于政治制度化的政治体系称之为"执政官"政体。换句话说，当民众参与超过政治制度"输出"的能力时，执政官社会便产生了。在亨廷顿看来：在一个制度化的脆弱和政治要求过分的社会中，总会面临着"政治腐败"之虞和半无政府状态。不是由于缺少现代性，而是由于试图获取现代性。[①] 独立后的发展中国家的政治领袖，迷信某种民主制度，而漠视其自身的社会现实。一旦某种民主制度被引进到落后和具有浓厚封建性的社会之中时，便立刻陷入了四面楚歌的困境，从

---

① 参见塞缪尔·亨廷顿：《变革社会中的政治秩序》，华夏出版社 1988 年版，第 41 页。

而造成政治参与扩大与政治制度的"裂缝",政治"裂缝"的出现,为家族势力、寻租、贿赂等留下了活动的广阔空间。

(四)符合条件的"村民—公民社会"没有形成

笔者关于当前村民自治的上述观点在当前学界会有很大的挑战,反驳的学者会认为,笔者是典型的"国家主义"下的"乡村政治"学者,从国家政治的构建中阐述乡村政治,从国家制度解析乡村自治结构。

与笔者持不同观点的学者则认为,他们的研究视角是"乡土",是"村民"。这些学者首先肯定了村民自治的成功,并且认为村民直选是民主制度变迁的第一步。村级选举作为"村民自治"的一个组成部分其实质则是意味着"一套与以往管理体制根本不同的民主制度正在进入乡村社,这样的政府官员与学者的视角和在这一视角下对村干部直接选举作出的判断和评价的一个结果,是"缺乏'农民视角',是对农民在这一制度变迁中的作用、心态都很少有令人信服的研究"[1]。而事实上,在讨论和评价农村村干部直选状况时,村干部与农民的应对态度和实际行为是极其重要的,因为是他们构成了直接选举的"主体"。另一方面,直接选举的任何一种结果都是通过他们的行动才得以体现。恰恰是在这一点上体现出农民面对"选举"这样一种新的制度安排所表现出来的能动性和农民作为一个集体的意志的力量。而这种能动性和这种意志的力量则完全可能在实践中导致一种具体制度发生变迁。

这些学者认为他们的研究与官员及其他学者不同,他们通过"田野调查",以"农民眼中的研究"农村实际。他们认为,只有田野调查才能了解到农村所发生的实际情况,才能知晓农民的态度以及他们应对一种新制度进入村落社区的行动。而按照韦伯的说法,这样的行动

---

① 仝志辉:《村级选举的历史发展和学术研究》,载刘亚伟编:《无声的革命——村民直选的历史、现实和未来》,西北大学出版社 2002 年版。

通常是被农民赋予了某种主观意义的,它需要我们的理解,也需要我们给出一种符合农民本意的解释。这些学者强调,他们不是站在学者或官员立场上的解释或是学者与官员将自己的想法加于农民之上的那样的解释。要真正了解农村中发生的事情,我们就必须知道农民眼中的"农村实际",而不是用学者或官员眼中的"农村实际"来代替农民眼中的"农村实际",这样才能对在农村中实行的新制度或新政策给出切合实际的评价和看法,才能对当前农民所面对的一系列的实际问题的解决给予真切有效的帮助。他们否认了法律移植或制度建构基层民主的意义。他们说,在现在的讨论中需要警惕的是一种"恩赐"的观点:你们(农民)不是缺少民主,缺少意见表达的渠道,缺少维护自己权益的途径吗? 看,我们给你们带来了多么好的新(民主)制度,你们要好好珍惜,坚决贯彻。如果农民不接受,或者在实行中采取一种消极的态度,那便是"落后",是旧的文化或观念的阻碍,或者是代表旧传统的家族势力或宗派组织的破坏。这种"恩赐"观点的背后显然是一种政府官员或学者的立场,而在这样的立场导引下,农村直接选举的真实图景就发生了某种价值主导下的扭曲或变形,由此产生的判断非常可能带来信息误导。①

以上这些观点和方法,不过是沿用西方国家现代化转型时期的国家和市民社会两元对立的模式释读中国农村。笔者也从乡村自治主体及其行为的实证研究出发,得出的结论是:我国符合条件的"村民—公民社会"没有形成。因为,第一,不存在中央国家与民间社会或市民社会对立的情形;第二,我国国家政权与农村村民同质,没有异化,在共产党的领导下,共同进行公共事业管理。

---

① 杨善华:《农村村干部直选研究引发的若干理论问题》,《社会学研究》2003 年第 6 期,转载《当代中国农村的社会生活》,中国社会科学出版社 2005 年版,第 4—6 页。

1. 当今乡村自治的主体实际上是"户"而不是"公民"

我国《村委会组织法》第十七条第二款规定:村委会选举"或者由本村三分之二以上的户的代表参加"。有了这一条规定后,我国村务实践中,以"户"为选举单位的选举渐成风气,若干经验都是由"户"为选举单位实践的结果。

从政治学、社会学的角度,我国农村是否还有一个"户"的共同体?而"家长"或"户的代表"可以剥夺户内选民的政治权利? 只有一个答案,那就是"没有"和"不能"。

第一,我国宪法规定,选举权与被选举权是公民基本权利,村委会的主体是符合年龄和智力条件的公民构成,法律规定"家长"或"户的代表"可剥夺公民的选举权,属违宪行为。第二,家长或"户的代表"为什么可以代表符合选民条件的人员行使选举权,这里没有抚养、赡养、血缘、姻亲关系,这种政治权利的改变,没有法理依据。第三,我国家庭发展到了今天,父权、夫权、兄长等已被彻底动摇,法律规定这些残余还要起到代表选举的政治作用,没有任何经济和文化基础。

我国的《农村土地承包法》规定了农村土地的承包经营权为"户"所有的"户经济"概念。农村土地的承包经营权作为一种财产权,可以使用、经营、转让、继承,该法通篇在很多地方都强化了"户"作为这宗财产的所有者、使用者、受益者、转让者和继承者的主体地位。

从我国经济体制或经济行政法的角度,我国农村是否还有一个"户经济"的范畴? 只有一个答案,那就是"没有"。

第一,我国宪法、法律、法规规定了我国的经济成分有国有、集体所有、私营等经济成分,唯独没有"户有经济"。第二,城镇的个体户和农村的专业承包户是农村我国经济体改革和经济行政法规范的"两户",农村的专业承包户不能概括"户经济",逻辑上讲不通。第三,该法没有可操作性,首先,户内夫妻和成人公民,究竟谁能代表户的利益? 有"户主"这种法人或负责人的民法上民事主体吗? 男女平等和公民权益如何体现？其次，土地承包经营权的财产价值如何界定、分配、收益和使用？户内成员对于该项财产是按份公有还是共同共有？是集体财产还是私有财产？再次，土地承包经营权作为财产被继承，与我国继承法有无冲突？最后，包产到户，土地承包到户，历来是我国农村经济发展纠偏的措施，具有临时性和政策性。立法者把政策直接改成法律，缺乏对中国历史发展规律的认识，缺少我国公民社会生成的法理依据。

全国村委会直选实践的典型案例都是以"户"为单位的。

上面我们对"户"参与乡村自治的合法性提出质疑。

1992年，福特基金会组织的一个外国专家代表团到福建省考察村委会选举，就包括选举在内的村民自治问题与当地干部进行交谈，提出"取消户代表投票"实行"一人一票"制的建议，被福建省所采纳，所以在1993年9月修正通过的《福建省村民委员会选举办法》中，就取消了有关户代表投票的条款。①

之所以出现"户"参与乡村自治，除了我国当前的政治、法律及其历史因素之外，有些学者的歪曲解释也是重要原因。笔者认为，现在学界普遍认同"户"代表参与选举是"间接选举"，这是错误的。

"户"参与选举的实质是由"户"的代表行使"户"内成员的选举权和被选举权、表决权、发表并陈述意见等。

第一，从民主政治原理和人权理论出发，法治社会、宪政国家的任何政治选举从来都是"直接选举"而不是"间接选举"。

列宁认为民主选举是民主制度的基础，而只有普遍、直接、平等的选举才是民主的选举。② 由之，"普遍、平等、直接、无记名投票"便是

①　参见赵秀玲：《村民自治通论》，中国社会科学出版社2004年版，第213、190、212页。

②　参见《列宁全集》第18卷，人民出版社1959年版，第273页。

宪政体现的主要选举方式。"间接选举"词条在西方国家的法学词典中一般不收入,而在我国,却是学者们著书立说的重大课题了。

第二,我国《村民委员会组织法》第十一条至十六条规定,村委会成员的选举是有选举权的村民直接选举。如果在理论研究和实践操作中坚持所谓"间接选举"就是违法行为。

第三,我国有关选举法规定,可以委托投票。那么,"户"的代表行使"户"内成员的选举权和被选举权也只能理解为"委托投票"。"户"的代表和"户"内成员之间的法律关系是代理关系。"间接选举"在我国有"代议制"的政治含义,具有选举法意义上的解释,显然是错误的。

第四,至于在村民大会和村民代表会以上有"户"的代表参加议决事,则具有"代议制"的性质。

2. 自治主体行使自治权的行为不是出于公共管理目的

什么叫自治?过去我们通俗界定为"民主选举、民主决策、民主管理、民主监督",四个内容都是"民主"。民主是什么?"在绝大多数战后政治理论中,民主(用来评价程序)和正义(用来评价结果)是两个基本的规范概念"。[1] 以民主选举、民主决策、民主管理、民主监督来理解自治的概念,自治只是"以程序规范选举、决策、管理和监督,并使之制度化"。这样一来,自治的本质属性过于单薄,"正常的自治讲的是公共事务的自治",[2]也就是说,自治的动因、过程、内容都是公共事务治理,治理的形式乃是以程序规范选举、决策、管理和监督,并使之制度化。

以民主选举为例,选举者与被选举者的主观动因不是因公共事务管理而起。就被选举者而言,他之所以竞选,大多是为了对公共资源

---

① 威尔·金里卡著,刘莘译:《当代政治哲学》,上海三联书店出版社2004年版,第315页。

② 党国英:《村民自治重在选举》,载田永胜编:《中国之重》,光明日报出版社2005年版,第134页。

管理或经营的预期。

对民主选举持完全肯定态度的学者"在广东珠江三角洲调查时发现,在收入非常高的农村中,村民对竞争性选举仍然有着非常高的兴趣。原因是村庄中有许多村民可以得到的公共资源(如来自村集体出租土地的福利性收入)。但是却存在着村民们认为不公平的分配原则,而制定这些原则的是现任村干部。由此我们认为,村民积极参与直接选举的另一个原因可能与村庄(包括村民小组)拥有的公共资源多少以及村民对自己能占有的份额的期望值有关。如果村民看到村里有数量众多的公共资源而且又有希望可以得到,即这种参与确实有给他们带来物质利益的可能,他们就会积极参与选举。当然,这背后的潜台词是新当选的村干部要兑现自己竞选时的承诺,满足村民们对物质利益的要求,不然,他们就会失去这些村民的拥护从而失去自己权力的基础。因此就这一点而言,村民对选举的参与带有明显的理性色彩,而且,这种理性色彩还会体现在村民对参与选举的其他比较利益的考虑方面。比如,参与选举必须要有的投入和对这种投入的回报的预期的比较,投自己拥护的人的票与该人一旦当选后能给自己何种回报的比较,当选村干部后得到的好处和付出的代价与从事其他职业(比如打工)得到的好处和付出的代价的比较等"。①

① 杨善华:《农村村干部直选研究引发的若干理论问题》,《社会学研究》2003年第6期,转载《当代中国农村的社会生活》,中国社会科学出版社2005年版,第9—10页。

第十二章
《村委会组织法》执行困境

第一节　乡镇政权权力与法律规定的冲突

一、《村委会组织法》关于乡镇政府权力规定的缺位

（一）乡镇政府权力的现行法律规定

在1998年《村委会组织法》中，对于乡镇政府的行政权力规定极其有限，并与其他国家机关规定的权力有冲突。

因为村民委员会是村民自我管理、自我教育、自我服务的基层群众性自治组织。为了保障农村村民实行自治，由村民群众依法办理自己的事情，发展农村基层民主，根据宪法，制定本法。《村委会组织法》的立法宗旨决定了乡镇政府行政权力的有限性。

《村委会组织法》第四条规定了乡、民族乡、镇的人民政府的行政权力是对村民委员会的工作给予指导、支持和帮助，但是不得干预依法属于村民自治范围内的事项。

此外，乡镇政府有村委会设立、撤销、范围调整的提议权和村民会议制定和修改的村民自治章程、村规民约的备案权。

乡镇政府和其他国家机关对选举举报和村务财务公开反映的事

实,有为村民选择的调查核实权。

乡镇政权有选举事宜的举报受理权和调查处理权。有人以威胁、贿赂、伪造选票等不正当手段,妨害村民行使选举权、被选举权,破坏村民委员会选举的,村民有权向乡、民族乡、镇的人民代表大会和人民政府或者县级人民代表大会常务委员会和人民政府及其有关主管部门举报,有关机关应当负责调查并依法处理。

村民委员会村务和财务公开,不及时公布应当公布的事项或者公布的事项不真实的,村民有权向乡、民族乡、镇人民政府或者县级人民政府及其有关主管部门反映,有关政府机关应当负责调查核实,责令公布;经查证确有违法行为的,有关人员应当依法承担责任。

《村委会组织法》规定,村民委员会办理本村的公共事务和公益事业,调解民间纠纷,协助维护社会治安,有权向人民政府反映村民的意见、要求和提出建议。

与此同时,村民委员会有义务协助乡、民族乡、镇的人民政府开展工作。

值得注意的是,乡镇人民政府依法不是《村委会组织法》保证实施国家机关。法律规定的是地方各级人民代表大会和县级以上地方各级人民代表大会常务委员会在本行政区域内保证本法的实施,保障村民依法行使自治权利。有关主管机关是县级民政局。

《村委会组织法》缺陷有二:一是对乡镇政府行政权力规定有限,二是国家各机关的权限规定有冲突。该法不能有效组织领导村民自治。

(二)中央《关于健全和完善村务公开和民主管理制度的意见》(中办发[2004]17号)对乡镇人民政府权力的补充

党中央国务院及时地认识到,"各级党委和政府要以邓小平理论和'三个代表'重要思想为指导,增强推进村务公开和民主管理的自觉性和紧迫感,真正把这一关系亿万农民切身利益的大事抓紧抓好、抓出成效,实现好、维护好、发展好广大农民群众的根本利益"。为此,中央做了如下补充规定：

第一，明确县乡党委和政府的责任。

健全和完善村务公开和民主管理制度，县、乡党委和政府是关键。要建立党政领导责任制，把村务公开和民主管理作为基层干部政绩考核的重要内容，并不断完善考核评价办法。要加大督促检查力度，及时受理群众来信、来访和申诉，及时化解社会矛盾，维护农村稳定。要加大培训力度，加强对新任村组干部、农村财会人员、民主理财小组成员和村民代表的培训，提高他们的政策水平和依法办事能力，使他们善于用说服的方法、示范的方法、服务的方法推动农村工作。要切实加强农村精神文明建设和思想政治工作。积极引导农民群众参与村务公开和民主管理的实践活动，在实践中学会正确行使民主权利。坚决制止利用宗教、宗族、家族势力干预基层经济社会事务管理的行为。

第二，确定村民自治的领导体制和工作机制。

各省（自治区、直辖市）党委和政府提出指导性意见。县（市）党委和政府制定具体的实施意见。健全领导体制。乡镇党委和政府统一领导、有关部门共同参与、民政部门组织协调的领导体制和工作机制，并保证开展工作的必要人员和经费。各有关部门要在各自职责范围内支持和引导村党组织、村民委员会、村集体经济组织做好村务公开和民主管理方面的工作。

第三，细化乡镇人民政府负责事项。

乡镇人民政府负责主持换届移交的工作。村民委员会换届工作结束后，原村民委员会应将公章、办公场所、办公用具、集体财务账目、固定资产、工作档案、债权债务及其他遗留问题等，及时移交给新一届村民委员会。移交工作由乡级人民政府负责主持。对拒绝移交或无故拖延移交的，村党组织、乡级党委和政府应给予批评教育，督促其加以改正。移交过程中发现有重大问题的，村干部和村民可以向乡级人民政府或者纪检监察机关、人民法院、人民检察院等有关机关反映，受理单位应及时依法处理。

乡镇人民政府负责有关村的财务清理、整顿和集体资产监管。对群众反映财务问题较多的村,县、乡党委和政府及有关部门要帮助其搞好财务清理整顿工作,解决存在的问题,建立健全财务管理和民主理财制度。制定和完善集体资产监管办法,防止集体资产流失,确保村集体资产保值、增值。对群众反映财务问题较多的村,县、乡党委和政府及有关部门要帮助其搞好财务清理整顿工作,解决存在的问题,建立健全财务管理和民主理财制度。制定和完善集体资产监管办法,防止集体资产流失,确保村集体资产保值、增值。

乡镇人民政府应加强对农村集体财务的审计监督。县、乡两级农村集体资产和财务管理指导部门,要切实组织好对农村集体财务的审计监督工作。审计内容主要包括:集体资产的管理使用、财务预决算、财务收支、生产经营和建设项目的发包管理、集体的债权债务、上级划拨或接受社会捐赠的资金、物资使用等情况,以及群众要求审计的其他事项。

乡镇人民政府还要负责对村干部的民主评议工作。民主评议对象为村党组织班子成员、村民委员会班子成员、村集体经济组织班子成员、村民小组长以及享受由村民或集体承担误工补贴(工资)的其他村务管理人员。民主评议由乡级党委、政府具体组织,通过村民会议、村民代表会议或与村民座谈等形式进行。民主评议一般每年进行一次,要把群众满意与否作为衡量村干部是否合格的标准,评议结果要与村干部的使用和补贴(工资)标准直接挂钩。对连续两次被评为不合格的村干部,是村党组织成员的,按党内有关规定处理;是村民委员会班子成员或村集体经济组织班子成员的,应责令其辞职,不辞职的应启动罢免程序。

二、乡镇政权权力与村民自治权利的冲突

(一)选举委员会

在现行的《村委会组织法》的框架内,由于规定的模糊和制度缺

位,乡镇政府权力在组织选举委员会和选举时间、有效无效的确定及选举结果公布等环节与村民自治权利有冲突。

选举委员会是村民直选中临时的组织机构,其履行职责的期间,从组成之日至新一届村民委员会召开第一次会议时止。

选举委员会是一个非常重要的组织,它的工作好坏直接影响选举的程序是否合法,而程序问题是民主的根本。

关于村民选举委员会的具体职责,《村委会组织法》没有作出明确规定,从各地的实施办法和村民委员会选举办法来看,其主要职责有:宣传选举的目的、意义和有关法律、法规;制定选举工作实施方案;确定和培训聘请的选举工作人员;组织选民登记,审查选民资格,公布选民名单;组织选民提名村民委员会成员候选人,并公布候选人名单;确定并公告选举日期、投票地点;主持选举大会,公布选举结果,并报乡、民族乡、镇人民政府备案;受理有关选举工作的申诉;总结选举工作,整理、建立选举工作档案。

2002年12月8日,黑龙江省某市民主村村委会通知全体村民要举行村委会换届选举。次日,乡政府选举工作领导小组人员到村里宣布:此次换届选举由现任村党支部书记董某主持。2003年1月18日,村委会门前贴出公告说,由各村民小组推选产生的村选举委员会决定,正式选举日定在1月25日。但有村民得知,所谓的村选举委员会是由董某直接安排自己的亲信组成的。村民们十分不满,向有关政府部门进行了反映。①

村民委员会选举要搞好,要体现公开、公正、公平的原则,就必须要有一个公正、独立的机构来组织实施。《村委会组织法》第十三条规定:"村民委员会的选举,由村民选举委员会主持。村民选举委员会成

---

① 任自力、尹田主编:《中国村民自治与法律维权》,法律出版社2005年版,第53页所选案例。

员由村民会议或者各村民小组推选产生。"各省、自治区、直辖市的地方性法规进一步明确规定了村民委员会选举组织机构的人数和产生的方式。本案涉及的黑龙江省颁布的《黑龙江省村民委员会选举办法》第二章第七条规定:"村民委员会换届选举时,村设立村民选举委员会。村民选举委员会由五至九人单数组成,其成员由村民会议或各村民小组推选产生,并从中推选一人主持工作。"由此可见,村民选举委员的产生具有明确的法律法规依据,必须依法进行,任何组织和个人,都不得委派或指定村民选举委员会的成员。

（二）选举日期、有效无效的确定及选举结果公布

1. 确认选举或选票是否有效

一般而言,村委会选举乡镇政府都要派出专门的工作人员予以过程监督,他们的一个重要的任务就是确认选票否有效。

据笔者调查,凡选举中有实力相当的竞争者,一般来说,双方票数非常接近,每一张选票是否有效直接决定了某竞选人的落选或胜出的结局。例如,填写姓名是否规范、涂抹是否有效、是否因有记号而作废、是否因为委托手续不全而作废,等等,对这些选票进行核实确认是一项非常重要的工作。

还有的是确认选举是否有效。某村共有 32 户人家,共计 156 人。2004 年春,村里进行村民委员会的换届选举工作。在经过了选民资格的确定、选民登记、公布选民名单等环节之后,开始进行正式选举。在选举日,很多村民都没有参加选举。根据最后的计票统计,全村 124 名有选举权资格的村民中只有 55 人参加了投票,经过投票结果显示,该村的候选人王某得票数最多,有 38 票。①

显然,这次选举无效,违背了《村民委员会组织法》第十四条第二

---

① 任自力、尹田主编:《中国村民自治与法律维权》,法律出版社 2005 年版,第 58 页所选案例。

款规定的"选举村民委员会,有选举权的村民的过半数投票,选举有效;候选人获得参加投票的村民的过半数的选票,始得当选"的"双过半"的规定。

选举无效有时还表现为程序违法。根据《村委会组织法》和其他有关地方性法规的规定,村民委员会选举的主要程序包括:(1)建立选举机构,进行选民登记;(2)候选人的产生;(3)投票和确认选举结果。其中投票过程是:召开选举大会,清点参选选民人数,推选监票、计票人员,清理票箱,发选票,宣布纪律和注意事项,填好选票并按顺序投票,核对投票人数和票数,做好记录并由监票人签字。投票一律实行无记名投票和公开计票的方式进行。选民可投赞成票,可投反对票,可投弃权票,也可另选他人。

2. 公开、及时计票和选举结果公布

2003年2月某村村民委员会换届选举工作如期进行,该乡政府组织的该村选举工作开始。3月2日下午,计票工作结束,一位乡政府干部提出先在小范围讨论一下,然后向村民公布结果,遭到村民选举委员会的反对,要求在计票后当场公布选举结果,但乡领导坚持说要第二天早上公布。第二天村民涌进乡政府要求公布选举结果,与乡政府工作人员发生冲突。直到4月5日,乡政府才公布了选举结果。[1]

公开、及时计票与公布选举结果,是程序合法的必然要求。公开计票时,由于整个过程都在村民的高度关注下进行,对于选民的心理和选举结果的公正有很大影响。对选民而言,在自己的亲自监督下,公开计票、当场公布结果这一程序的合法性可使他们对选举的信任感大为增强。

此外,选举的时间也是一个重要的因素,它可能会影响村民投票

---

[1] 任自力、尹田主编:《中国村民自治与法律维权》,法律出版社2005年版,第61页所选案例。

和最终的选举结果。

（三）指定"两委"负责人

由于《村委会组织法》对农村基层党组织在村民自治中的地位与作用规定缺位，近几年来，农村发明了"两委合一"的体制，即村委会和党（总）支部相互兼职，特别是村委会主任和党总（支）书记合一的制度。但是，民政部在历次换届选举的工作布置中，均作出了弹性规定，即根据实际情况，不搞"一刀切"。但这种灵活性并没有解决不同竞选者之间的利益冲突。

笔者回乡做民办教师的王家上流村，原来是一个村，在"人民公社"时期分为北王家上流村和南王家上流村，在2005年初的北王家上流村村委会选举和党支部选举中，双方实力相当，最后双双出线，分别出任村委会主任或党支部书记。2005年底，南王家上流村村委会选举和党支部选举中，双方实力相差也不大，一边在党支部选举和村委会选举中出线，另一边在党支部选举中出线。现在，九水路街道办事处迟迟不能下决心，这两人究竟怎样任职，街道办事处的尴尬状况，影响了两个村的稳定局面，乡镇人民政府的权力究竟如何平衡，依然是当前需要考虑的重要课题。

第二节　法定的村民自治权利与政策及法理的冲突

一、关于村民自治权利的规定缺少制衡

（一）《村委会组织法》关于村民自治权利的法律规定

《村委会组织法》关于村民自治权利的法律规定是原则的，比较笼统。《村委会组织法》共有三十条，关于民主选举、民主决策、民主管理和民主监督四个部分的内容比例不太平均：关于选举权和被选举权的规定有六条，占整个组织法五分之一；决策和管理共有二条半，监督有

三条;其余的就是自治原则、自治组织等其他规定。

关于民主决策与管理的内容主要有:

第五条第三款,依照法律规定,管理本村属于村农民集体所有的土地和其他财产,教育村民合理利用自然资源,保护和改善生态环境。

第十九条,涉及村民利益的下列事项:

乡统筹的收缴办法,村提留的收缴及使用;

本村享受误工补贴的人数及补贴标准;

从村集体经济所得收益的使用;

村办学校、村建道路等村公益事业的经费筹集方案;

村集体经济项目的立项、承包方案及村公益事业的建设承包方案;

村民的承包经营方案;

宅基地的使用方案;

其他事项。

第二十条第一款,制定和修改村民自治章程、村规民约。

关于民主监督的内容主要有:

第二十条,村民委员会应当及时公布下列事项,其中涉及财务的事项至少每六个月公布一次,接受村民的监督:

由村民会议讨论决定的事项及其实施情况;

国家计划生育政策的落实方案;

救灾救济款物的发放情况;

水电费的收缴以及涉及本村村民利益、村民普遍关心的其他事项。

村民委员会应当保证公布内容的真实性,并接受村民的查询。

村民委员会不及时公布应当公布的事项或者公布的事项不真实的,村民有权向乡、民族乡、镇人民政府或者县级人民政府及其有关主管部门反映,有关政府机关应当负责调查核实,责令公布;经查证确有违法行为的,有关人员应当依法承担责任。

第二十三条,村民委员会及其成员应当遵守宪法、法律、法规和国家的政策,办事公道,廉洁奉公,热心为村民服务。

第二十四条,村民委员会进行工作,应当坚持群众路线,充分发扬民主,认真听取不同意见,坚持说服教育,不得强迫命令,不得打击报复。

(二)关于村民行使自治权利的制约规定

显然,由于《村委会组织法》关于村民自治权利规定的不够完善,使一些地方在村务公开和民主管理中还存在着重形式、轻实效,制度不健全、决策不民主等问题。这与农村改革发展稳定的新形势新任务不相适应,在一定程度上影响了农村经济和社会的发展。为了把党在农村的各项政策落到实处,切实解决好"三农"问题,必须进一步健全和完善村务公开和民主管理制度,扎实推进村务公开和民主管理工作。

《关于健全和完善村务公开和民主管理制度的意见》(中办发〔2004〕17号)就村民行使自治权利做了进一步规定。

1. 健全村务公开制度

继续坚持公开国家有关法律法规和政策明确要求公开的事项。要根据农村改革发展的新形势、新情况,及时丰富和拓展村务公开内容。农民群众要求公开的其他事项,也应公开。

各地农村应坚持实际、实用、实效的原则,以各种有效形式公开。一般的村务事项至少每季度公开一次,涉及农民利益的重大问题以及群众关心的事项要及时公开。集体财务往来较多的村,财务收支情况应每月公布一次。

村民委员会提出公开的具体方案;村务公开监督小组对方案进行审查、补充、完善后,提交村党组织和村民委员会联席会议讨论确定;村民委员会通过村务公开栏等形式及时公布。

设立经村民会议或村民代表会议在村民代表中推选产生、负责监督村务公开制度的落实村务公开监督小组。

群众对公布的内容有疑问的，可以口头或书面形式向村务公开监督小组投诉，村务公开监督小组对群众反映的问题应当及时进行调查，确有内容遗漏或者不真实的，应督促村民委员会重新公布；也可以直接向村党组织、村民委员会询问，村民委员会应在 10 日内予以解释和答复。村民委员会要对村务公开资料进行整理归档并妥善保管。

2. 规范民主决策机制

凡是与农民群众切身利益密切相关的事项，如村集体的土地承包和租赁、集体企业改制、集体举债、集体资产处置、村干部报酬、村公益事业的经费筹集方案和建设承包方案等，都要实行民主决策，不能由个人或少数人决定。集体经济已实行股份制或股份合作制改革的村，要按照改革后的有关要求进行民主决策和民主监督。

村级民主决策的基本组织形式是村民会议和村民代表会议。召开村民会议，应当有本村 18 周岁以上村民的过半数参加，或者有本村 2/3 以上的户的代表参加，所作决定应当经到会人员的过半数通过。

涉及村民利益的事项，原则上要遵循以下决策程序：由村党组织、村民委员会、村集体经济组织、1/10 以上村民联名或 1/5 以上村民代表联名提出议案；由村党组织统一受理议案，并召集村党组织和村民委员会联席会议，研究提出具体意见或建议；由村民委员会召集村民会议或村民代表会议讨论决定；由村党组织、村民委员会组织实施村民民主决策事项的办理。对提交村民会议或村民代表会议讨论决定的事项，会前要向村民或村民代表公告，广泛征求意见；会后要及时公布表决结果；对决定事项的实施情况，要及时公布，自觉接受群众监督。

村民会议或村民代表会议依法形成的决议不得随意更改，如因情况发生变化确需更改的，要通过村民会议或村民代表会议讨论决定。

村民会议或村民代表会议讨论决定的事项,要形成书面记录并妥善保存。

3. 完善民主管理制度

村党组织、村民委员会要依据党的方针政策和国家的法律法规,组织全体村民结合实际讨论制定和完善村民自治章程、村规民约、村民会议和村民代表会议议事规则、财务管理制度等,明确规定村干部的职责、村民的权利和义务,村级各类组织的职责、工作程序及相互关系,明确提出对经济管理、社会治安、移风易俗、计划生育等方面的要求。

村民委员会换届工作结束后,原村民委员会应将公章、办公场所、办公用具、集体财务账目、固定资产、工作档案、债权债务及其他遗留问题等,由乡级人民政府负责主持,及时移交给新一届村民委员会。

村民民主理财由村民会议或村民代表会议从村务公开监督小组成员中推选产生的村民民主理财小组进行。民主理财小组向村民会议或村民代表会议负责并报告工作。

财务事项发生时,经手人必须取得有效的原始凭证,注明用途并签字(盖章),交民主理财小组集体审核。审核同意后,由民主理财小组组长签字(盖章),报经村党组织、村民委员会负责人审批同意并签字(盖章),由会计人员审核记账。经民主理财小组审核确定为不合理财务开支的事项,有关支出由责任人承担。财务流程完成后,要按照财务公开程序进行公开,接受群众监督。

4. 强化村务管理的监督制约机制

加大对集体土地征用、集体企业改制、"村改居"和并村过程中集体资产的处置、村内"一事一议"筹资筹劳、新型农村合作医疗、政府发放到村到户的各项补贴资金和物资等事项的审计力度,并将审计结果及时公布。村干部任期届满或离任时必须审计。农村集体经济组织、村民小组、农(畜)产品行业协会和农民专业合作组织所有的资产,也要实行财务公开,加强管理与监督。

由乡级党委、政府具体组织民主评议村党组织班子成员、村民委员会班子成员、村集体经济组织班子成员、村民小组长以及享受由村民或集体承担误工补贴(工资)的其他村务管理人员。民主评议一般每年进行一次,要把群众满意与否作为衡量村干部是否合格的标准,评议结果要与村干部的使用和补贴(工资)标准直接挂钩。

建立和完善村干部的激励约束制度。

二、《村委会组织法》有关规定的法理依据不足

(一)集体财产性质和处分

按照民政部《关于推动农村集体财务管理和监督经常化规范化制度化的意见》第二条规定,农村集体经济组织的资产是由其成员入股和长期劳动积累所形成的共有资产,属于集体性质,归各该集体经济组织全体成员共同所有。农村集体资产包括经营性资产、非经营性资产和土地、水面、山林等资源性资产。集体资产所有权受国家法律保护,任何单位和个人不得侵占、平调、挪用。要明确集体资产和国有资产以及各集体经济组织资产之间的界限。

众所周知,集体资产的经营性资产经过历年的改制,已经产权明晰,按照各类企业法律法规进行法人治理。非经营资产是审计资产。唯独土地、水面、山林等资源性资产是我们本书讨论的问题。

中国现行法律和政策中所指出的"集体所有",就是以村为单元的所有农民共同所有,其代表是村民委员会或村集体经济组织,农户和农民作为集体组织的成员,是否平等地拥有对集体土地的成员权,是否可以按份分割资源性资产的所有权,是一个争论性的法律问题、政策问题和学术问题。

中国农村社会学研究会会长的郭书田先生总结学者关于解决土地产权的观点时说,从目前看,解决农村集体土地问题有三种主张:一

是把现在的土地改为国家所有,切断了农村干部支配土地的权力。分成田底权、田面权。田底权归国家,田面权归农民永久使用。这种主张也叫永佃制。二是恢复农民所有或者农户所有,不再实行两权分离。三是把承包制改变为永包制,把承包权改变为物权,可以出租、转让、继承、抵押。

第一种观点有其理论和实践根据,我国农村经过经济合作化和人民公社化之后,国家和农民的关系已经由众多私有者与国家的关系变为国家和农民的关系,农村实际上是"国家农民"。永佃制实现了田底权归国家,田面权归农民永久使用。

第二种观点是私有化的观点,在学界有相当的市场。

第三种观点以中国人民大学法学院院长王利明教授为代表。他指出:"正如全国人大常委会执法检查组对《农村土地承包法》实施情况的检查报告中所指出的,该法颁布实施之后,总体上看发挥了稳定农村土地承包关系、有效保护农民土地承包权的作用。该法难以充分保障农民土地权利的主要原因,首先是对该法的学习、宣传与贯彻程度仍然不足,一定程度上影响了法律的实效性。第二个原因是该法没有将农村土地承包权明确为物权,从而使该权利不具有很强的法律效力,《物权法》正可以弥补这方面的不足。

第一,《物权法》将土地承包经营权确定为物权之后,根据物权法定原则,权利的内容、效力与公示方法等都应当由法律确定,而不能由发包人通过承包合同中的约定加以排除,因此将限制发包人任意制定承包合同条款,剥夺承包人的合法权益。第二,明确为物权之后,土地承包经营权的期限由法律规定,从而使农民的土地权利具有较高的稳定性,有利于保护农民对土地的长期投资与改良,促进农业经济的持续发展。第三,将土地承包经营权确定为物权,实际上确立了农民对土地的直接利益主体的法律地位,使农民行使权利参加集体土地的管理有了强有力的法律保障,从而限制一些乡村干部擅自非法转让土地,防止农村集体经济组织耕地资源的流失。第四,将土地承包经营权确定为物权之后,权利人可以在法律规定的范围内,对所承包的土地行使充分的占有、使用、收益以及依法处分的权利,对承包权进行转包、出租、互换、转让、分割等各种形式的处分,从而促进农村土地的流转,提高土地的经营效率。但应当明确的是,承包人有权处分的只是土地承包经营权,而不是土地所有权本身。"①

郭书田先生指出,以上三种主张应该因地制宜,可以在不同地区做试验。所有权可以多元化,可以国有、集体、个人所有。因为我们国家还有国有的土地,如国有农场占耕地总数的4%左右。他同时认为,光解决产权问题还不行,还要相应地解决现在使农民土地财产权得不到保证的重大问题,即政府管制土地的职能与法律问题。如果不解决这个问题,即使上面的三种主张真的实现了,也不能解决农民土地的流失问题。②

假如我们采用了以上三种观点的任何一种,把土地以某种形式量化,那么,下一个问题又来了,即量化给谁?依据2003年3月1日正式实施的《农村土地承包法》,家庭承包的承包方是本集体经济组织的农户。

国务院发展研究中心农村部部长韩俊博士不同意这样做。他认为,尽管经过二十多年的不断改革和完善,农民在土地占有、使用、收益等方面已享有更多的权利,但土地处分权从来没有真正赋予农民。这说明农民拥有的土地承包权是一种不完整的产权。因此,应将处分权有条件地赋予农户。处分权的内容应当包括对承包权的转让、出租、入股、抵押等。让农民享有占有、使用、收益和处分四权统一的承

① 王利明:《物权法是保护农民土地权益的基本法》,载田永胜编:《中国之重》,光明日报出版社2005年版,第41—42页。
② 郭书田:《要保护农民的财产权》,载田永胜编:《中国之重》,光明日报出版社2005年版,第41—42页。

包权,实际上就是承认农民拥有物权性质的土地承包权。赋予农民物权性质的土地承包权,有助于从根本上解决现行土地产权关系中内含的不稳定性,增加国家对农民的产权保护。

韩俊认为,"集体产权"或"集体所有制"的概念来自苏联。它是一个没有得到严格界定的概念。"集体所有制"最基本的特征是每一个集体成员的"退出权"被剥夺。当他的户籍关系脱离所在的集体时,也无法拿走任何一份集体财产。农民集体所有实质上是一种所有权主体缺位的所有制。乡镇政府、村民委员会、村民小组、村民自治组织,都不是全体农民以平等身份参加的集体经济实体,都不适于充当农民集体所有土地的所有权主体。农民作为集体组织的成员,都平等地拥有对集体土地的"人人有份"的成员权,但并不拥有按份分割农地所有权的权利。农民名义上作为集体土地的一个天然所有者,但它并不清楚自己在集体土地财产中所占有的份额。因此,相当一部分农村基层干部和县乡领导认为农村土地是国家的,想怎么处置就怎么处置。

应该将土地农民集体所有制明确界定为农民按份共有制。保障农民的土地财产权利,就是要确定"谁"真正拥有土地,明确界定土地所有者的权利和义务,并保证所有者能充分行使有关土地的权利。一般而言,以最低的一级集体组织作为土地集体产权的主体是最为可行的,因为这样有助于密切关注土地的人作出关于使用权的决定。根据这个原则,明确村民小组作为集体土地产权的主体是比较现实和稳妥的选择。①

(二)户、村民还是公民

在我国,无论是现实中的乡镇村民自治立法、乡镇村民自治实践,

---

① 参见韩俊:《要尊重农民的土地财产权》,载田永胜编:《中国之重》,光明日报出版社 2005 年版,第35—36 页。

还是学界的乡镇村民自治学术研究,关于自治主体是"户"、村民还是"公民",经常混为一谈。乡镇自治的主体概念不明确,这样的有关乡镇政府与村民自治关系的研究缺乏科学基础。

在我国,当前农村使用频率最高的一个词莫过于"户"。当前,"户"是国家规定或认可的以亲属关系为纽带的聚居性的乡镇人口统计单位和最基本的生产、生活和乡村政治活动单位。

依照我国 1958 年《户口登记条例》第五条,户口登记以户为单位。同住管人共同居住一处的立为一户。第四条规定,户口登记机关应当设立户口登记簿。应当每户发给一本户口簿。户口登记簿和户口登记的事项,具有证明公民身份的效力。

1998 年《村民委员会组织法》第十七条第二款规定,召开村民会议"或者由本村三分之二以上的户的代表参加"。

2002 年《农村土地承包法》第三条第二款规定,农村土地承包采取农村集体经济组织内部的家庭承包方式。第二章共六条,规定了"家庭承包"的概念、程序发包承包双方的权利与义务。其中,第十五条规定,家庭承包的承包方是本集体经济组织的农户。

"户"的内外有三种结构:第一,是以"户主"或"主管人"为主的"户内成员"结构,包括,户员与户主的血缘关系。第二,是以家户赖以存在的,户与户各有特征的户经济、户文化传统和家户制度,户内成员的识别有赖于户口登记簿和户口登记的事项。第三,国家政权权力与村民公民之间的共同体,学者对这一共同体的性质有各种不同理解。家国同构,户是国家政治和最小细胞,这是传统通说;也有"第三部分"或"公共领域"说;还有国家与民间的不同表达说。

户与户口不是农村最小的民事主体—村民或公民。户首先是一个政治学与行政学、行政管理学的概念,户与户口的存在,正如 1958 年《户口登记条例》所述,是"为了维持社会秩序",这种价值追求和性质判断与"普天之下,谁不编户"的国家传统并无二致。

学界有时"家"与"户"通用,这是受"家国同构"的概念影响所致,也是对"户"的研究空白所致。

"家"、"家庭"严格意义上是人类学的概念。现在社会学与人类学的界限越来越混同,模糊了对"家"的本质概念的认识,"家"、"家庭"与人类的生产,即第二种生产相联系。

假如公民社会尚不存在,那么,"户"是政治国家的最小单位,"家"、"家庭"是社会的最小单位。户以户主或主管人为代表,是国家政治秩序的一部分、行政管理的一环节;家则以"我"为主,以"我"为核心所形成的父母、配偶、子女关系。

在现代化转型时期,家所体现的是社会关系和法律关系,即道德教化关系、婚姻法律关系、继承法律关系和监护法律关系,与政治秩序与行政管理应该没有关系。

"村"、"村落"词汇早在北魏时就使用了。北魏延兴二年(472年)颁发的一道关于约束僧尼游化的诏书中说:"比丘不在寺舍,游涉村落,交通奸猾,经历年岁"(《魏书》卷一一四《释老志》)。北魏孝文帝时李崇任兖州刺史,为铲除当地劫盗,下令"村置一楼,楼悬一鼓,盗发之处,双槌乱击。四面诸村始闻者,挝鼓一通……诸村闻鼓,皆守要路"(《魏书》卷六六《李崇传》),收到盗发顷间,声布百里,盗犯旋即落网的效果。

"村民"一词也在北魏时期出现。北周明帝即位初,示民以仁政,要求"魏政诸有轻犯未至重罪、及诸村民一家有犯乃及数家而被远配者,并宜放还"(《周书》卷四《明帝传》)。

而当时"村"在官方制度中尚无正式的位置,属于民间俗称。官方县以下的行政建制一是"三长",一是"乡里"。故时人有"普天之下,谁不编户"(《北史》卷一五《无志传》)的说法,从制度上讲不存在"化外之民"。官方正式确认"村"的地位则要到唐初。《旧唐书·食货志》云"武德七年(624年)始定律令……百户为里,五里为乡……在邑居者为坊,在田野者为村",并开始设立"村正"。①

村民利用"村"而非"三长"或"乡里"在活动中标志自己或构建组织,并记述到记文中,说明在非官方的场合,百姓并不理会作为地域概念的"乡里"与作为户口组织概念的"三长",更谈不上用它们来界定组织与人群。他们对世代生活其中的实际聚落"村"普遍显示出强烈的认同,相形之下对带有官方色彩的"三长"、"乡里"却是漠然乃至漠视。"村"不止是一种标志,也是百姓组织活动的依托。他们基于共同的信仰,建立起"邑义"之类的组织。"邑义"或以村落为单位,或由村内部分民众组成,或由若干邻村民众共同组建,其活动不限于造像,还包括举办斋会、法会,写经,造桥凿井,建设寺院,施舍救济等。②

本书讨论的村民,是指以村籍关系的公民。村民是农村公民社会的一分子。村民成为公民要有一个过程。我国依然处于转型时期,法律规定仍不严谨。

依照1998年《村民委员会组织法》第十二条规定,村民是指以行政村管辖范围内的年满十八周岁的有选举权和被选举权的公民。

实际上,村民的含义远非《村委会组织法》规定的符合条件的选民那样简单。第一,村民是公民之一种,是居住在村庄的公民,具有与公民一样的宪法规定的公民权利与义务,选举权与被选举权是公民权之一;第二,该公民具有与村籍有关的社会关系和法律关系。首先,该公民或出生,或居住,或工作,或被法律认可(例如收养),或有村民名义的公民。其次,该公民拥有该村庄领域内的经济、政治、文化、传统的特征、权利和义务。

---

① 《荔非明达等四面造像题名》有"典坐村正荔非仲祥",该造像无纪年,马长寿考为北周时,实难成定案。见《碑铭所见前秦至隋初的关中部族》,第74—75页;侯旭东:《北朝村民的生活世界——朝廷、州县与村里》,商务印书馆2005年版,第159页。

② 参见郝春文:《东晋南朝的佛教结社》,载《历史研究》1992年第1期。

告别户与户政是一个发展趋势。村民自治不能以户为单位,这是共识,但是,就我国的经济和社会发展程度而言,消灭户与户政的历史条件尚未完全达到。在农村,对户口内的家人的依赖程度较高。据"未来最应依靠的人"调查数据统计证明,我国城乡正处于从"户"向"村民—公民"过渡的转型时期,依靠"自己"和依靠"家人"各占一半比例。有调查数据显示,认为"未来最应依靠的人"是自己的城市42%、农村36%;认为是家人的城市40%、农村49.4%;朋友的城市3.6%、农村2.1%;学校的城市0.1%、农村0.1%;工作单位的城市3.8%、农村0.7%;政府的城市8.3%、农村9.4%;其他的城市0.1%、农村0%;说不清的城市1.5%、农村2.4%。①

(三)村民会议、村民代表会议和村民委员会的性质和职权

我国《村委会组织法》对村民会议、村民代表会议和村民委员会的性质和职权的规定并不十分清晰。

1. 指导思想片面

我国村民自治基本法的名称是《村委会组织法》,从法理上讲,村民委员会是村民会议的执行组织,但以村民委员会的组织法作为村民自治的基本法,其立法指导思想是片面的。

2. 民主权利行使程序规定缺失

自治权利有四种,即选举权、决策权、管理权和监督权,村民委员会只有管理权,《村委会组织法》所规定的程序不能全面的反映村民民主权利行使的全过程。村民会议、村民代表会议和村民委员会与这四种权利的关系,及其在民主权利行使过程中的地位与作用均体现不

---

① 资料来源:指标网与零点调查合作完成的2002年度中国居民零点生活指数调查。该项调查为2002年11月针对北京、上海、广州、武汉、沈阳、西安、济南、大连、厦门10个城市3276名城市成年居民及河北、浙江、四川等9省1023名农村成年居民的随机抽样入户访问。详细内容参见指标网(www. Horizonkey. corn)。

出来。

3. 村民会议、村民代表会议和村民委员会的性质和职权的规定值得商榷

《村委会组织法》第二条规定,村民委员会是村民自我管理、自我教育、自我服务的基层群众性自治组织,实行民主选举、民主决策、民主管理、民主监督。

这里有两个问题需要澄清:第一,村民会议是不是一个法定组织?第二,村民委员会是不是向村民会议负责?

答案是肯定的,因此,《村委会组织法》第二条第一款关于村民委员会性质的规定就值得商榷。第一,村民会议是村民自我管理、自我教育、自我服务的基层群众性自治组织,实行民主选举、民主决策、民主管理、民主监督。第二,按照行政主导原则,村民委员会只能在村民会议的授权下,以法定代表人身份,行使管理权。办理本村的公共事务和公益事业,调解民间纠纷,协助维护社会治安,向人民政府反映村民的意见、要求和提出建议(第二条第二款)。

《村委会组织法》第十八条第一款规定,村民委员会向村民会议负责并报告工作。村民会议每年审议村民委员会的工作报告,并评议村民委员会成员的工作。

第二十一条规定,人数较多或者居住分散的村,可以推选产生村民代表,由村民委员会召集村民代表开会,讨论决定村民会议授权的事项。

以上两条决定了村民自治的权力机关是村民会议或村民代表会议。然而,《村委会组织法》关于村会议和村民代表会议的职权、行使职权的程序规定笼统,缺乏操作性,尤其是村民代表会议的设置和村民代表的产生,具有随意性。

为此,《关于健全和完善村务公开和民主管理制度的意见》(中办发[2004]17号)针对《村委会组织法》的不足,进行政策上的补充。

村级民主决策的基本组织形式是村民会议和村民代表会议。召开村民会议,应当有本村 18 周岁以上村民的过半数参加,或者有本村 2/3 以上的户的代表参加,所做决定应当经到会人员的过半数通过。

涉及村民利益的事项,原则上要遵循以下决策程序:由村党组织、村民委员会、村集体经济组织、1/10 以上村民联名或 1/5 以上村民代表联名提出议案;由村党组织统一受理议案,并召集村党组织和村民委员会联席会议,研究提出具体意见或建议;由村民委员会召集村民会议或村民代表会议讨论决定;由村党组织、村民委员会组织实施村民民主决策事项的办理。对提交村民会议或村民代表会议讨论决定的事项,会前要向村民或村民代表公告,广泛征求意见;会后要及时公布表决结果;对决定事项的实施情况,要及时公布,自觉接受群众监督。

村民会议或村民代表会议依法形成的决议不得随意更改,如因情况发生变化确需更改的,要通过村民会议或村民代表会议讨论决定。村民会议或村民代表会议讨论决定的事项,要形成书面记录并妥善保存。

村民会议或村民代表会议在村民代表中推选产生村务公开监督小组。村务公开监督小组负责监督村务公开制度的落实。

村民会议或村民代表会议从村务公开监督小组成员中推选产生村民民主理财小组。民主理财小组向村民会议或村民代表会议负责并报告工作。

第三节 村民自治权利与共产党执政权的关系

一、《村委会组织法》关于村民自治与党的领导规定不完善

《村委会组织法》第三条规定,中国共产党在农村的基层组织,按

照中国共产党章程进行工作,发挥领导核心作用;依照宪法和法律,支持和保障村民开展自治活动、直接行使民主权利。

按照这一规定,村党组织应服从乡镇党组织的工作安排和政策实施。但是,关于村民自治活动,该村的党组织只能是"支持和保障"村民开展自治活动。这样便限制了基层党组织的领导作用。

面对以上情况,从2002年起,中央发文"四个提倡",有关地方进行"两个委员会合一"和"两种权力合一"的改革实践,学界也从理论上总结,终于,在2005年,民政部布置第五次换届选举,把"两委合一"作为成熟改革经验予以推广。

但笔者认为这样做也有不妥之处。

第一,不符合权力必须制约的原理。村民会议、村民代表会议和村民委员会是体制内的监督;党组织对村民委员会的监督是村民自治体制之外的监督,是必要的。第二,两个委员会合一或者两种权力合一的理论和实践,试图把党组织看成是一种与村民利益异质的公权力,或一种与村民自治组织异质的公共组织对另一种公权力、另一种公共组织的监督,这也是片面的。因为,中国共产党代表的是最广大人民群众的利益,基层党组织以同样的原理,代表的是本村最广大村民的根本利益和整体利益,这种利益与村民委员会所代表的"双过半"的选民的利益不同。说到底,党组织的领导和监督是人民群众的意志,是人民群众的监督,是村党组织代表村民群众对村委会的领导和监督。

二、充分发挥农村基层党组织的领导核心作用

1. 一般规定

中共中央、国务院针对《村委会组织法》中有关党的领导规定的不完善和实践中出现的问题,又印发了《关于健全和完善村务公开和民主管理制度的意见》等文件,作出了"充分发挥农村基层党组织的领导

核心作用"的一般规定。

要健全村党组织领导的充满活力的村民自治机制,把坚持党的领导、充分发扬民主、切实依法办事有机统一于农村社会主义民主实践之中。村党组织要领导和支持农民群众依法参与村级事务管理,监督村务公开和民主管理制度的落实,及时听取群众的意见,不断完善制度、改进工作。农村党员特别是党员干部要发挥先锋模范作用,尊重农民群众的民主权利,带头执行村务公开和民主管理制度。村民委员会、村集体经济组织和其他村级组织要在村党组织领导下,团结广大农民群众,齐心协力做好村务公开和民主管理工作,促进农村各项事业全面发展。

2. 村党组织和村民委员会联席会议制度

村民委员会提出村务公开的具体方案;村务公开监督小组对方案进行审查、补充、完善后,提交村党组织和村民委员会联席会议讨论确定。

涉及村民利益的事项,原则上要遵循以下决策程序:由村党组织、村民委员会、村集体经济组织、1/10 以上村民联名或 1/5 以上村民代表联名提出议案;由村党组统一受理议案,并召集村党组织和村民委员会联席会议,研究提出具体意见或建议;由村民委员会召集村民会议或村民代表会议讨论决定;由村党组织、村民委员会组织实施村民民主决策事项的办理。

3. 村党组织受理、办理制度

群众对公布的内容有疑问的,可以口头或书面形式向村务公开监督小组投诉,村务公开监督小组对群众反映的问题应当及时进行调查,确有内容遗漏或者不真实的,可以直接向村党组织询问。

村党组织可就涉及村民利益的事项提出议案并受理议案,并召集村党组织和村民委员会联席会议,研究提出具体意见或建议;由村民委员会召集村民会议或村民代表会议讨论决定;由村党组织、村民委员会组织实施村民民主决策事项的办理。

党中央对出现的法律问题和实践问题及时予以匡正是正确的。本书后面还将继续讨论这个问题。

第十三章
社团和各类企业在村民
自治中的地位与作用

第一节　社团和各类企业是乡村政治参与的主体之一

一、社团在农村蓬勃兴起

改革开放之前，乡村形成了以"农村党支部"为核心的基层社团体系，有妇联、共青团、民兵连、贫农协会等政治组织。过去传统的庙会、宗亲会、祠堂、乡贤会等被作为封建残余或反动势力予以清除，据有关部门资料，20世纪50年代，全国性合法登记的社团也只有44个;60年代也不到100个，地方性社团大约在6000个左右。乡村的民间组织已近乎"空白"。

改革开放以后，我国各种非政府组织获得较快发展，呈现出空前活跃的势头。20世纪70年代末，登记的全国性社团骤增至1600个，地方性社团达到20多万个;1997年，全国县级以上社团组织达到18万多个，其中省级社团21404，全国性社团1848个。与乡村有关的影响最大的、最具代表性的是中国青少年基金会发起的"希望工程"和扶贫基金会。当前,这些社团和非营利组织发展已经走向法制建设轨道,1998 年,我国相继颁布实施了《社会团体登记条例》、《事业单位登记管理暂行条例》和《民办非企业单位登记管理暂行条例》。

在乡村,据笔者调查,政治性组织依然是乡村社团的主体,党、团、妇女、青年组织在上级组织的领导下,维系着乡村政治生活。2004 年中央 17 号文件规定:"共青团、妇联和计划生育协会要动员农村青年、妇女、计划生育协会会员积极参与村务公开和民主管理活动。村务公开协调机构要及时掌握工作动态,加强沟通和协调。新闻媒体要加强舆论引导和监督。要通过培育典型、示范引导、专项检查等多种形式,积极探索推进村务公开和民主管理的有效途径"。

政治性组织包括在个别乡村的我国各级权力机关的人民代表和政治协商会议的委员。

各种专业协会是随着市场经济的发育而大量涌现的非营利组织、社会中介组织和专业技术学术组织。这种情况以温州最为典型。在青岛平度市,截至 2007 年 5 月,全市登记在册的农业合作组织达 236 个,共 35000 多人,其中行业协会 209 个,专业合作社 27 个。随着建立和谐社会的深入,国内外各种志愿者组织深入农村特别是进入了欠发达的中西部地区。

值得注意的是,基于历史传统和社会发展原因,类似"老人会"的草根组织颇受注意。几乎每一个乡村都有老党员、回乡的离退休干部和职工、回乡的退休教师等,他们是村里的"明白人",而且德高望重、很有威信,他们组织起来,虽然没有经过法律的审批,但是是村民自治重要的政治资源。

据笔者调查,青岛市李沧区九水路街道办事处有六个村有"老人会"或自称的"老头会"组织,他们在村委会选举、村务公开、涉农权益事件,甚至上访事件中,发挥了重要作用,是稳定乡村政治经济发展的重要力量。九水路街道办事处南王家上流村有一位老党员,王从晓,

2008 年 77 岁,高小毕业。从合作化开始,他就是村里的公共活动中的积极分子,在该村五任党支部书记兼大队长(或村委会主任)期间,他都担任一定职务。他从"人民公社"时期开始,就负责联系村里的副业生产,因其生性耿直、工作能力出众而受到群众肯定。2000 年开始,他领导"老人会"在村里的"村改居"和查处违章建筑过程中,组织村民上访,助推了 2005 年青岛市人民政府在李沧区查出违章建筑 200 多栋楼的重大事件。

华中科技大学中国乡村治理研究中心主任贺雪峰教授亲自建立老年人协会,做实地研究。2003 年开始,他在湖北荆门和湖北洪湖四个村建立了老年人协会,其中三村专款修建了老年人活动中心,一村借村会议室作为活动中心。四村人口均在 1000—2000 人之间,每村有约 150 位 60 岁以上的老年人。试点村承诺每年为老年人协会提供 5000 元活动经费。四个老年人协会均运转良好,活动中心每天有约 50 人活动,主要是观看影碟播放的地方戏曲、打纸牌和麻将、下棋、聊天、做家务,节庆则开展全村老年人的集体活动。老年人协会还成立了各种兴趣小组,如书法组、弹唱组、腰鼓队、健美操等。老年人协会不仅组织本村老年人老有所乐,而且组织起来维护老年人的权益,调解家庭矛盾和邻里纠纷。洪湖老年人协会组织了老年人垃圾清运队,甚至开始对村干部形成监督。老年人协会还看望生病的老人,为高寿老人祝寿,主持去世老年人的葬礼,等等。总之,老年人协会从根本上改变了老年人的生活。试点村几乎所有人都认为,老年人的生活质量大有提高。①

二、各类企业在农村蓬勃兴起

改革开放以来,集体所有制的乡镇企业的兴起是乡村三件大事

---

① 贺雪峰:《支持乡村组织,增进农民福利》,载田永胜编:《中国之重》,光明日报出版社 2005 年版,第 187—188 页。

（包产到户、村民自治和乡镇企业）之一。乡镇企业曾于国有企业、各种私营企业并雄于天下。《村委会组织法》第五条给予了集体所有制的村办企业很高的法律地位，即"村民委员会应当尊重集体经济组织依法独立进行经济活动的自主权"。随着企业改制，法人治理和民营企业的兴起，集体所有制企业大多改制，或为私营、或为股份合作制企业。

个体经济、私营经济在国家放松控制的农村社会最先产生，在广大的农村最先获得了发展壮大的空间。在农村出现私营经济的复兴，个体工商户、私营企业等各种私营经济的形式在各地产生。最早的私营企业家产生于实行自主性生产的农村地区，即使到目前为止，26%的私营企业家的首次职业是农民。[①] 部分私营企业家积极参与村民自治过程，特别是投身到乡村自治的选举中去，表现出很高的积极性。沿海地区的党和政府的有关部门也有组织地推动这一过程，推荐相关人选方面注意考虑公道正派、有进取精神的私营企业家。江苏省沭阳县着力培植个体私营大户，"213名大户成为乡村领导"。浙江省委组织部和省民政厅1995年发出的《关于认真做好村组织换届选举工作的意见》要求，将那些能带领群众共同致富的人选为村领导人。如在浙江省乐清市2002年村委会和村党支部的换届选举中部分私营企业家参与选举，有256名私营企业家（股东）当选为村党支部书记，213人当选为村委会主任，分别占村党支部书记总数的27%和村委会主任总数的23%。[②]

一些地方村委会的选举活动，由于私营企业主的参与竞争，打破了以往沉闷、单一、自上而下的传统模式，出现了捐资参政。如在浙江

---

① 参见赵丽江：《中国私营企业家的政治参与》，中国经济出版社2005年版，第88页。

② 资料来源：《光明日报》2003年2月17日。

义乌市廿三里镇华溪村廷顺笔行的老板虞廷顺,在正式选举的前一天,在村里贴出了用红纸写的"承诺书":若能如愿当选,愿资助10万元,其中8万用于清理村里的垃圾;如本人违背承诺,可随时罢免。在城西镇上杨村村委会的换届中,38岁的杨保伟竞选上了村委会主任,成为义乌市城西镇上杨村村政的核心人物。杨保伟向记者回忆了当时竞选的情景,他敲锣打鼓在村中贴出十多张"红榜"承诺书,如当选村委会主任则做三件大事:捐款10万元用于全村2002年农业税费用,剩余款用于村里修路;在职3年的误工补贴,全部捐给老年协会开支;努力为群众服务。①

笔者调查了青岛市崂山区王哥庄街道办事处江家土寨村,2000年该村有8个集体所有的企业经济效益滑坡,资不抵债者过半;经村委会研究决定,以拍卖的形式向村民出售了其中的6个。村委会收回了资金,发展了另外的事业,被卖出的6个企业改制为私营性质。2005年村委会换届选举,已经改制为4个私营企业联手,成功当选,组成了名为村委会实为企业家联盟的村民自治组织。

第二节　现行法律对社团和各类企业参与村民自治的限制及其解决

一、《村委会组织法》对社团和各类企业参与村民自治的限制

《村委会组织法》对社团和各类企业参与村民自治的规定是被动的,村民自治组织与社团及各类企业关系而言,是主人与劳动者、管理者与被管理者之间的关系,是尊重、保障、管理和征求意见与被尊重、

---

① 南方网:《农村选举盲点思考义乌小老板十万买官是双赢》,2002年3月20日。

被保障、被管理和提出建议的关系。也就是说,在村民自治过程中,社团和各类企业不是主体。

《村委会组织法》第五条规定,村民委员会应当支持和组织村民依法发展各种形式的合作经济和其他经济,承担本村生产的服务和协调工作,促进农村生产建设和社会主义市场经济的发展。村民委员会应当尊重集体经济组织依法独立进行经济活动的自主权,维护以家庭承包经营为基础、统分结合的双层经营体制,保障集体经济组织和村民、承包经营户、联户或者合伙的合法的财产权和其他合法的权利和利益。

第十七条第二款规定,必要的时候,可以邀请驻在本村的企业、事业单位和群众组织派代表列席村民会议。

为什么会是这样?答案很简单,这是村民自治的直接民主结构形式决定的。在现行村民自治法中,村民和"户"与村民自治组织之间没有任何中间层次。

二、社团与各类企业间接参与村民自治

笔者认为,社团与各类企业是村民自治主体。问题是,社团及各类企业的村民自治主体的位置怎么摆放。如果把它与村民放在一起,就是直接民主形式;把它放在它的成员与村民自治组织的中间,便是间接民主形式。

笔者主张,社团与各类企业参与村民自治的民主形式是间接的,理由有三:

(一)村民的自愿选择

加入了某一社团或是某一企业的员工,当他在面对村民自治组织共同体的时候,他有两个选择,一个是他所在的社团或企业的价值、规则、资助、依赖和庇护;另一个是村民自治公共事务的价值、规则与庇护。现实的情况是,前者是他的直接利益,后者则是他的间接利益。

在间接民主制度下,如果他选择了前者,他同时也就得到了后者的间接利益;如果他选择了后者,前者利益不一定会留得住。这种博弈决定了,以他所在的小共同体的利益的代表人来表达他的选择、决策和管理的意志更为合适。

从建立社会主义新农村的政策高度,有理由使用一种间接民主的制度架构,使社团或企业共同体、村民自治共同体、村民——公民三者和谐发展。

(二)社团与各类企业的自身利益需求

首先,村民自治与驻村的社团、各类企业有一定的利益关系。

从现行《村委会组织法》和政策比较分析,村民自治与驻村的社团、各类企业有一定的利益关系。这些社团和企业在本村发展各种形式的合作经济和其他经济,促进了本村农村生产建设和社会主义市场经济的发展,改善了生产生活条件。这些社团和企业依法、依据章程独立进行经济活动和社会活动,拥有承包经营权、合法的财产权和其他合法的权利和利益。这些社团和企业在本村遵守有关村规民约。因此,《村民委员会组织法》规定,必要的时候,可以邀请驻在本村的企业、事业单位和群众组织派代表列席村民会议;村民委员会、村民会议或者村民代表讨论和处理同这些单位有关的问题,应当与他们协商解决。

其次,驻村社团与各类企业特有的自身利益表达途径、形式和方式。

驻村社团与各类企业根据其性质一般有四种参与村民自治的方式。

第一,驻村地方各级人大代表和政协委员、共青团、妇联、民兵连和计划生育协会,在村民自治组织中应按比例有村民代表竞选资格,在村民代表会议上表达本社团利益。

第二,依法登记成立的科技协会、专业协会、中介组织、民办非营利单位的成员,经向村民自治申请同意,凡具有村民—公民的资格的应按比例由村民代表竞选资格,在村民代表会议上表达本社团利益。

第三,经乡镇政府同意成立的"老人协会"等草根组织,经向村民自治申请同意,凡具有村民—公民的资格的应按比例由村民代表竞选资格,在村民代表会议上表达本社团利益。

第四,驻村各类企业的人员,经向村民自治申请同意,凡具有村民—公民的资格的应按比例由村民代表竞选资格,在村民代表会议上表达本社团利益。

(三)驻村社团和各类企业参与村民自治有理论依据和成熟经验

1908 年,美国著名政治学家阿瑟·本特利的《政治过程》一书面世,给美国政治学带来了一场革命,换句话说,"政治过程"这一崭新概念给传统政治学带来了一场革命性的转变:从研究宪法、制度转向研究政治过程,从静态研究转向动态研究,从研究政治输出转向研究政治输入。而政治过程实质上就是利益表达和聚合的过程,就是利益对决策的影响过程。简而言之,对政治过程的研究其实也是对中介于国家与市民社会之间的利益集团的研究。本特利认为,"政治的一切现象是种种集团互相压制、互相形成,并推出新的集团代表(政府的机关或代理机构)来进行调整的现象。只有当我们分析这些集团活动,确定它们的代表价值,并根据那些价值阐述整个变化过程,我们才会对政治有近乎满意的了解"。用本特利的那句名言表述就是,"充分叙述了团体,也就叙述了一切"。①

在一个非常简单的政治体系中,不存在专门的利益表达结构,这种简单的政治体系处在传统社会中可能是稳定的,中国长期的封建专制社会,"户政"体制顽固存在就是明证。但是处在变革时代,处在多

---

① Arthur F. Bentley, The Process of Government, Harvard University Press, 1967. p. 268.

元化时代,处在社会转型时期,简单的政治体制所寓于危险是我们必须预见到的,否则将引发社会动乱。

分析变革、转型和多元化,我们的答案出来了。在一个分化程度较高的现代化的政治体系中,多样化的利益集团是十分普遍的,它们是社会协调发展,特别是国家政权与市民社会之间双向流动的良性关系得以维持,最终避免了国家与基层社会的对抗、内耗和两败俱伤。多样化利益集团对建构政府与人民的良性关系有举足轻重的价值。如果仅仅为了寻求安定,而拒绝利益主体和利益表达渠道的发展,其后果不堪设想。对此托克维尔打了一个精彩的比喻,"为了拯救一个人的生命,锯掉他的一支胳膊,这是我可以理解的。但是,我决不敢担保他在断臂之后仍会像以前那样灵活"。[1] 夏立安在《发展中国家的政治与法治》一书中引用托克维尔的这个比喻,形象地表明政治稳定与直接民主政治之间的辩证关系。我们还可以形象比喻:代议制是垂直式民主,是选民、党派与国家政权的纵向结构形式;重视多元化利益集团的民主协商体制则是横向民主方式,选民通过其利益集团直接在国家政权中有发言权。

美国学者帕特南在《使民主运转起来》一书中对由社团参与协商的地方自治组织取得的成功给予详尽的描述,在意大利活跃着各种互助会和合作社、天主教唱诗协会,在北部、中部和南部分别拥有 993个、263 个和 57 个教区组织。"到 1897 年,它声称拥有 3892 个教区委员会,708 个青年分部,17 个大学小组,688 个工人协会,588 个农村小组,24 份日报,105 种期刊。战后,社会主义和天主教政党,都继承了社会动员的传统,利用了低层的组织结构,借助了互助会、合作社和工会的力量。在米兰一个叫做西斯托·桑·乔瓦尼的工业郊区,存在着两个强大的对立的社区网络,一个属于天主教,一个属于社会主义,它

---

① 托克维尔:《论美国的民主》(下卷),商务印书馆 1991 年版,第 650 页。

们都有各自的住房和消费合作社、教育和体育组织、乐队和合唱队。正是各种各样形形色色的社团保证了意大利地方改革的'民主运转起来'。"①

　　历史上,中国共产党根据地解放区人民政权和1949年10月成立的人民政府,由中国共产党和各民主党派及民主人士共同组成;当今我国有各级政治协商会议,在港澳特别行政区有立法会、基层组织,这些都可以看到,我国允许各种社团的民主协商体制的存在,而且,在实践中行之有效。各级政治协商制度和特别行政区有关制度是具有中国特色的社会主义民主政治体系的一个重要的组成部分。

---

　　① 帕特南:《使民主运转起来》,江西人民出版社2001年版,第163页。

第十四章
协商政治自治制度设计

第一节　村民自治而非村民委员会自治

我国现行的《村委会自治法》中第二条规定，"村民委员会是村民自我管理、自我教育、自我服务的基层群众性自治组织"。这样从本质上混淆了对村民自治的认识。我国是村民自治而非村民委员会自治。依据现行自治法，我国称呼某省某市某县某乡某村一般都冠以"某省某市某县某乡某村民委员会"，其实正确名称应是：某省某市某县某乡某村，该村有村民会议、村民代表会议和村民委员会三个村民自治组织。

村民委员会从法理上讲，它是村民会议的执行组织，以法定代表人的名义授权行使村民自治事务的管理权。村民自治权利一般说来有四种，选举权、决策权、管理权和监督权，村民委员会拥有的是管理权和日常事务决策权。

我们有必要从自治的角度对村民、村民代表、村民会议、村民代表会议和村民委员会的法律概念予以概括。

村民是有村籍关系的年满十八周岁的公民。村民不分民族、种族、性别、职业、家庭出身、宗教信仰、教育程度、财产状况、居住期限，都有村民拥有法律规定和村规民约约定的自治权利与义务。依照法律被剥夺政治权利的人没有选举权和被选举权。

村民代表是依据村民自治法律产生的村民会议代表。在村民会议存续期间，行使法律规定和村规民约约定的职权，享受相应权利并承担相应义务。

村民会议是村民自我管理、自我教育、自我服务的基层群众性自治组织，实行民主选举、民主决策、民主管理、民主监督。村民会议由村民组成，依据宪法和法律行使职权并承担责任。

村民代表会议有村民代表组成，是村民会议授权下自治组织。在村民会议闭会期间行使村民会议的自治权利并承担相应责任。

村民委员会是村民会议的执行机关，按照行政主导原则，村民委员会在村民会议或村民代表会议的授权下，以法定代表人身份，行使一定决策权和自治事务管理权。办理本村的公共事务和公益事业，调解民间纠纷，协助维护社会治安，向人民政府反映村民的意见、要求和提出建议。

村民委员会向村民会议负责并报告工作。村民会议每年审议村民委员会的工作报告，并评议村民委员会成员的工作。

第二节　实行间接民主村民自治的制度设计

一、村民自治选举制度

依照法律成立"选举委员会"。依照法律公布据有选举权与被选举权的村民名单。中国共产党农村基层组织、驻村地方各级人大代表和政协委员、社团组织、驻村各类企业、草根组织按比例推荐人选与村民自荐人选组成村民代表会议组成人员候选人。选举委员会审查村民代表会议候选人资格,依据有关规定组织村民自治组织选举。村民会议以无记名投票差额选出村民代表会议组成人员。村民代表会议成立后,在第一次村民代表会议上,由村民代表无记名投票差额提出村民委员会组成人员候选人名单;然后无记名投票选举村民委员会组成人员。村民大会是村民自治的权力机关,在村民大会闭会期间,村民代表会议行使村民大会职权。村民委员会是村民大会和村民代表会议的执行机关。村民委员会组成人员向村民大会负责并报告工作。

二、村民自治决策、管理和监督制度

(一)村民自治权力制约机制

村民自治权力(权利)一般说来有四种,选举权、决策权、管理权和监督权。村民会议和村民代表会议拥有选举权、决策权和监督权。村民委员会拥有的是管理权和日常事务决策权。三个组织关于三种权力相互支持、相互制约、互相监督。

(二)村民代表会议的协商机制

村民代表会议是村民自治的常设权力机构,在村民代表会议的政治生态是乡村主要的政治、社会力量的平衡。村民代表有中国共产党的基层党组织成员,依据党的政策对村民自治的保障、支持和领导;有社团、驻村各类企业、草根组织的代表人物;有村民独立候选人。这样的政治协商机制,比中央2004年17号文件中提到的党支部与村委会的联席会议还具有更广泛的代表性和权威性。这里的实体正义和程序民主都有了。

(三)乡镇政权权力对村民自治的保障、支持和领导制度化

乡镇政权通过村民自治的常设机构——村民代表会议行使对村民自治的保障、支持和领导。一般而言,共产党基层组织在村民代表中占有一定的比例,团、妇女、民兵、计划生育协会等组织在要占有相

当的成分,因此,乡镇政权和县级政府的人大、民政等有关部门的政策贯彻、重大事宜布置和公共产品的分配,都能较为顺利地进行。乡镇政权对村民自治的支持、领导有了制度的保障。

三、实行间接民主村民自治制度的必要性

自土地改革以来,发达的地区也许是自五四运动以来,我国乡村农民学会了唯一的一种利益表达方式,那就是最简单、最简陋、最古老、最实用的直接民主形式。农民们在村里的景观树下、或祠堂里、或场院上、或小学校操场上以"嚷选"、"海选"、"豆选"、"票选"等直接行使权利。

这种民主形式的缺陷是明显的:从众随大流;领导说服;多数压制少数;贿赂选举;村霸控制等。这样的例子在我国目前开展的村委会直接选举实践中有很多。

《牛津法学大辞典》的民主·民主政体[Democracy]词条的原意是:民主是指由人民进行统治,政体的组织形式是由人民的普通机构最终行使统治的权力。民主分两种形式。一种是直接民主,即政治性的决议由全体公民来决定,采纳多数人的意见。另一种是代议制民主,政治性的决议由选出的代表决定,代表向全体公民负责。"民主"这一概念被扩大运用于社会、经济各个领域,其宗旨在于减少在权力、权利、特权和财产上的不平等。

民主最主要的问题在于大多数公民没有能力理解包含在现代管理中的经济和社会政策中的许多十分困难和复杂的问题,他们有不断地被由大众喜爱的领导者所支持的,有吸引力和简单的方针路线所哄骗的危险。极大部分投票者肤浅的理解力和他们的倾向性常常受他们贪婪、妒忌和自私的动机的影响。

我们应该学习参考借助人类优秀思想。美国自建国以来,虽然经历南北战争、经济危机、社会动荡、政治暗杀等重大事件,但是,其宪政

体制却异常稳固,至今仍显示出强劲的活力。其原因何在? 国内甚至国外学术界通常将其归因于"宪法之父"麦迪逊的分权制衡的宪政设计。但翻检两百多年前联邦党人的文章可以发现:联邦党人尤其是麦迪逊的社会利益多元体制为美国宪政稳定奠定了第一块基石。①

在《联邦党人文集》第51篇中,麦迪逊直截了当地指出:如果人都是天使,就不需要任何政府了。如果天使统治人,就不需要对政府有任何外来的或内在的控制了。在组织一个统治人的政府时,最大困难在于首先使政府能管理被统治者,然后再使政府管理自身。②

麦迪逊就直接民主政体而言,"社会愈小,组成各种各样的党派和利益集团的可能性就愈少,各种各样的党派和利益集团愈少,发现同一派别占有多数的情况就愈多;而组成多数的人数愈少,他们所处的范围就愈小,他们就更容易结合起来,执行他们压迫人民的计划"。③

麦迪逊认为,直接民主式人民政治体制含有自我毁灭的种子。即便在共和民主政体内形成大多数人的党争时,也会是这多数派出于其统治激情和政治利益的考虑而牺牲公益和其他公民的权利。麦迪逊认为,少数人拉帮结派并不可怕。而多数人的结党结社就会危及政治安定。因此,麦迪逊关注的问题是:如何防止多数派为谋私利而损害公益和压迫少数派。

代议制是通过某个选定的公民团体,使公众意见得到提炼和扩大的制度。在这种制度下,被选出的公民团体可能出于对国家和正义的热爱而使其促进公共利益。但是,代议制度也可能导致截然不同的另一种结果。那些宗派主义者、地域偏见者或者别有用心的人,

---

① 参见夏立安、万尚庆:《美国宪政体制稳定的第一基石——麦迪逊的社会多元体制论》,载《湖北大学学报》1997年第5期。

② Alexander Hamilton, John Jay, James Madison, The Federalist Papers, by New American Library in New York in 1961, p. 322.

③ The Federalist Papers, No. 10, p. 83.

可能用阴谋、贿赂以及其他方法首先取得参政权，然后背叛人民的利益。这样，如果说纯粹民主制本身就意味着多数派统治乃至压制少数派的话，那么，代议制也不能确保弱小党派免遭多数派压迫的厄运。

麦迪逊进一步指出：要防止代议制下被选出的公共福利保护人不背叛人民的利益，不损害少数人的权利，必须比较共和国和规模和代表人。共和国无论多小，为了防止少数人的结党图谋，代表必须达到一定数目；共和国无论多大，为了防止人数过多的混乱，代表必须限于一定数目。就是说，代表人数并不与两种共和国的选民人数成比例，在小共和国所占的比例就要大一些。结果是，如果大共和国里合适人选的比例大于小共和国，那么前者较后者就更易于选出更优更合适的人民代表。其次，在大共和国中，由于选民人数众多，所以要想采用欺诈等不道德手段骗得选民的信任而当选的可能性就小。同时，由于人民的选举比较自由，选票也就更能集中在德高望重的人身上。①

塞缪尔·亨廷顿从政治制度化和政治参与这两个变量出发，结合拉丁美洲等发展中国家的法制建设实际，提出了他著名的"执政官主义"（Praetorianism）理论。他把政治参与低于政治制度化的政治体系成为"执政官"政体。换句话说，当民众参与超过政治制度"输出"的能力时，执政官社会便产生了。亨廷顿把执政官社会描述为："各种社会势力赤裸裸地相互对立……每个集团都使用那些反映各自特殊性质和能力的方法：富人贿赂、学生暴动、工人罢工、暴民游行和军人政变。"②在亨廷顿看来：在一个制度化脆弱和政治要求过分的社会中，都会面临着"政治腐败"和"半无政府主义"。

---

① Alexander Hamilton, John Jay, James Madison, The Federalist Papers, by New American Library in New York in 1961, p. 322, pp. 82 – 83.

② 塞缪尔·亨廷顿：《变革社会中的政治秩序》，华夏出版社 1988 年版，第191 页。

那么,执政官社会产生的原因是什么呢?亨廷顿从两个方面加以论述。首先,他认为,独立后的发展中国家,尤其是独立后的拉丁美洲国家的政治领袖,迷信西方议会民主制度,而漠视其自身的社会现实。一旦西方民主制度被引进到落后和具有浓厚封建性的社会之中时,便利可陷入了进退维谷的困境,从而造成政治参与扩大与政治制度建设滞后的"裂缝"。

亨廷顿总结到,简单的政府,在本质上就是有缺陷的。由于国家政治制度化程度很低,对政府提出的要求很难或不可能通过合法渠道予以表达,也很难在政治体系内得以减缓与聚合。因此,政治参与的急剧增长会引起政治不安定。

亨廷顿首先把发展中国家公众的政治参与和政治发展、政治现代化联系起来进行研究。亨廷顿提出政治现代化的三项主要内容:"第一,政治现代化涉及权威合理化,并以单一的、世俗的、全国的政治权威来取代传统的、宗教的、家庭和种族的等等五花八门的政治权威";"第二,政治现代化包括划分新的政治职能并创制专业化的结构来执行这些职能。""第三,政治现代化意味着增加社会上所有集团参政的程度"。[①] 罗伯特·达尔从比较政治学的角度提出"多头政体"这一概念,把"多头政体"建立的条件与公众政治参与的扩大相联系。他认为民主化有两个基本尺度——公开争论和参与权。他还归纳了多头政体的四项制度标准,即"存在可供选择的信息来源、表达自由、组织起来的自由、自由公正的选举"。[②]

在达尔看来,"所谓参与,可以说就是公开争论的制度",多头政体"它在本质上是大众化、自由化的,也就是具有高度包容性,并且广开

---

① 塞缪尔·亨廷顿:《变化社会中的政治秩序》,王冠华等译,三联书店出版社 1988 年版,第 32 页。
② 罗伯特·达尔:《多头政体——参与和反对》,谭君久等译,商务印书馆2003 年版,第 7 页。

言路,允许公开讨论"。①

詹姆斯·布坎南在 20 世纪 60 年代提出了公共选择(Public Choice)理论。公共选择理论将政治过程视为政治性的市场,广大选民是政治产品的需求者,政治家、官僚、政党是供给者,在供需之间进行类似市场中经济人之间的交换。本质上是一种公民更为广泛、彻底地参与政治决策、进行集体选择的理论。布坎南由于"对经济和政治决策理论的契约与制宪基础的开拓"而获得了 1986 年诺贝尔经济学奖。布坎南的公共选择理论,把公民的充分的政治参与作为克服"政府失败"的最有效的手段,创立一种新的政治技术,提高社会民主程度。他把经济分析的工具应用于政治研究领域,特别研究政治领域集体决策问题,而集体决策本质上是一个公众参与问题。

以上的理论对我国目前进行的乡村自治的重新定位很有意义。

我国以主张村民自治著称的学者、华中科技大学中国乡村治理研究中心主任贺雪峰教授已经看到,"在村民自治中,我们到处可以发现,选举产生的村委会并不对村民负责,而对乡镇负责。原因很简单:村委会对乡镇负责可以得到很多体制内外的好处,而对村民负责,可能什么也得不到。在乡镇与村民掌握着不对称的经济和组织资源的情况下,即使选举产生的村委会,也会偏向乡镇一边。"

他看到了民主的滥用所带来的危害。"不是中国的乡村,而是几乎所有发展中国家,都并没有因为实行民主,而带来权力对授权者负责。竞争性选举产生的权力,往往倾向于挥霍性地使用权力。民主也没有消除发展中国家的腐败,甚至带来了更加严重的腐败。在中国农村,一方面是农村人财物迅速流出,农民高度分散;另一方面又缺乏任何合法的政治性组织,这种条件下进行乡镇长直选,就不大可能解决

---

① 罗伯特·达尔:《多头政体——参与和反对》,谭君久等译,商务印书馆 2003 年版,第 19 页。

当前乡镇权力的滥用问题。"

他特别指出,村委会直选存在的问题不容忽视,"要防止当前乡村两级做坏事的改革,就不应该朝向直选、自治的方向进行,而应朝向区分乡村两级职能,将乡村两级目前被赋予的发展地方经济,增加财政收入的职能取消,而转到提供与农民生产生活密切相关的公共物品供给的方向上来。我在2002年提出,乡镇一级应该消极行政,其核心意思一是完成上级交办的任务,包括完成有效分配上级财政转移支付的任务,二是提供农村基本公共物品、维护社会治安、调解农村纠纷、修建和维护与农民生产关系密切的公共设施、组织农民开展健康的文娱活动等支持民间组织发育等;而退出发展地方经济、调整产业结构、兴办乡镇企业、建设小城镇及目前全国仍在疯狂进行的招商引资等方面的职能。消极行政并非要削弱乡村权力。消极行政是在发展地方经济方面消极,而在增进农民基本福利方面积极且有能力。"①

所以,笔者认为,直接民主的政治形式最为简单实用,看得见摸得着,但是弊病甚多,甚至出现了"砸烂公检法"、"一张选票一万元"的极端行为。

以上学者分析把乡村政治看得太简单,乡村自治不是社团自治,不能脱离当前中国的农村政治生活实际。例如,当前乡村自治的难点之一是村委会和村党支部的关系无法协调,为什么? 其本质原因是,村民直选的村委会把持村务,其"决策、管理、服务、发展"诸项权力独自承揽,村党支部失去了利益表达的条件和机会,失去了执政地位。这种情况在中国的条件下,是原则性的冲突。以直接民主制度架构的现行《村委会组织法》似乎已经到了非改不可的程度。

---

① 贺雪峰:《支持乡村组织,增进农民福利》,载田永胜编:《中国之重》,光明日报出版社2005年版,第192—193页。

第三节　我国农村村民自治法的修改建议

我们把以上所有乡村村民自治的事实考证、法律论证和学术争论的成果综合集中,形成一个对我国当前农村村民自治法的修改建议。之所以称为"农村村民自治法"而不是"村民委员会组织法",就是因为我们已经论证的:我们在乡村实行的是村民自治而不是村委会自治。具体修改建议的条款如下:

第一条　为了保障农村村民实行自治,由村民依法办理自己的事情,发展农村基层民主,促进农村社会主义物质文明和精神文明建设,根据宪法,制定本法。

第二条　村民会议和村民代表会议是村民自我管理、自我教育、自我服务的基层群众性自治组织,实行民主选举、民主决策、民主管理、民主监督。

村民委员会是村民会议和村民代表会议的执行组织。村民委员会办理本村的公共事务和公益事业,调解民间纠纷,协助维护社会治安,向人民政府反映村民的意见、要求和提出建议。

第三条　中国共产党在农村的基层组织,按照中国共产党章程进行工作,发挥领导核心作用;依照宪法和法律,支持和保障村民开展自治活动、直接行使民主权利。

第四条　乡、民族乡、镇的人民政府对村民自治工作给予指导、支持和帮助,但是不得干预依法属于村民自治范围内的事项。

村民自治组织协助乡、民族乡、镇的人民政府开展工作。

第五条　村民自治组织应当支持和组织村民依法发展各种形式的合作经济和其他经济,承担本村生产的服务和协调工作,促进农村生产建设和社会主义市场经济的发展。

村民自治组织应当尊重集体经济组织依法独立进行经济活动的自主权,维护以家庭承包经营为基础、统分结合的双层经营体制,保障集体经济组织和村民、承包经营户、联户、合伙或其他经济形式的合法的财产权和其他合法的权利和利益。

村民自治组织依照法律规定,管理本村属于村农民集体所有的土地和其他财产,教育村民合理利用自然资源,保护和改善生态环境。

第六条　村民自治组织应当宣传宪法、法律、法规和国家的政策,教育和推动村民履行法律规定的义务,爱护公共财产,维护村民的合法的权利和利益。发展文化教育,普及科技知识,促进村和村之间的团结、互助,开展多种形式的社会主义精神文明建设活动。

第七条　多民族村民居住的村,村民自治组织应当教育和引导村民加强民族团结、互相尊重、互相帮助。

第八条　村民自治组织根据村民居住状况、人口多少,按照便于群众自治的原则设立。

村民委员会的设立、撤销、范围调整,由乡、民族乡、镇的人民政府提出,经村民会议讨论同意后,报县级人民政府批准。

第九条　年满十八周岁的村民,不分民族、种族、性别、职业、家庭出身、宗教信仰、教育程度、财产状况、居住期限,都有选举权和被选举权;但是,依照法律被剥夺政治权利的人除外。

凡经三分之二村民认可,且符合选举委员会选举资格条件者,也可认做当地选民。

有选举权和被选举权的村民名单,应当在选举日的二十日以前公布。

第十条　村民自治组织的选举,由村民选举委员会主持。村民选举委员会成员由村民会议或者村民代表会议推选产生。

第十一条　选举村民委员会,由本村有选举权的村民直接提名候选人。候选人的名额应当多于应选名额。

选举村民委员会,有选举权的村民的过半数投票,选举有效;候选人获得参加投票的村民的过半数的选票,始得当选。

选举实行无记名投票、公开计票的方法,选举结果应当当场公布。选举时,设立秘密写票处。

具体选举办法由省、自治区、直辖市的人民代表大会常务委员会规定。

第十二条　村民会议由本村十八周岁以上的村民组成。

召开村民会议,应当有本村十八周岁以上村民的过半数参加,所作决定应当经到会人员的过半数通过。

村民会议每届任期三年,届满应当及时举行换届选举。

第十三条　涉及村民利益的下列事项,村民委员会必须提请村民会议讨论决定,方可办理:

(一)国家税费收缴办法,村提留的收缴及使用;

(二)本村享受误工补贴的人数及补贴标准;

(三)从村集体经济所得收益的使用;

(四)村办学校、村建道路等村公益事业的经费筹集方案;

(五)村集体经济项目的立项、承包方案及村公益事业的建设承包方案;

(六)村民的承包经营方案;

(七)宅基地的使用方案;

(八)村民会议认为应当由村民会议讨论决定的涉及村民利益的其他事项。

以上事项须经入会村民三分之二表决同意。

第十四条　村民会议可以制定和修改村民自治章程、村规民约,并报乡、民族乡、镇的人民政府备案。

村民自治章程、村规民约以及村民会议或者村民代表讨论决定的事项不得与宪法、法律、法规和国家的政策相抵触,不得有侵犯村民的人身权利、民主权利和合法财产权利的内容。

制定和修改村民自治章程、村规民约须经入会村民三分之二表决同意。

第十五条　村民委员会向村民会议负责并报告工作。村民会议每年审议村民委员会的工作报告,并评议村民委员会成员的工作。

村民会议由村民委员会召集。有十分之一以上的村民提议,应当召集村民会议。

工作报告须经入会村民半数表决同意。

第十六条　中国共产党农村基层组织、驻村地方各级人大代表和政协委员、社团组织、驻村各类企业、经批准其他组织,按比例推荐人选与村民自荐人选组成村民代表会议组成人员候选人。

具体人数和构成比例由乡镇人民政府决定。

选举委员会审查村民代表会议候选人资格。

村民会议以无记名投票差额选出村民代表会议组成人员。

村民代表会议成立后,在第一次村民代表会议上,由村民代表无记名投票差额提出村民委员会组成人员候选人名单;然后无记名投票选举村民委员会组成人员。

在村民大会闭会期间,村民代表会议行使村民大会职权。

村民会议每届任期三年,届满应当及时举行换届选举。

第十七条　村民委员会由主任、副主任和委员共三至七人组成。

村民委员会主任可兼任村民会议主任、村民代表会议主任。

村民委员会成员中,妇女至少应当有一人名额,多民族村民居住的村应当有人数较少的民族的成员。

村民委员会成员不脱离生产,根据情况,可以给予适当补贴。

第十八条　村民委员会主任、副主任和委员,由村民直接选举产生。任何组织或者个人不得指定、委派或者撤换村民委员会成员。

村民委员会每届任期三年,届满应当及时举行换届选举。村民委员会成员可以连选连任。

第十九条　村民委员会可以按照村民居住状况分设若干村民小组,小组长由村民小组会议推选。

第二十条　以威胁、贿赂、伪造选票等不正当手段,妨害村民行使选举权、被选举权,破坏村民委员会选举的,村民有权向乡、民族乡、镇的人民代表大会和人民政府或者县级人民代表大会常务委员会和人民政府及其有关主管部门举报,有关机关应当负责调查并依法处理。以威胁、贿赂、伪造选票等不正当手段当选的,其当选无效。

第二十一条　本村五分之一以上有选举权的村民联名,可以要求罢免村民委员会成员。罢免要求应当提出罢免理由。被提出罢免的村民委员会成员有权提出申辩意见。村民委员会应当及时召开村民会议,投票表决罢免要求。罢免村民委员会成员须经有选举权的村民过半数通过。

虚假联名提出罢免案者由有关机关追究其法律责任。

村民委员会成员有被追究刑事责任、违反计划生育政策法规、连续 3 个月不履行职责等行为,其职务自行终止或解除。

第二十二条　村民委员会实行村务公开制度。

村民委员会应当及时公布下列事项,其中涉及财务的事项至少每六个月公布一次,接受村民的监督:

(一)本法第十九条规定的由村民会议讨论决定的事项及其实施情况;

(二)国家计划生育政策的落实方案;

(三)救灾救济款物的发放情况;

(四)水电费的收缴以及涉及本村村民利益、村民普遍关心的其他事项。

村民委员会应当保证公布内容的真实性,并接受村民的查询。

村民委员会不及时公布应当公布的事项或者公布的事项不真实

的,村民有权向乡、民族乡、镇人民政府或者县级人民政府及其有关主管部门反映,有关政府机关应当负责调查核实,责令公布;经查证确有违法行为的,有关人员应当依法承担责任。

第二十三条　上一届村委会应当在新一届村委会产生之日起立即向其移交公章,并于十日内将办公设施、财产账目、资料档案及经营资产等移交完毕;预期不交接的,乡镇人民政府可以监督交接或由有关机关依法处理。

第二十四条　村民委员会根据需要设人民调解、治安保卫、公共卫生等委员会。村民委员会成员可以兼任下属委员会的成员。人口少的村的村民委员会可以不设下属委员会,由村民委员会成员分工负责人民调解、治安保卫、公共卫生等工作。

第二十五条　村民委员会应当协助有关部门,对被依法剥夺政治权利的村民进行教育、帮助和监督。

第二十六条　村民自治组织成员应当遵守宪法、法律、法规和国家的政策,办事公道,廉洁奉公,热心为村民服务。

第二十七条　村民自治组织决定问题,采取少数服从多数的原则。

村民自治组织进行工作,应当坚持群众路线,充分发扬民主,认真听取不同意见,坚持说服教育,不得强迫命令,不得打击报复。

第二十八条　驻在农村的机关、团体、部队、全民所有制企业、事业单位的人员可以不参加村民自治组织,但是,他们都应当遵守有关村规民约。所在地的村民会议、村民代表会议或者村民委员会、讨论和处理同这些单位有关的问题,应当与他们协商解决。

第二十九条　地方各级人民代表大会和县级以上地方各级人民代表大会常务委员会在本行政区域内保证本法的实施,保障村民依法行使自治权利。

第三十条　省、自治区、直辖市的人民代表大会常务委员会可以根据本法,结合本行政区域的实际情况,制定实施办法。

以上建议条款,仅供学界同仁研究参考。

参 考 文 献

张晋藩著:《中国法律的传统与转型》,法律出版社 1997 年版。

张晋藩著:《中华法制文明的演进》,中国政法大学出版社 2000 年版。

张晋藩总主编,朱勇主编:《中国法制通史》,法律出版社 1999 年版。

梁漱溟著:《东西文化及其哲学》,商务印书馆 1987 年据 1922 年版。

梁漱溟著:《中国文化要义》,学林出版社 1987 年版。

梁启超著:《饮冰室合集》,中华书局 1989 年版。

杨鸿烈著:《中国法律思想史》,商务印书馆 1988 年版。

郭沫若著:《郭沫若全集·历史篇》,人民出版社 1982 年版。

牟宗三著:《中国哲学十九讲》,台湾学生书局 1983 年版。

费孝通著:《乡土中国》,生活·读书·新知三联书店 1984 年版。

蔡元培著:《中国伦理学史》,商务印书馆 1987 年版。

柳诒徵著:《中国文化史》,中国大百科全书出版社 1988 年版。

陈顾远著:《中国法制史》,中国书店 1988 年版。

曾宪义、郑定编著:《中国法律制度史研究通览》,天津教育出版社 1989 年版。

杨鸿烈著:《中国法律发达史》,上海书店 1990 年版。

张岱年、程宜山著:《中国文化与文化争论》,中国人民大学出版社 1990 年版。

韩国磐著:《中国古代法制史研究》,人民出版社 1993 年版。

武树臣等著:《中国传统法律文化》,北京大学出版社 1994 年版。

章太炎著:《国学讲演录》,华东师范大学出版社 1995 年版。

蔡尚思著:《中国思想研究法》,复旦大学出版社 2001 年版。

蔡枢衡著:《中国法律之批判》,正中书局 1942 年版。

李大钊著:《由经济上解释中国近代思想变动》,载《新青年》7 卷
2 号。

瞿同祖著:《中国法律与中国社会》,中华书局 1981 年版。

瞿同祖著:《清代地方政府》,法律出版社 2003 年版。

蔡元培著:《蔡元培全集》,中华书局 1984 年版。

吕思勉著:《中国制度史》,上海古籍出版社 1985 年版。

汤志钧著:《康有为政论集》,中华书局 1981 年版。

钱端升等著:《民国政制史》(上、下),商务印书馆 1946 年版。

钱端升著:《钱端升学术论著自选集》,北京师范学院出版社 1991
年版。

王世杰、钱端升著:《比较宪法》,中国政法大学出版社 1997 年版。

王亚南著:《中国官僚政治研究》,中国社会科学出版社 1981
年版。

沈宗灵著:《比较法总论》,北京大学出版社 1987 年版。

饶鑫贤著:《中国法律史论稿》,法律出版社 1999 年版。

郭道晖著:《法的时代精神》,湖南出版社 1999 年版。

饶鑫贤著:《中国法律史论搞》,法律出版社 1999 年版。

徐显明著:《人民立宪思想探原》,山东大学出版社 1999 年版。

徐显明主编:《人权研究》第一卷,山东人民出版社 2001 年版。

王沪宁著:《当代西方政治学分析》,四川人民出版社 1988 年版。

李步云著:《走向法治》,湖南人民出版社 1998 年版。

信春鹰著:《中国的法律制度及其改革》,法律出版社 1999 年版。

夏勇著:《中国民权哲学》,三联书店 2004 年版。

朱勇著:《清代宗族法研究》,湖南教育出版社 1987 年版。

朱勇著:《中国法律的艰辛历程》,黑龙江人民出版社 2002 年版。

朱勇主编:《〈崇德会典〉〈户部则例〉及其他——张晋藩先生近期研究论著一瞥》,法律出版社 2003 年版。

王人博著:《宪政文化与近代中国》,法律出版社 1997 年版。

梁慧星著:《民法总论》,法律出版社 1999 年版。

邱钱牧著:《中国政党史》,山西人民出版社 1991 年版。

陈弘毅著:《法治、启蒙与现代法的精神》,中国政法大学出版社 1998 年版。

刘金国著:《法学基础理论》,中国政法大学出版社 1989 年版。

马小红著:《礼与法:法的历史连接》,北京大学出版社 2004 年版。

何勤华著:《中国法学史》,法律出版社 2000 年版。

何勤华主编:《法的移植与法的本土化》,法律出版社 2001 年版。

俞荣根著:《道统与法统》,法律出版社 1999 年版。

梁治平著:《清代习惯法:社会与国家》,中国政法大学出版社 1996 年版。

梁治平著:《寻求自然秩序中的和谐——中国传统法律文化研究》,中国政法大学出版社 1997 年版。

曹卫东著:《权力的他者》,上海教育出版社 2004 年版。

杜润生著:《中国农村制度变迁》,四川人民出版社 2003 年版。

唐力行主编:《国家、地方、民众的互动与社会变迁》,商务印书馆 2004 年版。

解振民著:《中华民国立法史》,中国政法大学出版社 2000 年版。

邹昌林著:《中国礼文化》,社会科学文献出版社 2000 年版。

徐忠明著:《思考与批判——解读中国传统法律文化》,法律出版社 2000 年版。

张仁善著:《礼·法·社会——清代法律转型与社会变迁》,天津古籍出版社 2001 年版。

高其才著:《中国习惯法论》,湖南出版社 1995 年版。

杨志刚著:《中国礼仪制度研究》,华东师范大学出版社 2001 年版。

张生著:《民国初期民法的近代化——以固有法与继受法的整合为中心》,中国政法大学出版社 2002 年版。

王健编:《西法东渐——外国人与中国法的现代化》,中国政法大学出版社 2001 年版。

王健著:《沟通两个世界的法律意义——晚清西方法的输入与法律新词初探》,中国政法大学出版社 2001 年版。

武树臣著:《中国传统法律文化》,北京大学出版社 1994 年版。

郑秦著:《清代法律制度研究》,中国政法大学出版社 2000 年版。

苏永钦著:《走入新世纪的私法自治》,中国政法大学出版社 2002 年版。

赵文林著:《中国人口史》,人民出版社 1988 年版。

余英时著:《中国思想传统的现代诠释》,江苏人民出版社 1995 年版。

何怀宏著:《选举社会及其终结》,三联书店 1998 年版。

金观涛、刘青峰著:《兴盛与危机》,湖南人民出版社 1984 年版。

严中平著:《科学研究方法十讲》,人民出版社 1986 年版。

黄成美、赵秉志、王利明著:《法律调整新论》,中国人民大学出版社 1990 年版。

易继明著:《私法精神与制度选择》,中国政法大学出版社 2003 年版。

成汉昌著:《20 世纪前半期中国土地制度与土地改革》,中国档案出版社 1994 年版。

郭德宏著:《中国近现代农民土地问题研究》,青岛出版社 1993

年版。

李茂盛等著:《阎锡山全传》,当代中国出版社 1997 年版。

李文海等著:《中国近代十大灾荒》,上海人民出版社 1994 年版。

乔志强著:《近代华北农村社会变迁》,人民出版社 1998 年版。

王铭铭著:《村落视野中的文化与权力:闽台三村五论》,三联书店 1997 年版。

王晓秋等著:《戊戌维新与清末新政——晚清改革史研究》,北京大学出版社 1998 年版。

王先明著:《近代绅士——一个封建阶层的历史命运》,天津人民出版社 1997 年版。

向青等著:《三十年代中国》,北京大学出版社 1996 年版。

徐勇著:《中国农村村民自治》,华中师范大学出版社 1997 年版。

张俊显著:《新县制之研究》,正中书局 1987 年版。

张乐天著:《告别理想——人民公社制度研究》,东方出版中心 1998 年版。

赵秀玲著:《中国乡里制度》,社会科学文献出版社 1998 年版。

赵秀玲著:《村民自治通论》,中国社会科学出版社 2004 年版。

郑大华著:《民国乡村建设运动》,社会科学文献出版社 2000 年版。

中国社会科学院近代史研究所等编:《孙中山全集》第 1—11 卷,中华书局 1981—1986 年版。

朱汉国著:《梁漱溟乡村建设研究》,山西教育出版社 1996 年版。

朱汉国主编:《中国社会通史》(民国卷),山西教育出版社 1997 年版。

朱英著:《转型时期的国家与社会——以近代中国商会为主体的历史透视》,华中师范大学出版社 1997 年版。

薄贵利著:《集权分权与国家兴衰》,经济科学出版社 2001 年版。

高应笃著:《地方自治学》,台湾中华书局1982年版。

贺渊著:《三民主义与中国政治》,社会科学文献出版社1998年版。

刘伟、饶东辉著:《中国近现代政体发展史》,华中师范大学出版社1998年版。

罗荣渠、牛大勇著:《中国现代化历程的探索》,北京大学出版社1992年版。

王永祥著:《戊戌以来的中国政治制度》,南开大学出版社1991年版。

王永祥著:《中国现代宪政运动史》,人民出版社1996年版。

辛向阳著:《百年博弈——中国中央与地方关系100年》,山东人民出版社2000年版。

徐宗勉、张亦工等著:《近代中国对民主的追求》,安徽人民出版社1996年版。

张鸣著:《乡村社会权力和文化结构的变迁》,广西师范大学出版社2001年版。

张友渔著:《宪政论丛》上册,群众出版社1986年版。

张仲礼著:《中国绅士——关于其在19世纪中国社会中作用的研究》,上海社会科学院出版社1991年版。

张研、毛立平著:《19世纪中期中国双重统治格局的演变》,中国人民大学出版社2002年版。

张研、毛立平著:《19世纪中期中国家庭的社会经济透视》,中国人民大学出版社2003年版。

王跃生著:《十八世纪中国婚姻家庭研究——建立在1781—1791年个案基础上的分析》,法律出版社2000年版。

袁方等著:《中国社会结构的转型》,中国社会科学出版社1998年版。

郑振满著:《明清家族组织与社会变迁》,湖南教育出版社 1992 年版。

王兆刚著:《国民党训政体制研究》,中国社会科学出版社 2004 年版。

李德芳著:《民国乡村自治问题研究》,人民出版社 2001 年版。

李显冬著:《从〈大清律例〉到〈民国民法典〉的转型:兼论中国古代固有民法的开放性体系》,中国人民公安大学出版社 2003 年版。

吴毅著:《村治变迁中的权威与秩序:20 世纪川东双村的表达》,中国社会科学出版社 2002 年版。

徐秀丽主编:《中国农村治理的历史与现状:以定县、邹平和江宁为例》,社会科学文献出版社 2004 年版。

于建嵘著:《岳村政治:转型期中国乡村政治结构的变迁》,商务印书馆 2001 年版。

夏立安著:《发展中国家的政治与法治》,山东人民出版社 2003 年版。

唐致卿著:《近代山东农村社会经济研究》,人民出版社 2004 年版。

黄达强等:《社会主义民主:跨世纪的沉思》,中国人民大学出版社 1993 年版。

魏光奇著:《官治与民治》,商务印书馆 2005 年版。

邓正来主编:《国家与市民社会》,世纪出版集团、上海人民出版社 2005 年版。

李林著:《法治与宪政的变迁》,中国社会科学出版社 2005 年版。

周叶中著:《代议制度比较研究》,武汉大学出版社 2005 年版。

唐仁健著:《皇粮国税的终结》,中国财政经济出版社 2005 年版。

陆益龙著:《户籍制度——控制与社会差别》,商务印书馆 2005 年版。

田永胜主编:《中国之重——32位权威人士解读"三农"问题》,光明日报出版社2005年版。

[英]梅因著:《古代法》,沈景一译,商务印书馆1959年版。

[法]孟德斯鸠著:《论法的精神》,张深雁译,商务印书馆1961版。

[德]黑格尔著:《历史哲学》,王造时译,商务印书馆1963年版。

[法]卢梭著:《社会契约论》,何兆武译,商务印书馆1987年版。

[美]摩尔根著:《古代社会》,杨东莼、马雍、马巨译,商务印书馆1987年版。

[法]亨利·莱维·布律尔著:《法律社会学》,许钧译,上海人民出版社1987年版。

[美]庞德著:《法律史解释》,曹玉堂、杨知译,华夏出版社1989年版。

[美]柯文著:《在中国发现历史——中国中心观在美国兴起》,林同奇译,中华书局1989年版。

[法]魁奈著:《中华帝国的专制制度》,谈敏译,商务印书馆1992年版。

[美]罗·塞德曼、安·塞德曼著:《法律秩序与社会改革》,时宜人译,中国政法大学出版社1992年版。

[意]朱塞佩·格罗索著:《罗马法史》,黄风译,中国政法大学出版社1994年版。

高道蕴、高鸿钧、贺卫方编:《美国学者论中国法律传统》,中国政法大学出版社1994年版。

[法]伏尔泰著:《风俗论》,梁守锵译,商务印书馆1995年版。

[美]本杰明·史华兹著:《寻求富强:严复与西方》,叶凤美译,江苏人民出版社1995年版。

[古希腊]亚里士多德著:《政治学》,吴寿彭译,商务印书馆1996

年版。

［英］哈特著：《法律的概念》，张文显、郑成良、杜景义、宋金娜译，中国大百科全书出版社1996年版。

［法］米歇尔·福柯著：《规训与惩罚》，刘北成、杨远婴译，三联书店1999年版。

［英］边沁著：《道德与立法原理导论》，时殷弘译，商务印书馆2000年版。

［美］D. 布迪、C. 莫里斯著：《中华帝国的法律》，朱勇译，江苏人民出版社2001年版。

［美］费正清著：《中国：传统与变迁》，张沛译，世界知识出版社2002年版。

［美］费正清著：《观察中国》，傅光明译，世界知识出版社2002年版。

［美］费正清著：《美国与中国》，张理京译，世界知识出版社2002年版。

［美］费正清等编：《剑桥中国晚清史》，中国社会科学出版社1992年版。

［美］费正清等编：《剑桥中华民国史》，中国社会科学出版社1993年版。

［美］黄宗智著：《民事审判与民间调解：清代的表达与实践》，中国社会科学出版社1998年版。

［美］黄宗智著：《长江三角洲的小农经济与农村发展》，中华书局1992年版。

［法］勒内·达维德著：《当代主要法律体系》，漆竹生译，上海译文出版社1984年版。

［美］E. 博登海默著：《法理学——法哲学及其方法》，邓正来、姬敬武译，华夏出版社1987年版。

[美]埃尔曼著:《比较法律文化》,三联书店 1990 年版。

[美]伯尔曼著:《法律与革命》,贺卫方译,中国大百科全书出版社 1993 年版。

[美]杜赞奇著:《文化、权力与国家——1900—1942 年的华北农村》,王福明译,江苏人民出版社 1996 年版。

[美]塞缪尔·亨廷顿著:《变化社会中的政治秩序》,王冠华等译,三联书店 1989 年版。

汪晓寿等译:《难以抉择——发展中国家的政治参与》,华夏出版社 1989 年版。

[美]黄仁宇著:《放宽历史的视界》,中国社会科学出版社 1998 年版。

[美]黄仁宇著:《关系千万重》,三联书店 2001 年版。

[美]J.米格代尔著:《农民、政治与革命——第三世界政治与社会变革的压力》,李玉琪、袁宁译,中央编译出版社 1996 年版。

[美]施坚雅著:《中国农村的市场和社会结构》,史建云等译,中国社会科学出版社 1998 年版。

[美]西里尔·E.布莱克著:《比较现代化》,杨豫等译,上海译文出版社 1996 年版。

[美]易劳逸著:《流产的革命——1927—1937 国民党统治下的中国》,陈红民等译,中国社会科学出版社 1981 年版。

[美]孔飞力著:《中华帝国晚期的叛乱及其敌人》,谢亮声等译,中国社会科学出版社 1990 年版。

[美]马若孟著:《中国农民经济》,史建云译,江苏人民出版社 1999 年版。

[美]欧博文著:《中国村民委员会组织法的贯彻执行情况探讨》,《社会主义研究》1994 年第 5—6 期。

[美]V.奥斯特罗姆、D.菲尼、H.皮希特著,王诚等译:《制度分析

与发展的反思》,商务印书馆1996年版。

[美]西摩·马丁·李普塞特著:《政治人——政治的社会基础》,张绍宗译,上海人民出版社1997年版。

[美]詹姆斯·S.科尔曼著:《社会理论的基础》,邓方译,社会科学文献出版社1999年版。

[德]马克斯·韦伯著:《社会科学的基本概念》,上海人民出版社2000年版;《社会科学方法论》,韩水法、莫茜译,中央编译出版社1999年版;《中国的宗教:宗教与世界》,康乐、简惠美译,广西师范大学出版社2004年版;《经济行动与社会团体》,康乐、简惠美译,广西师范大学出版社2004年版。

[加]威尔·金里卡著:《当代政治哲学》,刘莘译,三联书店2003年版。

[奥]赖因哈德·西德尔著:《家庭的社会演变》,商务印书馆1996年版。

[日]富永健一著:《社会结构与社会变迁》,云南人民出版社1988年版。

[美]艾尔东·莫里斯、卡洛尔·麦克拉吉·缪勒(主编):《社会运动理论的前沿领域》,刘能译,秦明瑞校,北京大学出版社2002年版。

[美]道格拉斯·C.诺思著:《经济中的结构与变迁》,陈郁、罗华平等译,三联书店、上海人民出版社1994年版。

[美]杜赞奇著:《文化、权力与国家——1900—1942年的华北农村》,王福明译,江苏人民出版社2003年版。

[美]黄树民著:《林村的故事》,素兰、纳日碧力戈译,三联书店出版社2002年版。

[美]黄宗智著:《华北的小农经济与社会变迁》,中华书局1986年版。

[德]何梦笔著:《网络、文化、华人社会行为方式》,朱秋霞译,山西经济出版社 1996 年版。

[美]吉尔兹著:《地方性知识:事实与法律的比较透视》,邓正来译,载梁治平编:《法律的文化解释》,三联书店 1994 年版。

[美]加布里埃尔·阿尔蒙德、西尼·维巴著:《公民文化》,马殿君等译,浙江人民出版社 1989 年版。

[美]科恩著:《论民主》,聂崇信、朱秀坚译,商务印书馆 1988 年版。

[美]迈耶、伯内特、奥格登著:《比较政治学:变化世界中的国家和理论》,罗飞等译,华夏出版社 2001 年版。

[美]里普森著:《政治学的重大问题:政治学导论》,刘晓等译,华夏出版社 2001 年版。

[美]奇尔科特著:《比较政治学理论:新范式的探索》,高锯、潘世强译,社会科学文献出版社 1997 年版。

[美]弗里曼、毕克伟、赛尔登著:《中国乡村:社会主义国家》,陶鹤山译,社会科学文献出版社 2002 年版。

[美]帕特南著:《使民主运转起来》,王列、赖海榕译,江西人民出版社 2001 年版。

[加]朱爱岚著:《中国北方村落的社会性别与权力》,胡玉坤译,江苏人民出版社 2004 年版。

[加]威尔·金里卡著:《当代政治哲学》,刘莘译,上海三联书店 2003 年版。

后　记

　　本书是笔者近十年来学术积累的结果。其间与本书研究内容有关的主要成果是:2003 年《中国自治法研究》(中国法制出版社);2005 年《近代乡村自治研究——户政法文化诠释》(博士论文);2006 年《县级政府管理模式创新研究》(人民出版社,国家社科基金项目);2007 年《中国司法制度研究》(人民出版社)和 2008 年《乡镇政府与村民自治关系研究》(国家社科基金项目)。

　　本书由青岛大学 2008 年学术著作出版基金资助;感谢修丰义、陈志强等同事和研究生为本书所做的工作和付出的努力。

　　感谢我的老师这些年来对我的指导:博士生导师郭成伟先生;博士课程和博士论文评阅导师:张晋藩先生、朱勇先生、赵晓耕先生、马小红先生、崔永东先生、高浣月先生。感谢人民出版社李之美编辑对我的支持和帮助。

责任编辑：李之美

图书在版编目（CIP）数据

中国乡村自治问题研究/王圣诵著. –北京：人民出版社，2009.8
ISBN 978 – 7 – 01 – 007664 – 5

Ⅰ. 中⋯　Ⅱ. 王⋯　Ⅲ. 农村-群众自治-研究-中国　Ⅳ. D638

中国版本图书馆 CIP 数据核字（2009）第 011816 号

中国乡村自治问题研究

ZHONGGUO XIANGCUN ZIZHI WENTI YANJIU

王圣诵　著

人民出版社 出版发行
（100706　北京朝阳门内大街 166 号）

北京市文林印务有限公司印刷　新华书店经销

2009 年 8 月第 1 版　2009 年 8 月北京第 1 次印刷
开本：710 毫米 × 1000 毫米 1/16　印张：18
字数：220 千字　印数：0,001 – 3,000 册

ISBN 978 – 7 – 01 – 007664 – 5　　定价：38.00 元

邮购地址 100706　北京朝阳门内大街 166 号
人民东方图书销售中心　电话（010）65250042　65289539